筑摩選書

吉見俊哉
Yoshimi Shunya

敗者としての東京

巨大都市の隠れた地層を読む

――今は亡き母、そして祖母に捧ぐ

敗者としての東京　目次

敗者としての東京

巨大都市の隠れた地層を読む

序章

東京とは何か——勝者と敗者のあいだ

パンデミックのなかの東京離れ？

本書のタイトルを見て、東京がなぜ「敗者」なのか、東京は「勝者」だろうと訝った方も少なくないはずです。東京を「敗者」として捉え返そうという本書の企図にははっきりとした理由があるのですが、それを語る前にまず、今、東京で起きていることを一瞥しておきましょう。

二〇二〇年春からのコロナ禍で、東京も甚大な影響を受けました。注目されたのは、都心での空室率の上昇です。二〇二〇年三月まで、都心のどの区でも、空室率はほぼ二％以下でした。つまり、ほとんど空いていなかったわけです。ところが同年の四月以降、空室率が上昇を始め、二一年二月には、港区の空室率は六・八八％、渋谷区は五・五五％となります。さらに二二年に入り、コロナ禍は収束の兆しが見えてきますが、都心の空室率は以前よりも高い状態が続いています。港区や渋谷区にはＩＴベンチャー系の企業が多いでしょうから、パンデミックへの対応でテレワークを素早く導入したため、オフィス・スペースが相当不要となり、縮小ないし撤退を始めたのだろうとも推察されます。コロナ禍が終わっても、この流れは止まらないはずです。

都心商業地の地価の下落も始まります。二〇二一年一月の段階で、銀座の中心部で一二％下落し、浅草でも約一二％、新宿では一〇％、二三区の商業地全体で一％、地価が前年比で下落しました。これまでとてつもなく地価が高かった都心業務地区や、インバウンド観光で潤っていた都心繁華街での地価下落が生じたのです。もっとも地価は、コロナ対策で大量の資金が市場に出回

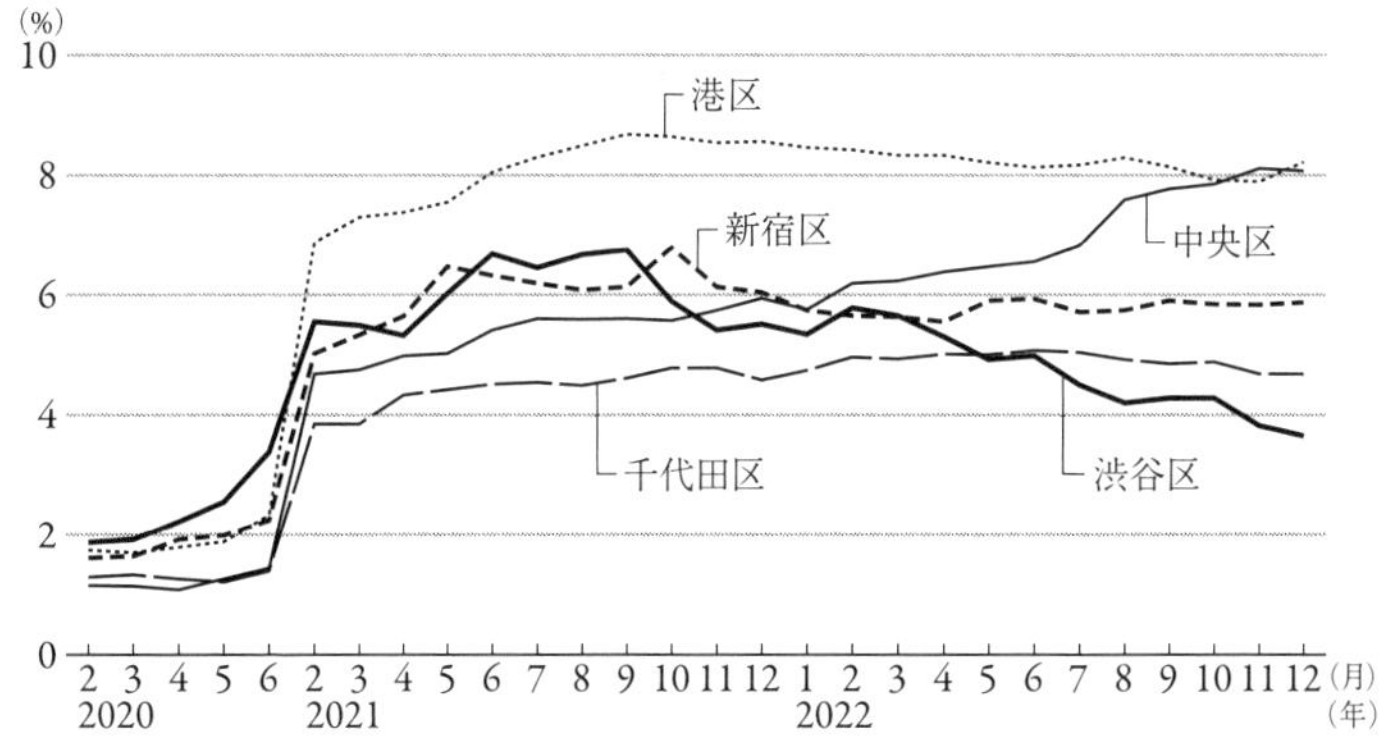

図0—1　東京都心のオフィスの空室率の推移（2018～22年）　三鬼商事の集計による

ることになり、だぶついたマネーが株や土地への投資に向けられましたから、オフィスの空室率のようなわかりやすい動きにはなりません。しかし、実質的な需要が減少しているのに、地価が上がり続けているのなら、これは文字通りのバブル以外の何ものでもないわけです。

むしろ、空室率上昇と相関するのが、人口面での流出傾向です。東京二三区では二〇二〇年七月以降、人口の転入を転出が上回るようになりました。二〇年七月から翌年三月までで、一万二〇〇〇人ほどの転出増です。まだ数は少なく、大きな流れではありませんが、これまでの都心への集中化とは異なる動きが始まっています。二三区から転出した人々の主な行き先は、神奈川県、千葉県、埼玉県、茨城県、長野県などで、一挙に地方移住というよりも、今まで都心の狭い集合住宅で高い家賃を払っていた人々が、同じ家賃を払うなら、海や山が近くにある郊外で、もっと広い家を借りようとして動いたのではないかと思われます。もう少し経済的に余裕がある場合は、都心のマンションを引き払って、リゾート地でテレワークをする動きもあるようです。

こうした長期的な変化に加え、コロナ禍においては、それまで銀座や新宿、池袋などの繁華街でサービス産業が相当数の労働力を吸収してきましたが、感染拡大で営業時間が短縮され、パートタイムやアルバイトの人たちが休業するよう命じられたり仕事を失ったりして実家に戻ったり、より家賃の安い地方へ移ったりということも生じていた可能性があります。

テレワークについては、新型コロナのパンデミックが収まった後も続くのかどうか、いろいろな議論が出ています。一過性のものだという意見も一方にありますが、オンライン会議やテレワークへの劇的な移行は、そう簡単には元の状態に戻りません。二〇二二年の時点で、全国の企業でのテレワークの導入率は約三割ですが、東京都では五割を超えています。なかでも情報通信産業では約八割の企業がテレワークを導入しており、この趨勢はもう変わらないでしょう。

そして、こうした流れに乗って、都心の本社機能を地方へ移転しようという動きも出始めています。都心の家賃はとてつもなく高いので、地方に移転すれば、賃貸料の面でも相当なメリットがありますし、社員の通勤時間ははるかに短くなりますから、職住接近が実現します。それによって通勤手当が節約できるだけでなく、ワーク・ライフ・バランスも向上します。しかも、近くに自然があるので、子育て中の家庭にとっては恵まれた環境を確保できます。企業が東京都心から脱出すれば、このように複数のメリットを期待できるわけです。

このようにしてパンデミック発生以降、東京をめぐって起きた様々な変化は、一九八〇年代以来、数十年間にわたって東京が歩んできた方向を反転させる可能性を垣間見せています。八〇年代以降の東京の歩みとは、要するに東京一極集中への奔流で、千代田区や港区、渋谷区の都心地区での巨大再開発が次々に展開してきました。背景には、新自由主義による規制緩和、さらにはそうして流動性を高めていったグローバルな資本の動きがありました。

つまり、一九八〇年前後に始まったサッチャリズム、レーガノミックスを嚆矢として、福祉国家体制から新自由主義への大きな体制転換が全世界的に起こりました。あらゆる壁が取り払われて、時代は市場原理を最優先するグローバリゼーションの時代に向かい、それと表裏をなして冷戦体制が崩壊していきました。資本の流動性が高まると同時に経済格差が広がりました。こうしたグローバル化は、国内での東京一極集中への流れを後押しします。なぜならば、純粋に効率性と資本増殖を優先するなら、すべてを一点に集中させたほうが効果的なのです。

しかし、二一世紀初頭、こうした新自由主義的グローバル化の奔流に対する様々な「反動」が立て続けに起きていきました。まず、二〇〇一年九月一一日に、米国同時多発テロ、いわゆる「9・11」が起こります。これは、グローバル化を推進する強大な中心である「アメリカ」に、とても正面からは対抗できないことがわかっている周縁からの「テロリズム」による反撃でした。次に、〇八年にはリーマン・ショックが起きます。これは、資本の流動性を極大化させるグローバル資本主義が内部崩壊に向かった瞬間でした。さらに、一六年にはブレグジットとトランプ米大統領の誕生に世界が驚きます。この二つの「事件」は、新自由主義が生じさせた格差拡大への怒りと未来への恐怖を狡猾に利用する政治が勝利した結果です。これらはいずれも、一九八〇年代以降の新自由主義的グローバリゼーションへの反動という点で共通しているのです。

そうした意味では、二〇二〇年以降に生じていった新型コロナ感染症によるパンデミックも同じです。一九八〇年代以降、国際金融市場が拡大し、それに伴って資本の越境的な流動性が高速化し、モノや人のグローバルな移動も活発化していきました。世界中の人々が、格安航空券で飛行機に乗り、かつてない規模と頻度で交流し、接触し、対話するようになっていったのです。新型コロナ感染症はウイルスによって引き起こされるわけですが、それを運ぶ人々の国境をまたぐ移動の爆発的な拡大がなければ、これほどの規模と速度でパンデミックが起きることはなかったはずです。もちろん他方で、すべての国が国境を封鎖し、すべての人が家に閉じこもってしまえばパンデミックは収束します。しかし、そんなことをずっとしていたら、社会そのものが死んでしまいます。グローバリゼーションそのものを止めてしまうことは不可能なのです。

つまり、グローバリゼーションは、資本や情報、モノの加速度的な流動化のみならず、ヒトの移動と交流、接触の爆発的拡大でもあり、そのグローバル化の人間的次元が、まさにその接触の拡大を困難にする危機を、パンデミックという仕方でもたらしていったのです。ですからコロナ禍もまた、現在の私たちが、まったく非歴史的な偶然によって遭遇した出来事なのではありません。これもまた、米国同時多発テロやリーマン・ショック、ブレクジットやトランプ大統領当選のように、グローバル化による世界の変容がもたらしていった過剰な高速化と接触の過大に対する「反動」なのです。そしてこの出来事の結果として、まだ大きくないとはいえ東京都心からオフィスや人々が離れる動きが生じているとしたら、それは大きくは八〇年代からの新自由主義的グローバリゼーション自体に生じつつある変化と関係しているはずです。

「勝者」としての東京

これまで日本の近代化を通じて、農村から都市へと人口が流出し、農村の過疎化も進んできました。とりわけ戦後は、経済成長とともに東京圏、大阪圏、中京圏、それに福岡・北九州などの大都市圏に人口が集中し、大都市と地方の格差はますます拡大してきました。ですから大都市の膨張と農村の過疎化はけっして最近になって始まったことではありません。しかし、一九九〇年代以降、日本の総人口が頭打ちとなり、やがて減少へと向かうなかで、東京だけが膨張し続け、大阪をはじめとする大都市ですら人口減少に向かっていったのは新しい現象でした。九〇年代以降、大都市圏全体への集中ではなく、東京圏への一極的な集中化が顕著になります。これは東京が、グローバル資本主義の拠点として極大化していったことを意味しています。

一九七〇年代までは、関西圏にも勢いがありましたし、製造業が盛んな中京圏にも力がありました。北九州でも生産活動が活発でした。ところが九〇年代以降、東京だけに突出して人口が集中し始めます。裏を返せば、他のすべての地域が、東京集中の犠牲になっていくのです。こうして二〇一〇年代までに東京圏、つまり東京都、神奈川県、埼玉県、千葉県を合わせた大都市圏は

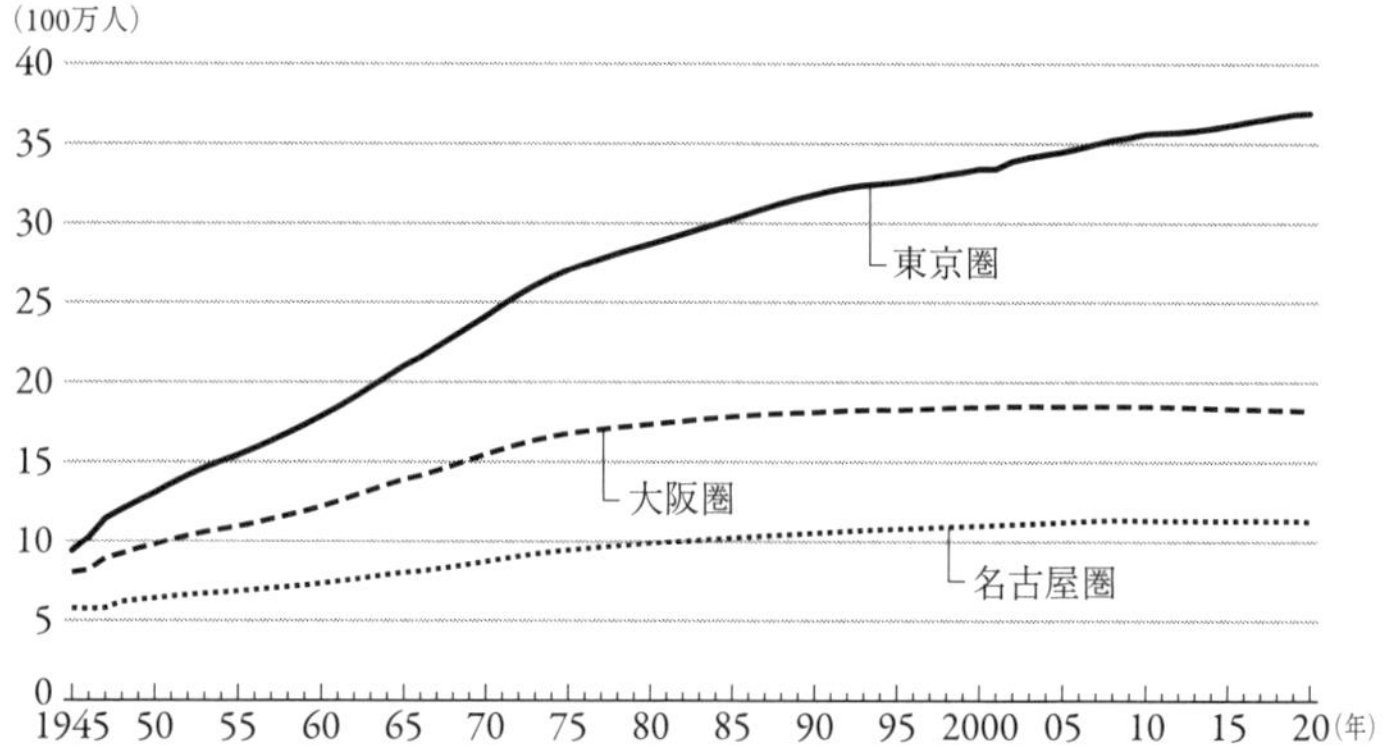

図0—2　東京圏、名古屋圏、大阪圏の人口推移　総務省統計局ホームページより作成。東京圏は東京都、神奈川県、埼玉県、千葉県、名古屋圏は愛知県、岐阜県、三重県、大阪圏は大阪府、兵庫県、京都府、奈良県

人口約三六〇〇万人という巨大なメガシティとなったのです。ジャカルタや北京、上海、バンコクなどアジアの都市は概して欧米の都市よりも人口規模が大きいのですが、そのなかにあっても東京は最大です。当然、東京圏の人口は欧米の大都市よりもはるかに大きい。世界中どこを探しても、東京以上に巨大な都市圏はありません。それほどまでに膨張してしまったのです。

約三六〇〇万人という東京圏の人口は、日本の総人口の約三割です。つまり、日本人の一〇人のうち三人までが東京に住んでいるわけです。ヨーロッパの主要な首都も大きいのですが、それでもパリ首都圏への人口集中度はフランス全体の約一八%です。ロンドンであれば英国全体の約一三%、ニューヨークに至っては、アメリカの全人口の七%を占めているにすぎません。アメリカには大都市の数が多いですから、それも当然なのですが、ロサンゼルスもサンフランシスコも、シカゴもボストンも、東京よりもずっと小さな都市です。

ドイツの場合、首都ベルリンはドイツ全体の人口の約四%を占めるだけです。たしかに韓国だけが日本と似ており、ソウルに占める人口は全人口の約五〇%に達しています。ただし、ソウル首都圏の人口は約二五〇〇万人で、東京圏よりも一千万人以上少ない規模です。

人口以上に極端なのが、企業の集中です。二〇一六年の段階で、従業員一〇〇人以上の事業所の四六・九%が東京圏に集中しています。つまり、中規模以上の企業の約半数が東京圏にあるのです。ですから自分に合った仕事を探そうとすると、どうしても東京に来てしまう。これが、東京への人口集中が止まらない理由です。東京都だけでも事業所の集中度は三七%です。大阪府は九・二%で、事業所数で大阪は東京の約四分の一にしかなりません。愛知県はトヨタ自動車の本拠地ですが、それでも全国の五・九%です。[1]つまり、企業の集中度で東京は突出しており、大阪や名古屋でも対抗できないのです。しかも、情報通信産業ではこの差がさらに広がります。従業者数で比較した場合、全国の情報通信産業の六二・六%が東京圏に集中しています。

一人当たりの所得でも、東京と他の地方の格差は広がっています。二〇二〇年の段階で、東京都における一人当たりの平均所得は年約五四一万円ですが、青森県は年約二五二万円、鹿児島県は年約二三八万円、鳥取県は年約二三七万円です。いずれも所得で見ると、東京都の平均所得の半分にも達しません。所得面でも、中央と地方の間にとんでもない格差が存在するのです。こうした格差や集中の結果、東京圏の預金を合算すると、約三九二兆八五五五億円と、日本全体の預金の約四八%に相当します。日本全体にあるお金の約半分が東京にあるのです。[2]

東京集中の臨界はどこにあるのか

以上のように、明らかに東京は「勝者」です。東京は近代化の「勝者」であり、高度成長の「勝者」であり、さらにグローバリゼーションの「勝者」です。しかし、その「勝者」としての東京が、「勝者」であるがゆえに危機に晒された瞬間が何度かありました。

最も深刻だったのは、戦時中から戦後にかけてです。当時、大都市は爆撃を受けましたから危険な場所で、なかでも東京は一番危険なところでした。一九四五年三月一〇日には、米軍による大規模な空爆を受けて約一〇万人近い人が死んでいます。当然、多くの人が地方に疎開し、東京の人口は急減しました。やがて敗戦を迎えますが、少なくとも一九五〇年代初めまで、都市計画家たちは東京に人口を再び集中させていこうとはしませんでした。敗戦直後の日本は、多極分散的な国土を作っていこうとしていましたから、東京の人口が増えすぎないように、公共緑地や生活圏など様々な工夫が試みられていたのです。[3]

ところが、一九五〇年代末から高度経済成長が始まり、六四年の東京オリンピックに向かう流れのなかで大規模な首都改造が行われ、東京を高速化・高層化し、世界的な大都市にしていこうとする流れに国全体が巻き込まれていきます。こうしたなかで国土分散的なビジョンは、五〇年代末には姿を消すのです。

しかし、一九七〇年代末に、再び多極分散的な国土構想が持ち上がりました。それを牽引しようとしたのは大平正芳政権です。大平政権が掲げたのは田園都市国家構想で、経済的な豊かさは一定以上達成したのだから、これからは文化的な成熟に向かわなければならず、文化的に成熟した国家は、集中から分散へと向かうという考えでした。ところが、大平は第二次大平内閣が発足して間もなく急逝したため、この構想が実現することはありませんでした。その後、中曾根康弘政権が進めたのは民活路線で、サッチャー、レーガンにならって新自由主義を大胆に導入することとなります。その新自由主義的な経済成長路線の中核が東京で、都心再開発やウォーターフロント開発へと東京は突き進んでいくことになりました。[4]

実はもう一回、「勝者」であるはずの東京が危機に直面したことがあります。それは、言うまでもなく関東大震災です。震災で東京が受けた甚大な被害についてここで詳論するつもりはありませんが、そこで一度は壊滅したかに見えた東京は、その後、帝都復興を経て戦時期に向かっていきます。その戦時体制は総動員体制ですから、国家の力が非常に強くなっていくと同時に、軍都としての東京の影響力も強くなっていきました。そしてやがて、戦争のなかで米軍の空爆が激しくなり、前述のような危機を再び迎えるのです。

したがって、帝都復興や高度成長、八〇年代以降のグローバル化のように、経済的な拡大期に東京への集中が進み、関東大震災や戦争末期、戦後の混乱期やポスト高度成長時代といった「成長」路線が遮断されたり後退したりする時期に、東京への集中は危機に瀕してきたと、大まかには言うことができるでしょう。そうした大きな見取図のなかで、今、コロナ禍の東京で起きている

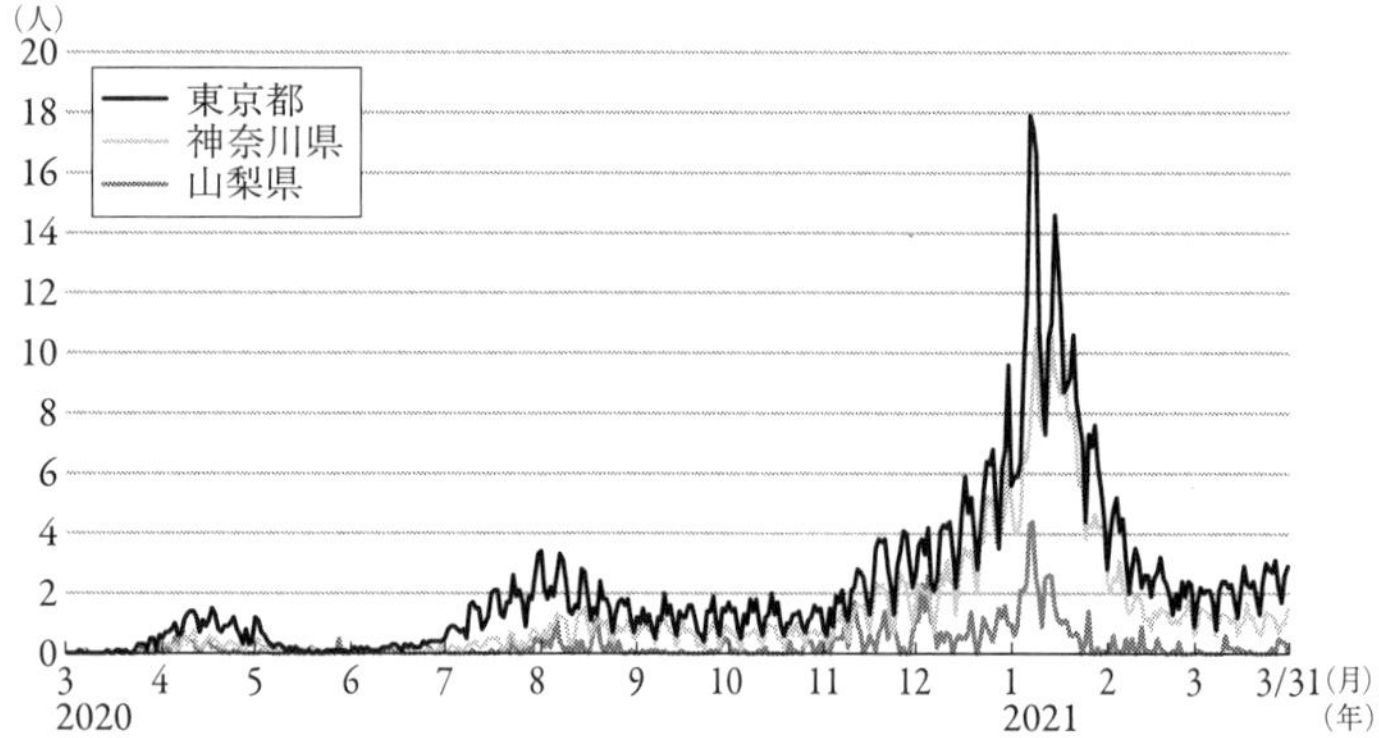

図0—3　感染拡大初期段階での東京都、神奈川県、山梨県の人口10万人当たり新規陽性者数の推移（2020年3月〜 21年3月31日）　厚生労働省ホームページより作成

ことを見直すと、いくつか注目すべきことがあります。

というのも、二〇二〇年以降のコロナ感染者数の推移で驚くのは、少なくとも、ワクチン接種が広がる以前の段階では、同じ関東圏であっても東京都、神奈川県、埼玉県、千葉県の一都三県と、その周辺の栃木県、茨城県、群馬県、山梨県とでは、まったく状況が異なることです。もちろん、東京と他県では人口規模が違いますから感染者数の絶対値の比較はできません。しかし、人口一〇万人当たりの感染者数の推移で見ても、均してみると神奈川と千葉と埼玉は同程度で、これら三県と比較して東京では感染率が倍くらい高い。群馬、栃木、茨城、山梨の感染率は、だいたい東京の四分の一くらいです。それだけ東京は人口が密集し、人と人の接触の機会が多いということです。

これは全国的に見ても言えます。人口一〇万人当たりの感染者数を、東京都、大阪府、愛知県、福岡県、宮城県、広島県で比べると、東京の感染率は平均すれば大阪よりも高く、愛知や福岡の感染率は東京の半分以下です。そして宮城や広島の場合、それよりさらに低くなる。こうして主要都市の感染率を比べると、東京の感染リスクは他府県よりずっと大きいことが分かります。それだけ東京には、人口も経済を中心とする諸活動も集中しているわけです。

このように、経済的な諸活動とコロナ感染の表裏の関係は、東京への人口集中とそのリスクの表裏の関係を直截に示しています。二〇二〇年から数年間続いたコロナ禍が私たちに教えてくれたのは、高度成長であれグローバリゼーションであれ、過剰な集中は、その集中そのものの帰結としてリスクを幾何級数的に増大させることです。

しかも、東京一極集中は、東京内部でも格差を生んできました。一九七〇年代まで、東京の地域的な階層分化は限定的なものでした。ところが八〇年代末以降、東京のなかで所得の地域的な分極化が進みます。港区、渋谷区、千代田区、中央区、文京区など主に東京の西側にある、高級タワーマンションが多く建つエリアでは、平均所得は上昇し続けます。他方、足立区、葛飾区、板橋区、荒川区、江戸川区など、二三区でも東北部を中心とする地域では平均所得が下降線をたどります。つまり、東京の二三区内ですら階層分化が進んできたわけです[5]。

全国の大都市圏は、ある時期までは同じ方向に向かっていたのに、八〇年代頃から東京圏とそれ以外で格差が拡大し、さらに同じ東京でも港区、渋谷区、千代田区といったグローバル化と密接に結びつく都心の経済力が高まっていった反面、周縁的な地域が取り残されていくようになった。これが、二〇世紀末から二一世紀にかけて日本で起きたことです。
そして二〇〇〇年代以降、日本全体の人口は減少傾向にあるにもかかわらず、東京圏の人口は増え続けました。日本経済がこれほど停滞し、企業の力が衰えても、東京の人口は膨張を続けたのです。なかでも注目されるのは、東京圏以外の大学を卒業した高学歴の女性が、東京に移ってくる傾向があることです。人口学的に東京は巨大なブラックホールで、人口の再生産率が顕著に低い都市です。その東京に若い女性はますます集まる傾向が出ています。みずほ総研の調査分析によれば、大阪、名古屋、九州などの大学を卒業してもその地域には残らず、東京の企業に勤める傾向が、特に出産適齢期の女性に顕著に見られるというのです。[6]
それに対して男性の場合、出身大学と同じ地域にとどまる傾向があって、それほど東京に出てきていません。ところが、優秀な女性たちは東京に集まる。そういう傾向が一九九〇年代後半以降、顕著になってきた。やる気も能力もある大卒女性であれば、東京の企業も採用したいと考えるでしょうし、グローバル化の拠点である東京で自分の可能性を試したいと女性たちが思うのは当然です。その結果、地方の人口減少がますます止まらなくなります。
ですから、二〇二〇年以降、コロナ禍で東京一極集中の流れに変化がわずかであれ生じていることには大きな含意があります。つまり、都心のオフィスビルに空室が出始め、人々が少しずつ都心を離れて地方へ移動し始めています。この流れがそのまま拡大することにはならないとしても、コロナ禍は、グローバル化や東京一極集中が、その臨界点において求心化のベクトルとは異なる動きを生じさせることを教えてくれました。ここには東京を、単に一方向的に集中化、巨大化、グローバル化に向かう存在として見るのではなく、その周縁や亀裂の狭間から別の契機を含んだ存在として捉え返してみる可能性が示されているのです。

東京は、単に近代化、経済成長、グローバル化の「勝者」であるのではなく、その内外に様々な「敗者」の契機を孕んでいる。そのような契機に目を凝らすことで、私はコロナ禍が垣間見せた変化の兆しを、より深いところまで掘り下げることができるはずだと考えています。

少なくとも三度占領された都市・東京

さて、東京を、単に「勝者」であることに向けて人々を集中させる都市とするのではなく、その内部に無数の亀裂や断層を含み、つまりは「敗者」の眼差しを伏在させた都市として捉え返すならば、この都市には幾重もの歴史の積層が存在することになります。その積層を見分けるときまず重要なのは、東京が少なくとも三度、占領されてきた都市であるという認識です。

最初の占領は、一五九〇年に徳川家康によってなされました。家康は、約八〇〇〇人の兵を連れて府中方面から江戸に進駐します。豊臣秀吉から関東へ移封《いほう》を命じられ、はるばる三河からやって来たのです。そして、この家康の進駐から半世紀をかけて、秀忠、家光までの三代で、この都市の基盤的秩序が大転換します。一五九〇年から一六四〇年頃までが都市改造の時代で、一七世紀後半以降、もう多くの人は、徳川以前の江戸のことなど忘れてしまいます。

それから長い歳月が経ち、二度目の占領は一八六八年、薩長連合軍の江戸進駐によってなされます。このとき薩長軍は、東海道と甲州、上州の三方面から江戸に進駐しました。その後、明治大正期を通じて東京は、将軍のいる「水と寺社の都市」から天皇のいる「鉄道と軍の都市」に大転換していくのです。この過程は、とりわけ関東大震災後の帝都復興を通じて完成していきました。たしかに上野や新橋、日比谷、銀座などでは、江戸から東京への改造が早い段階で実施されました。しかし、徳川期を通じて営まれてきた江戸の秩序が支配者の交代で一気に失われたわけではなく、震災前までこの都市の生活風景に根深く残っていたのです。しかし震災後の帝都復興は、東京を江戸の面影を引きずった都市から大東亜の帝都へと転換させていきます。

そして三度目の占領は、もちろん一九四五年、米軍による東京占領です。このとき占領軍は、厚木飛行場からも来ましたが、それ以上に相模湾から湘南海岸に上陸し、横浜方面から北上してきました。そして、この三度目の占領後の東京の大転換は今も続いているのです。米軍による占領そのものは一九五二年で終わりますが、六〇年代の高度成長期、とりわけ六四年の東京オリンピックの前後に実施された大規模な東京改造は、この第三の東京占領の延長線上でなされていったことです。そしてこの占領と東京改造を通じ、東京のなかの江戸以来の基層的秩序も、明治大正期に形成されていった秩序も、すっかり周縁化されていくことになりました。

こうした度重なる占領はしかし、決して東京だけが経験したことではありません。世界のどこでも、一国の首都であるような大都市は、大概は何度も外部からの勢力によって占領されてきた場所です。占領され続けることは、都市の本質の一部と言ってもいいくらいなのです。

この点は、少し原理的な水準で話をしておく必要があります。一般に、都市を存立させるには二つのモメントがあります。一つは交易です。マルクスがかつて示したように、商品交換は、共同体の果てるところで、ある共同体が他の共同体と、または他の共同体の成員と接触する地点で始まるのです。その交換の場、すなわち市場が都市の原型です。それは、村落共同体の外部に形成されます。ですから、単に村が大きくなっただけでは都市ではありません。村落共同体の外部に形成される都市では、村で作られた産物や情報、財が交換されます。

このような水平的な外部としての都市とは別に、垂直的な外部としての都市という次元があります。ここにおいて決定的なモメントとなるのは、交換や交易ではなく、占領や征服です。様々な村落共同体の間にいろいろな交易の場ができ、やがてそれが都市に発展していくと、それらの都市には富が蓄積されていきます。そうすると、富をめぐって都市同士で争いが生じ、Aという都市がBという都市を征服する。そしてAは、今度はCを、さらにはDを征服していく。こうして、都市の上に立つ都市、王都や帝都、垂直的な支配のネットワークのなかで植民的な機能を担う軍事拠点としての都市が形成されていきます。

したがって、都市の拡大は、そもそも占領や征服と切り離せません。そして、ある都市を占領した異民族や帝国は、多くの場合、それまでその都市を支配してきた被征服民の記憶と結びつくものを徹底的に破壊し、過去の記憶の抹消を図るわけです。そうして、瓦礫の上に新たな都市を建設する。これが、歴史を通じて都市が発展するときの基本的なパターンなのです。

つまり、都市の征服者たちが、しばしばその都市に古くからあった神殿や王宮を徹底して破壊し、その上に新しい建造物を建ててきたのは、その都市の空間構造を作り替えてしまうことによって人々の記憶を抹消し、新しい世界認識を作り出そうとしてきたからです。たとえば、メキシコの先住民文明を征服したスペインの植民者たちは、かつてあった帝都の遺跡を粉々に破壊し、その瓦礫の大地にキリスト教会を建ててきました。北米でも、ボストンやニューヨークからシアトルやサンフランシスコに至るまで、それまでの先住民たちの集落は砂漠地帯に追いやられて、水辺の丘は削られ、湾は埋め立てられて、近代都市計画が大胆に導入されてきました。その徹底性のために、多くの歴史的な都市で過去の記憶は不可視化されます。

ところが東京の場合、中近東や南北アメリカ大陸の都市での占領や征服とは異なり、占領された側の記憶の痕跡が実際にはかなり残されてきたように思えます。欧米諸国における近代都市計画と比べてみても、近代東京での過去の痕跡の抹消は、きわめて不完全な仕方でしかなされてきませんでした。その理由の一つは、東京は凹凸に富む複雑な地形で、この複雑な地形が過去の痕跡を守る防波堤的な役割を果たしてきたことがあります。これに加えて、日本の場合、スペインのコルテスがアステカ文明を征服した例のように、宗教や民族の対立が根底にあるわけではなかったので、明治の廃仏毀釈のような動きはあったにしても、基本的には占領や征服が過去との長きにわたる容赦なき対立となることは少なかったという面もあるでしょう。

その結果、東京では、これまでの三度の占領で、ゼロから新たに都市が立ち上がったのではなく、以前の都市に改変が加えられ、新しい要素が付け加えられて歴史的な地層が積み重なってきたのです。実際、東京の古くからある地域を歩けば、至るところでこうした歴史の積層を見つけるはずです。そこが東京という都市の面白いところです。私は拙著『東京裏返し』（集英社新書）でそのようなまち歩きを試みたのですが、この都市に積み重なる地層を一つ一つ、歴史の時間軸に沿って、占領・征服されながらも完全には抹消されなかった敗者の側から見つめ直そうとするのが本書の試みです。単純化するならば、『東京裏返し』が空間のなかに時間を読み解く試みだったとするならば、本書は長い時間を通じた空間的な重層を読み解く試みなのです。

歴史の遠近法を導入する

序章の最後に、本書の方法的視座について簡単に説明しておきたいと思います。本書は一方に地球史（グローバル・ヒストリー）的視座を、他方に家族史（ファミリー・ヒストリー）的視座を方法論的な地平として置き、その両者の間で叙述の視点を移動させていきます。地球史的視座とは、簡単には「鳥の眼」、人工衛星なりGoogle Earthなりの眼だと言ってもいいのですが、しかしこの眼差しには、タイムマシンのような時間軸が備わっています。つまり、地球全体を見渡すような高さから地上の比較的近い上空から下方を眼差す高さまで、遠近が伸縮自在であるだけでなく、一万年昔から人間が地球環境を根本的に変え始める近代まで、異なる歴史層を行き来して、その異なる歴史層の間に生じた出来事を上空からできるだけ詳細に眺めようとします。

このような地球史的な眼差しで東京、ないしは日本列島を眺めたとき、そこに生じた最も重大な変化は、この列島がユーラシア大陸の東端に浮かぶ辺縁の島々から、ユーラシア大陸とアメリカ大陸や太平洋の中間に位置する島々に転換したことです。弥生時代以来、一九世紀半ばまで、二千年に及ぶ歴史を通じ、日本列島は中国大陸の東の辺縁にあり、中国の巨大な文明の圧力が、いつも朝鮮半島を通じて及んでくる経験を重ねてきました。本書の第1章で論じる渡来人たちがこの東のフロンティアに文明を移植した時代から、仏教伝来、遣唐使や律令国家とその崩壊、蒙古襲来、そして江戸時代の朝鮮通信使まで、中国大陸との関係が、東の辺縁の国としての日本の歴史の基軸でした。たしかに戦国時代、ユーラシア大陸のもっと西にあったヨーロッパからの影響を受け、導入した軍事技術によって織豊政権が朝鮮半島と中国大陸への逆の侵攻を試みたこともありましたが、ユーラシアの東端にあるという基本的な位置は変化していません。

ところが、一九世紀半ば、日本列島の東に広がる太平洋のさらに東に、ユーラシア大陸の西で発達した西洋文明の、さらに西方のフロンティアで巨大化したアメリカという、もう一つの文明が姿を現します。要するに地球は丸いので、東の東は西の西なのです。そしてこの日本のはるか東に出現したアメリカ文明により、日本列島は、ユーラシア大陸の東の辺縁からそのユーラシア大陸とアメリカ大陸の中間へと地政学的な位置を転換させるのです。それでも日本が「中心」ではなく「周縁」の地であることは変わっていないのですが、しかしこの一九世紀の変化は大きな変化で、今後も千年以上にわたり、日本列島で起きることを条件づけていきます。

そして東京＝江戸はと言えば、その大陸の東の辺縁にある列島のさらに東の端、つまり列島中央に連なる山岳地帯を背景に、その東端に関東平野が広がり、その広大な平野を流れる河川が集中して海に注がれていく河口部に位置していました。集まる河川があまりに多く、季節的な氾濫の制御が難しかったため、ここに大都市を建設することは容易ではなかったのですが、一六世紀末、長い戦国時代の間に発達した軍事技術を民生転換していくことで、徳川家康が巨大都市江戸の基礎を築いていきます。ユーラシア大陸との関係を海路で考えたときには、江戸は中国や朝鮮半島から見て九州よりも、大坂や京都よりも遠い場所にありました。ところがアメリカとの関係が浮上してくると、東京は太平洋に面した首都となり、人々の意識もアジアに背を向け、太平洋側を「表日本」、日本海側を「裏日本」と呼んで憚らなくなっていったのです。

このような地球史的視座に対し、本書のもう一方に置かれる家族史的視座とは、簡単には「虫の眼」、路上からのスナップショットの眼差しです。しかしここでも、このスナップショットにはタイムマシン的な時間軸が含まれます。地球史的な視座において、時間軸は「時代」という単位で区切られますが、「時代」の長さはどの立場から歴史を見るかによって様々でした。これに対して、家族史的な視座での時間軸は「世代」という単位で区切られます。祖父母の世代、父母の世代、子たちの世代、孫たちの世代というように、「世代」は非連続であり、異なる世代の間隔は二五年から三〇年とだいたい一定です。ところがこの家族史＝世代史は、それを経験したそれぞれの人、つまり眼差しの主体の位置によって多種多様なものとなりますから、人生の数ほどに歴史があると言うか、単一のナラティブに統合するのはまったく不可能な、実に多様で相互に矛盾し、衝突し、分裂していくような無数の歴史がそこに浮上することになります。

この意味で歴史は、無数の個人の様々なライフヒストリーの集合なのです。かつてエミール・デュルケームが述べたように、それは社会的事実として、個々の個人史に分解されない社会的＝集合的次元を持ち、その積分の総和が地球史ともなるのですが、しかし個々のライフヒストリーがその集合的次元に解消されてしまうわけでは決してありません。歴史の根底に広がる無数の小さな声は、その多様性の蠢《うごめ》きを失うことがないのです。ですから歴史を語るということは、常にこの集合的次元と個別的次元、地球史的な視座と家族史的な視座を往還し、架橋していくような作業となります。社会学的には、ミクロとマクロの往還とも言えますが、それは一人ひとりの人間のそれぞれに個性的な人生と、長大なグローバル・ヒストリーの往還でもあるのです。

この往還は必然的に、「勝者」からの歴史だけには還元されない、無数の「敗者」からの歴史を内包していくはずです。その歴史とは、空間的にいうならば、東京の隠れた地層、都市の表面を覆っている同時代的な風景の片隅や谷間や裏道、暗渠や崖下に静かに潜んでいる数々の敗者たちの人生を浮かび上がらせることでもあります。古代であれば、その筆頭は京の朝廷に真っ向から反逆した平将門をはじめとする秩父平氏となるでしょうが、それだけでなくこの都市をネットワークに組み込んでいた熊野水軍や列島の海人たち、御師《おし(おんし)》や行商人、巡礼者たちが語った歴史も含み込まれます。「江戸」がかつて海辺の湊《みなと》を意味する言葉であったように、都市はそもそも閉じてはおらず、朝鮮半島や中国大陸にも広がるネットワークの結節点です。そしてこのネットワークの結節点が徐々に京都に対抗する日本列島のもう一つの都となっていく過程で、様々な敗者たちの記憶をその都市の歴史的想像力の内部に組み込んでいくようになったのです。

近代において、敗者は身分的、階級的、ジェンダー的、そしてイデオロギー的に構造化されていきます。つまり、「差別」が社会システムのなかに多元的に埋め込まれていくわけで、これは敗者の社会的構造化と言ってもいいかもしれません。とはいえここでも、最初の大転換の決定的な瞬間はやはり戦争でした。戊辰戦争の勝者と敗者の違いは、一八八〇年代まではとても大きなものだったわけで、徳川の都であった江戸は、それ自体が敗者であり、ついにはその名までを失って、「東京」という新たな名でその表面を覆われてしまいました。ローマもパリもその支配者が戦争で敗れることは多々ありましたが、名前は変化していません。他方でコンスタンティノープルやサンクトペテルブルクは、支配者の交代で名前を変えています。戊辰の敗戦で、江戸は東京となり、それから「東京」は、ひたすら東アジアの勝者、つまり帝国の帝都であることを目指すようになりました。東京の敗者とは、そのような帝国の敗者たちを含み込みます。

そして、私たちはこのような敗者の東京史を、それぞれのファミリー・ヒストリーのレベルで地べたから、数多のライフヒストリーの集合として捉え返していく必要があります。実際、私が本書の後半で私の親族の何人かについて叙述していくのと同じことは、この二一世紀の日本列島に住む誰しもが、それぞれ取り寄せた戸籍謄本、国立国会図書館や新聞社が整備してきたデジタルアーカイブ、インターネット上の様々な検索システム、辛うじて家に残されていた過去の痕跡であるアルバムや古びたノートを組み合わせることで、十分に可能な作業となっています。

かつて山口昌男は、その博覧強記の膨大な知識と常人には到底真似のできない書籍のコレクションを通じ、近代日本における「敗者の精神史」を書き上げました。しかしそれは、ごく一部の越境する知性にのみ可能なことでした。ところが今日のデジタル化は、その技術的本性に集合的記憶の爆発とネットワーク化を含みます。要するに、柳田国男や鶴見俊輔、山口昌男のような特別な人々でなくても、それぞれの家族史に連なる「敗者の精神史」を書くことができる条件が、この日本でも揃いつつあるのです。ですから、そのような記憶の掘り起こしを読者のみなさんがそれぞれ試みていけば、きっと親族のなかに一人や二人は、あっと驚くような人生を歩んでいた人がいるはずです。そのような歴史の再発見は、単に個々の家族の過去の発見という以上に、無数の家族史的な「近景」を、一万年にも及ぶこの列島の人類史という「遠景」のなかに位置づけることになります。そうした再定位の先では、大文字の単一の物語としての歴史から、無数の小文字の記憶のネットワークとしての歴史への転換、ナショナル・ヒストリーからマルチチュード的なアーカイブスへの歴史的な語りのパラダイム転換が生じていくのです。

第Ⅰ部

多島海としての江戸——遠景

第1章

クレオール的在地秩序

縄文の多島海と渡来人文明

東京は、武蔵野台地の東崖が、東京湾に突き出したところに建設された都市です。太古の昔から この都市には、六つの川と五つの丘がありました。川は、北から隅田川、石神井川、神田川、渋谷川（古川）、目黒川、そして多摩川です。そして、隅田川と石神井川の間に飛鳥山から上野に続く上野台地が、石神井川と神田川の間に昔は駿河台まで連続していた本郷台地が、神田川と渋谷川の間には現在の皇居を突端とする麴町台地が、渋谷川と目黒川の間に現在の港区の多くの地域を含む白金台地が、目黒川と多摩川の間に馬込から山王、大森に連なる台地があります。北の隅田川と南の多摩川に挟まれ、東に向かって突き出す台地に、これら以外にも中小河川が複雑な流路をなして流れ、この丘と川が織りなす実に繊細な凹凸地形を利用して、この地の人々の営みが続いてきたのです。川では魚が獲れ、飲料水も確保できますから、縄文時代からこの武蔵野台地東端には多くの集落が形成され、今も数々の貝塚や古墳が残っています。

その縄文時代ですが、始まりは今から約一万二〇〇〇年以上前で、氷河期が終わることで最盛期に向かいます。その頃、温暖化により氷河があちこち溶け、海が一気に広がっていきました。この「縄文海進」により、関東地方では埼玉県の奥まで東京湾が入り込んでいたのです。現在の大宮や浦和も、当時は海に突き出す岬のようになっていて、目の前に海が広がっていました。ですから、そのあたりにも今でも貝塚が残っています。比較的暖かな気候が続きましたから、関東

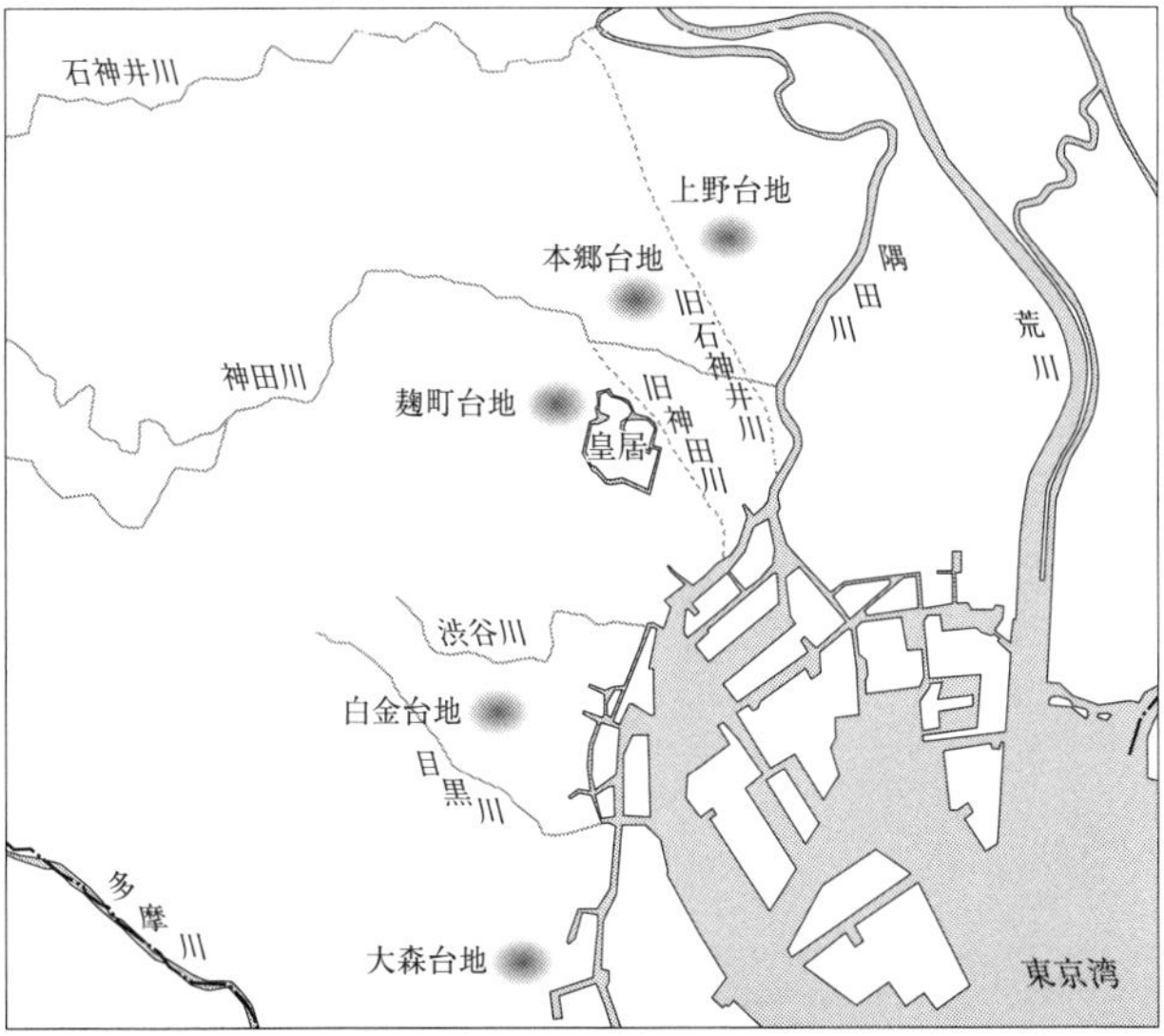

図1—1　武蔵野台地東端の主な台地と川

から南東北にかけてかなり多くの縄文人が暮らしていたようです。内陸部の奥まで海が入り込んでいましたから、海と接するあちらこちらに縄文人の集落が増殖し、豊富な魚貝類に支えられて彼らの生活も安定していたようです。

埼玉県の東に目を向けると、千葉県から茨城県にかけての一帯でも、奥深くまで湾が入り込んでいました。ちょうど千葉県銚子と茨城県鹿島が岬のように突き出していて、この二つの岬に挟まれて霞ヶ浦から埼玉県あたりまで大きな湾が広がっていました。つまり、太古の関東地方には、いくつも岬や多数の島、湾や入江が散在する多島海的な風景、ちょうど今の瀬戸内海のような風景が広がっていたのです。[1]そして、その岬や入江が交錯

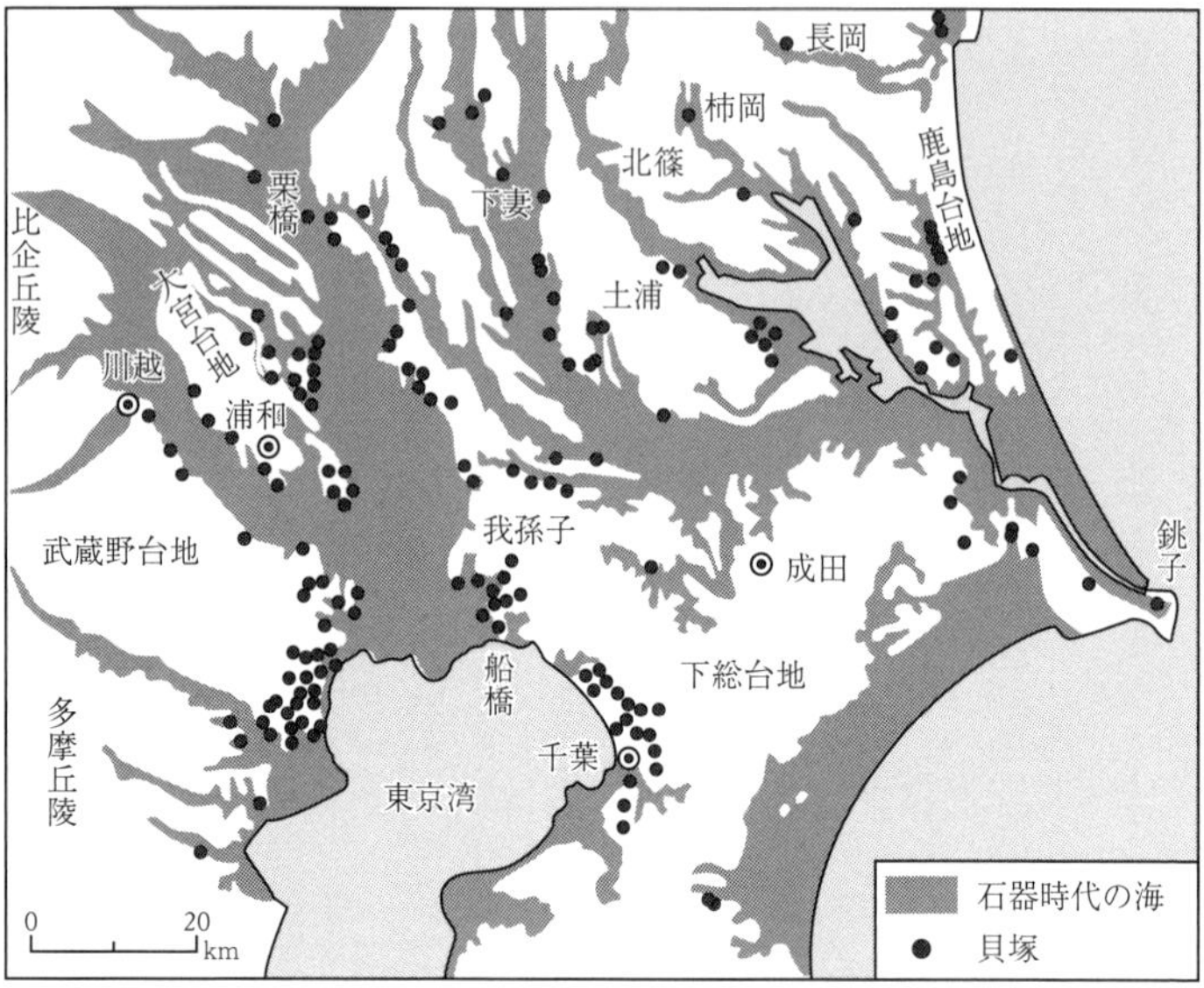

図1―2　多島海的風景が広がっていた古代以前の関東地方の入江と岬　小出博『利根川と淀川』（中公新書、1975年）より

する水辺に、縄文人たちの多数の集落が形成され、そうした風景は南東北まで続いていたと考えられます。

ところが、やがてこの縄文の世界は衰退に向かいます。縄文中期に最も人口が稠密だったのは関東から南東北にかけての一帯でした。ところが紀元前二五〇〇年以降、この地域の人口は減少に向かい、縄文晩期には激減します。同時に、宮城、岩手、青森などの東北地方に人口分布の重心が移動しているのです。ですから、弥生時代が到来する前に縄文の社会は衰退していたわけです。縄文から弥生が連続的に発展したのではありません。人口分布が、縄文時代と弥生時代ではまるで違います。前者では東日本が人口稠密でしたが、弥生時代になると西日本で人口が増加していきます。もちろん、これは稲作文化の影響です。いうまでもなく、弥生時代の技術や生活様式は中国大陸や朝鮮半島から入ってきたものです。当時、中国は春秋戦国を経て秦が統一を成し遂げた時期で、文明が高度化し、人口も増加していました。中国大陸で人口の膨張圧力が高まり、朝鮮半島に及んだ圧力は、やがて日本列島にも及びます。この人口圧力の効果として列島にもたらされた大陸由来の文明は、こうして「日本」という社会の最も古い層をなしていくのです。つまり「日本」は、この列島に住んでいた先住民文化が気候変動の影響で衰退していった先で、半島や大陸からの渡来人が徐々に島々や半島、入江を征服していくことにより形成されていったのです。

渡来人の最初の拠点は九州でした。紀元一、二世紀頃まで、朝鮮半島人が移り住んでいたのは九州北部であったと考えられますが、三世紀以降、彼らは船で瀬戸内海を東進し、大阪湾にたどり着きます。そこで上陸して北上すると琵琶湖、東へ向かえば大和盆地でした。ですからこのあたりに半島文明の拠点が建設され、大和王朝の都となっていったのでしょう。但し、朝鮮半島から畿内に至るには、北九州－瀬戸内海－畿内のこのルートだけではなく、もう一つの有力な方法として、半島南東の新羅から若狭湾付近に直接渡るルートもあり、そこで勢力を広げた新羅系の豪族が、継体天皇以降、大和朝廷を担っていくようになったとの説が昔からあります。私には正確なところはわかりませんが、瀬戸内海ルートにせよ、若狭湾ルートにせよ、朝鮮半島の文明は、古代大和王朝の中枢に入っていたはずです。

やがて四世紀後半から五世紀にかけて、朝鮮半島で高句麗の南下圧力が強まり、新羅、百済、伽耶《かや》、そして日本列島の諸勢力の間で複雑な外交関係が織りなされていくようになると、百済、新羅を中心に大量の半島人が日本列島に渡り、列島各地に広がっていくのです。[2] 五世紀には、渡来人文明の東進は畿内にとどまらず東日本にまで及ぶようになります。その主要ルートは海路でした。彼らは、まずは紀伊半島を船で回って伊勢湾へ、浜松から駿河湾へ、そこから伊豆半島を回ると相模湾、さらに海岸線に沿って進むと三浦半島に出ます。そこから東京湾へは入らず、房総半島突端の館山へと進みます。さらに九十九里海岸を進んで銚子岬、その対岸が鹿島です。そのあたりが、古代大和朝廷の勢力圏の北限でした。

このルートを見ると、あることに気づきます。紀伊半島には熊野神社があり、伊勢には伊勢神宮、鹿島には鹿島神宮があります。これらの神社の創建がいつだったかはわかっていませんが、早ければ三世紀後半から四世紀にかけて、遅くとも六、七世紀までのどこかでなされたと考えられています。かなり幅がありますが、これらの地域への渡来人の入植は、おそらく三世紀後半から五世紀までのどこかでなされ、それが神社創建の背景をなしていったのではないかと思われます。古代の渡来人にとって、これらの神社は、単にお参りをする場所ではなく、渡来人文明が列島に進出していく精神的－軍事的前哨拠点でした。

さらに、日本の神社の祖型は古代朝鮮半島、とりわけ新羅を中心とする韓国の祖霊信仰にあったとする説があり、やがて日本全国に定着していく神社や神道も、もともとは朝鮮半島に起源があった可能性があります。[3] それらの朝鮮半島にあった原‐神社は、一般に「堂《タン》」と呼ばれ、かつては日本と同じように村ごとに必ずあり、それらの堂で祭りが催されていたようです。この堂信仰を支えていたのは天孫の檀君《タングン》〔だんくん〕が古朝鮮を開いたといういわゆる檀君神話ですが、これは物語構造として、日本の天孫降臨神話と同型です。[4]「日本」という国家成立の神話的構造も、朝鮮半島から移植されたものだったのかもしれません。

ところがその後、朝鮮半島では、李氏朝鮮がその五〇〇年に及ぶ長い統治を通じて徹底した儒教化政策を推し進めましたから、それ以前にこの半島に根づいていた土着的な堂《タン》信仰は、弾圧・排除されるか儒教的な信仰に転換されてしまいます。しかも、二〇世紀の日本の植民地支配を通じても、朴正熙政権の近代化政策でも土着的なものは排除されるしかなかったので、古代には日韓で当たり前のように存在した文化的共通性が、今日ではすっかり見えにくくなっています。

しかし、たとえば岡谷公二が指摘するように、「日本の祠堂、即ち神社が、古代から現代まで国家の庇護をうけ、その信仰が全国にわたっていまだに脈々と生き続けているのに対し、朝鮮の祠堂、即ち堂《タン》は、後世、仏教、儒教が国教となったため、国家の庇護を受けられず、賤視、抑圧、時には迫害されたため、いちじるしく衰退、変貌し、或いは極端に儒教化されてしまったので、両者の関係は、現在たどりにくくなっているが、少なくとも、神社が日本独自のものという考えは、そろそろ改めねばならない」のです。[5]

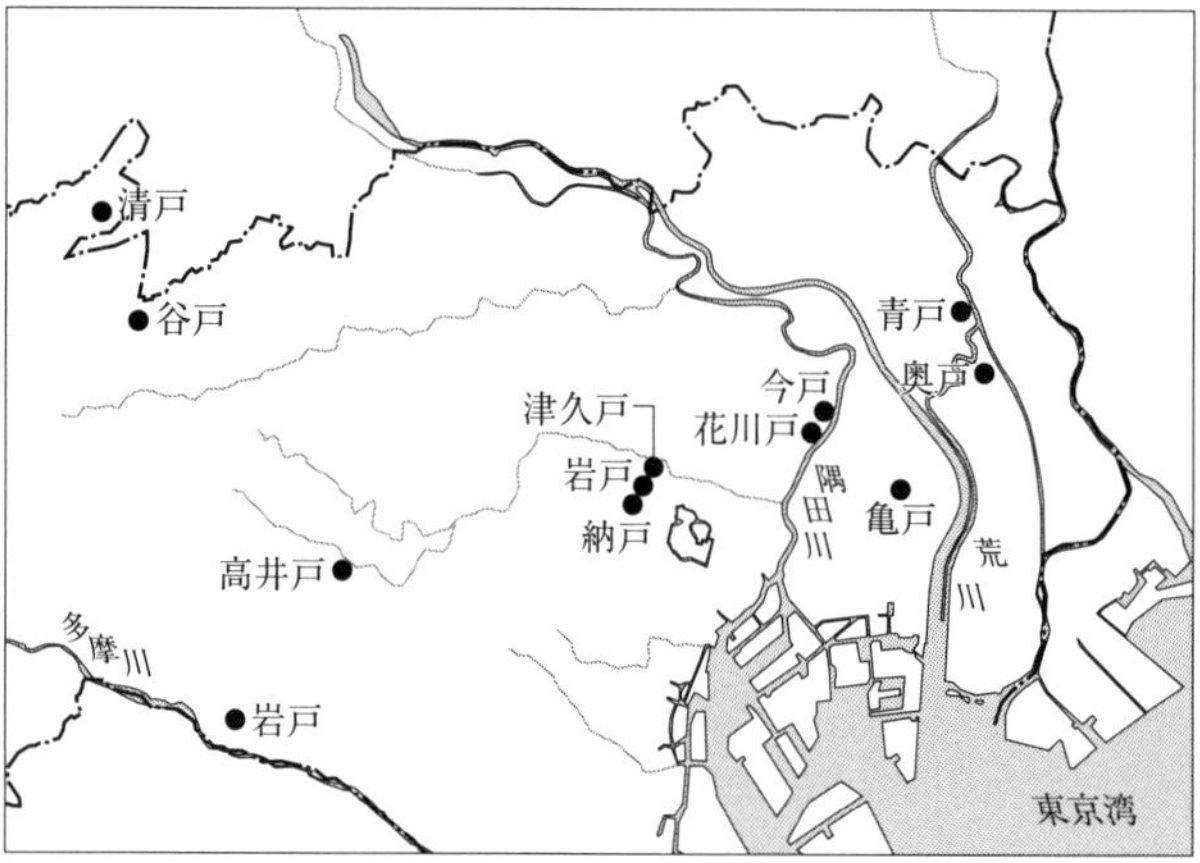

図1—3　東京近辺の様々な「戸」のつく地名

関東平野を遡上する渡来人たち

いずれにせよ、やがて朝鮮半島からの渡来人たちは、東京湾内にも入っていきます。船を停めるのに適した場所は船着き場となり、やがて湊《みなと》となりました。そのような小さな湊が、東京湾岸一帯にいくつも造られました。それらの場所は一般に「戸」と呼ばれたそうです。実際、東京湾岸から利根川にかけて、松戸、青砥（かつては「青戸」）、花川戸など「戸」のつく地名が複数あります。こうした場所は、東京湾の奥深くまで入り込んでいった渡来人たちが、湊としていった場所と考えられます。[6]

そして、それらの一つが、湊としての江戸だったわけです。この江戸がどこだったかというと、現在の日本橋から銀座にかけて半島状の砂州があり、今の新橋駅あたりがその突端でした。この砂州は後に江戸《えど》前島《まえじま》と呼ばれるようになりますが、もともとはこの砂洲の湊こそが、江戸そのものだったわけです[7]。

この江戸前島の西側には大きな入江があり、これは後に日比谷入江と呼ばれます。そして江戸前島の東側、現在の八重洲、京橋あたりも海だったのです。日比谷入江には神田川が流れ込み、江戸前島の東側には、かつての石神井川が流れ込んでいました。つまり、江戸前島は波止場のようなもので、その両側を港として利用できたのです。

古代の古墳時代に西日本から船でやってきた人々は、この江戸前島から上陸し、土着の縄文人たちと遭遇していったはずです。渡来人は、縄文人たちよりも高い技術力や豊富な知識を持っていました。彼らは先進文明を携えて朝鮮半島から江戸に来て、多摩川や荒川の流域を遡上していきます。そして、要所要所に拠点を築いていきました。たとえば、多摩川流域には狛江（世田谷区）という場所があります。「狛」のもともとの字は「高麗」と推測されます。ですから「狛江」を英語で言えば、「Korean Bay」となります。狛江から数キロ、北上したところに深大寺という大きなお寺があります。その開祖とされる満功上人《まんくうしょうにん》は、朝鮮半島からの渡来人だと考えられています[8]。寺院は当時、中国の文明を伝える拠点でもありました。

しかし、渡来人文明の本格的拠点となったのは、むしろ現在の隅田川を下流とする利根川流域でした。最初に渡来人が関東進出の拠点としたのは、浅草の浅草寺です。浅草観音は六二八年に創建されたと言われています。聖徳太子の十七条憲法が六〇四年、大化の改新が六四五年ですから、それらと同時代です。それだけ古いわけです。その頃から、浅草は海ではなく陸地でした。

東上野から田原町あたりまで、また対岸の墨田区は海でしたが、浅草付近は岬になっていたのです。ですから先述の江戸前島と同じように浅草は湊でした。[9]渡来人たちは、この湊を利根川流域への進出拠点にしたのです。つまり浅草は、そもそも江戸の原点なのです。

こうして浅草に拠点を築いた人々は、隅田川から利根川へと遡上します。古代には利根川も、今とは流路が違い東京湾に流れ込んでいました。この川は、大宮付近で隅田川と合流しましたから、渡来人にとっては大宮付近が浅草の次の関東進出の拠点となり、彼らはそこに氷川神社を建立します。そして、氷川神社を拠点として、大宮地方に朝鮮半島文明を広めていったのです。その痕跡は今も地名に残り、たとえば埼玉県の「新座」は、古代朝鮮の王朝「新羅」に由来するとされます。同じく埼玉県には「高麗郡《こま》」と呼ばれる地域がありました。現在の日高市・飯能市・鶴ヶ島市の全域と、狭山市・川越市・入間市・毛呂山町の一部を含む地域です。日高市には今も高麗《こま》神社がありますし、高麗川《こまがわ》が流れています。ですから高麗郡は、利根川流域の朝鮮化を進める中心拠点でした。それに「荒川」の「荒」は、もともと古代朝鮮半島の東南部にあった「安羅《あら》国」の「安羅」に由来するのではないかとの説もあるようです。[10]

クレオール化する渡来人たち

利根川水系を遡上した朝鮮半島出身の渡来人たちは、当時の先端技術を用いて鉱山資源の開発を行っていきます。埼玉県の秩父から栃木県の日光にかけては鉱山資源が豊富で、秩父丘陵では古代から鉱石が採掘されていました。和銅一（七〇八）年に鋳造が始まった和同開珎も、秩父山地で発見された鉱山で採掘された銅があって初めて可能となったと言われています。もちろん、その鋳造技術も朝鮮半島から伝わったものでした。つまりこの時代、日本各地が朝鮮半島というより先進的な地域の文明を受容し、地域の風景を変容させていたのです。

渡来人によって日本にもたらされたもののなかで、もう一つ重要なのは、牛や馬でした。そして丘陵地帯は牛馬の飼育に適していたので、やがて関東一円が馬の生産地になっていきます。さらに東北地方では鉄が採れました。このあたりのイメージは、宮崎駿の『もののけ姫』が描いていた通りですね。こうして朝鮮半島文明の受容により、関東以北で銅や鉄などの鉱物資源が採掘され、馬も豊富に手に入るようになる。鉄は武器には欠かせませんし、馬は戦争をする重要な戦力です。これらは後の坂東《ばんどう》の武士たちの勢力拡大に不可欠の条件でした。

もともと渡来人は大和朝廷の東日本進出の先兵だったわけですが、やがて土着の有力者と婚姻関係を結ぶことなどを通じて、土着勢力との繋がりのほうが、朝廷とのそれよりも深くなっていきます。こうして地元勢力の土着文化と朝鮮半島文明の混交が進み、何代か経るなかで、大和朝廷の先兵というよりは、東国のエリートというように、彼らの意識も変わっていく。古代の日本列島で、こうしたクレオール化が起きていたのです。

地元の先住民勢力にとっても、渡来人は高度な技術と豊富な知識を持っていたので、同胞となってくれるのは歓迎すべきことだったでしょう。新羅や百済、高句麗からやって来た人々は、この地に仏教を伝え、鉱山開発技術を伝え、牛や馬の飼育法を伝え、水運をめぐる新しい技術を伝えることで、文明化を推し進めていったわけです。その際、発展の拠点となったのが浅草であり、狛江であり、府中であり、大宮であったりしました。

こうして東国勢力は徐々に力をつけ、大和朝廷に対する自立性を獲得していきます。しかしそれは、朝廷の権威を借りる形で成し遂げられました。たとえば、東北一帯を支配する権勢を誇った奥州藤原氏は、自らを藤原氏の末流だと言い続けました。源頼朝と対立してこの地に逃げてきた義経をかくまったのも、義経が源氏の血を引く貴種だったからです。天皇家と血のつながりのある平氏や源氏の貴族が官吏として東国にも派遣されると、地元の豪族は彼らと婚姻関係を結び、自らを源氏や平氏の末流と位置づけていきました。坂東八平氏《ばんどうはちへいし》も、こうした流れから出てきた豪族です。かれらは、桓武天皇の曾孫である平高望《たいらのたかもち》の系譜を引くと称し、平安中期から鎌倉時代にかけて武蔵国で権勢をふるいました。北条時政に滅ぼされた畠山氏もその系統でした。

秩父平氏が支配した利根川流域

この坂東八平氏の中で最も勢力のあったのが、畠山氏を含む秩父平氏でした。その名にあるように、武蔵国の秩父を拠点にして発展した大武士団です。前述のように、武蔵国は現在の埼玉県、東京都、神奈川県にまたがっていました。しかも当時の中心地は、埼玉県の利根川流域でした。この利根川を誰が支配するかが非常に重要で、律令制が崩れていく古代末期から中世にかけてそれを支配していたのが、秩父平氏だったのです。彼らの関東一円に対する支配力が最終的に失われるのは太田《おおた》道灌《どうかん》の頃ですから、この氏族は五〇〇年以上にわたって関東の、したがって当然ながら江戸の最も古い強力な在地勢力であり続けたのです。

秩父平氏にとって経済力の基盤は、第一に鉱物資源でした。利根川上流には鉱山があって、そこで銅をはじめとする鉱物資源を採掘したのです。中流域では、上流でとれた鉱物資源を加工するほか、農業が盛んでした。そして下流域では水田での稲作と、水運が行われていました。しかも中流から上流では馬の飼育が盛んでした。彼らはこのように利根川流域を中心に多角経営を展開して経済力を高め、軍事力も増大させていたのです。[11]

九世紀末から一〇世紀にかけて、律令国家体制が崩壊していく過程で、武力に秀でる東国の武士団が実力で独立を模索し始めます。彼らは都から来た官吏の命令を聞かなくなり、朝廷への反乱を繰り返すのです。なかでも秩父平氏の諸勢力を糾合し、下総《しもうさ》を本拠に常陸《ひたち》・上野《こうずけ》・下野《しもつけ》の国府を攻略し、ついには新皇《しんのう》を自称して東国の独立を宣言したのが平将門でした。

この乱では、関東の様々な勢力が彼と連携しますが、その代表が江戸湊の武蔵武芝《むさしたけしば》です。「竹芝桟橋」の「竹芝」はこの武芝から来ています。秩父平氏系と関係が深かった武芝は、朝廷から派遣された二人の役人と対立していました。彼はそこで、将門に調停を依頼します。将門は和議を申し入れたものの受け入れられず、武芝の兵がこの役人らを取り囲んだところ、役人たちは京へ逃げ帰り、将門謀反と上奏したのです。こうしたごたごたのなかで、将門は常陸国府に兵を出して、これを焼き払いました。これが将門の乱の始まりです。

やがて将門の乱は朝廷によって制圧されますが、将門自身は神格化され、後年まで東国で信仰の対象となっていきます。今も東京・大手町には将門の首塚が残っていますし、都内には鳥越《とりごえ》神社、兜《かぶと》神社、築土《つくど》神社、筑土《つくど》八幡《はちまん》神社、鎧神社、稲荷鬼王《いなりきおう》神社など、将門ゆかりの神社が少なくありません。なかでも将門信仰の中心的な役割を果たしてきたのが、神田明神です。七三〇年に創建されたこの神社は、房総半島に定住していた人々が安房《あわ》神社に祀っていた神を分社したのが始まりだという説があります。「安房」は、もともと四国の「阿波」に由来します。そう考えると、神田明神もまた渡来人系の神社だと言うこともできます。

興味深いのは、神田明神が将門を祀るのが一三〇九年、湯島天神が菅原道真を祀るのが一三三五年と、いずれも中世後期だということです。道真にしても将門にしても、朝廷に排除され、非業の死を遂げた人物です。その反朝廷のヒーローを神格化して、祀り上げていく。関東以北の地域は古代から中世を通じ、朝廷に対する反乱を繰り返していました。反乱を起こして処断された首謀者が、南北朝時代になって祀り上げられていく。その背景には、京都と地方との関係の変化があったと考えられます。東国は、徐々に列島の権力秩序の中心に近づいてもいたのです。

そしてやがて、江戸を占領する徳川家康は、将門伝説をはじめとする古代の反乱物語を抑圧するのではなく、むしろこれを象徴的に称揚していきます。つまり家康は、その江戸統治において、西の朝廷勢力への東国の対抗意識を押さえつけるのではなく、むしろ自らの統治の正当化のため

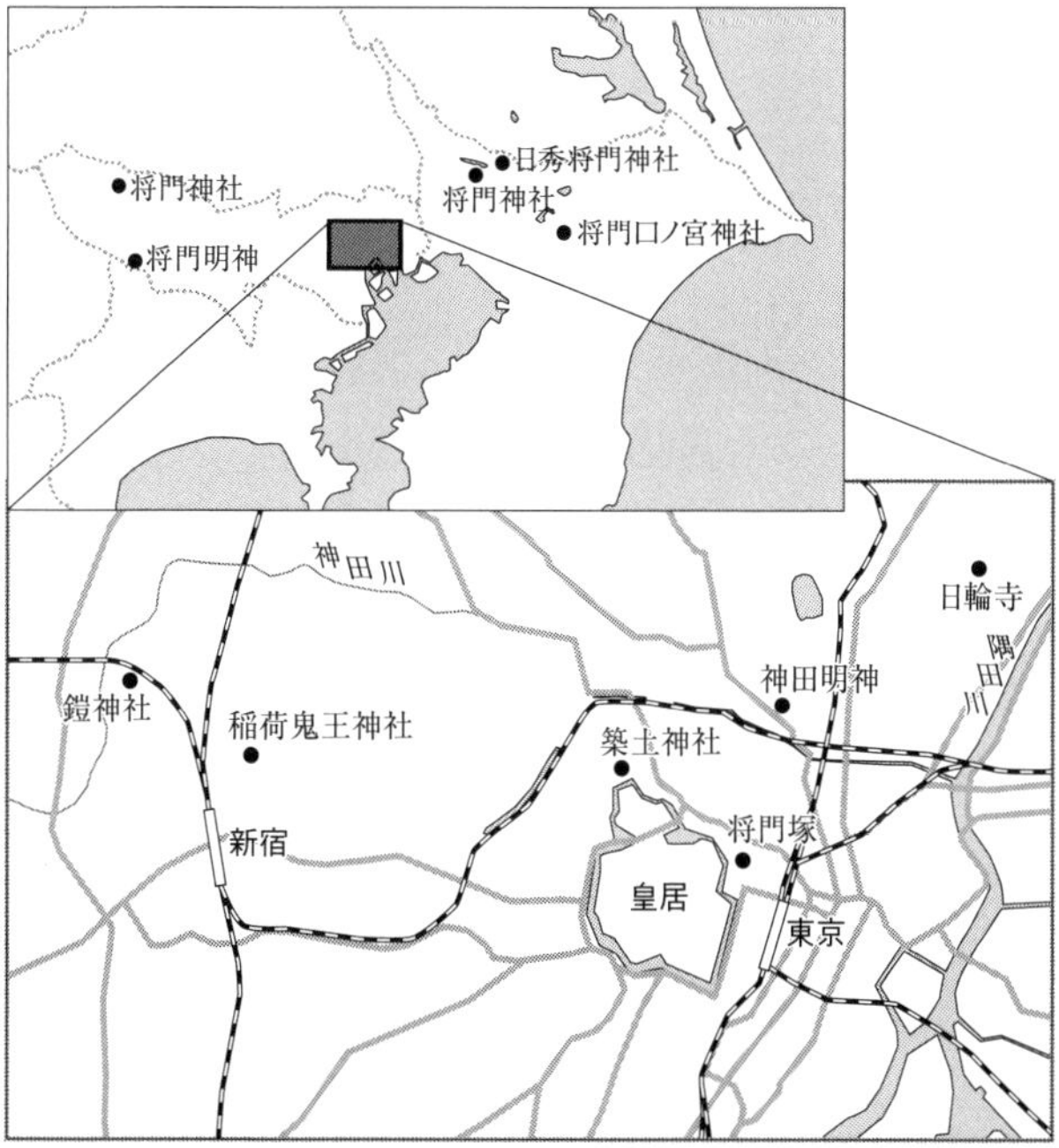

図1—4　東京都心に散在する平将門を祀る神社・祠

に巧妙に利用したのです。

そうした一方で、この古代からの日本列島における渡来人系の文明を支えていたのは海の交通ネットワークでした。なかでも中世以前に圧倒的な力を持っていたのが熊野水軍のネットワークです。朝鮮半島からの渡来人たちは大和の地に根を下ろすと同時に、紀伊半島を周り、熊野、伊勢湾、駿河湾、相模湾、そして鹿島というように、黒潮に乗って船で移動しました。この海の民を掌握していたのが、熊野水軍だと考えられます。

東京にも、王子や西新宿、麻布、山王など様々なところに熊野権現を祀った神社があります。昔はもっと数多くあったはずです。この熊野神社の境内は、網野善彦によれば、中世にはいかなる政治的な支配者にも属さない「無縁・公界《くがい》」で、市が開かれていました。つまり、交易上のハブだったわけで、そのハブを結びつけていたのが熊野信仰でした。さらにこの信仰を軍事や交通の面で支えたのが熊野水軍で、そこに鎌倉幕府や室町幕府とは異なる秩序空間が創り出されていたのです。

中世を通じて、熊野水軍と熊野信仰のネットワークは拡大していったと思います。先述の将門伝説をはじめ、非業の死を遂げた英雄たちの伝説、あるいは怨霊をめぐる説話も、しばしばこの熊野信仰と結びつきながら、全国に広まっていきました。

その代表例が、中世の説教節の一つ「小栗判官《おぐりはんがん》」です。もともと二条大納言藤原兼家の子だった小栗は、大蛇と交わった罪で常陸に流罪となりますが、相模の豪族である横山氏の美しい一人娘、照手《てるて》に強引に婿入りするも、怒りを買った一門の者に毒殺されます。死んだ小栗は閻魔《えんま》に許され、餓鬼身としてこの世に甦り、土車《つちぐるま》に乗せられて熊野に運ばれ、当地の湯を浴びて元の姿に戻り、横山の館を追い出されて下女奉公をしていた照手とも再会するという筋立てです。この物語を支えていたのは、熊野はすべてを治癒するという、聖地としての熊野の信仰でした。

「聖地としての熊野」という物語を全国に広めたのは、御師《おし》(おんし)と呼ばれる神職たちです。御師たちは熊野水軍に支えられながら全国を旅し、熊野神社のお札など、様々な文物を広めていったのです。しかも中世を通じて、御師たちの数は膨らんでいきました。もちろん、御師が旅してきたからといって、それだけで、熊野信仰がその地で受け入れられるわけではありません。各地には「旦那」と呼ばれる豪族がいて、かれらが御師を迎え入れて歓待するわけです。彼らはさらに、熊野権現の宗教的権威を受け入れ、その地に神社を建立していったのです。

こうして熊野神社が新たに生まれると、その境内には市が立つことになります。市で売られる品々は、熊野のネットワークを通じて運び込まれたものですから、関西からのものも少なくなかったはずですし、逆に列島各地の産品が関西へと流通してもいたでしょう。中世の日本列島には、各地で熊野権現を保護する地元勢力が存在し、境内に立つ市での物流を可能とするネットワークがあり、それら市を権威づける熊野信仰のネットワークが存在していたのです。[12]

武家政権により周縁化される在地勢力

さて、京都と地方の関係が大きく転換する契機となったのが、鎌倉幕府の成立です。幕府が開かれても、象徴的な権威は京都に残りましたが、軍事と政治の中心は鎌倉へ移りました。そうなると、源頼朝やそれを引き継いだ北条執権政権にとって、クレオール化した在地の武士団が邪魔になってきます。いつ下剋上が起こるか分からないので、むしろ京都の公家勢力とのパイプを太くしようとする。実際、三代将軍の実朝が甥の公暁に暗殺されて以降、征夷大将軍に皇族の血筋の人物を据えていきます。こうした事態は、東国の在地勢力からすれば、自分たちの解体をもくろむ権力が東国内部に生まれたことを意味していました。

現に源頼朝は、先ほど触れた秩父平氏の中心をなした江戸氏の権力基盤を注意深く解体していきます。当時、江戸前島に開かれた港は江戸湊といって、浅草とともに交易の中継地点として栄えていました。西国から様々な商品が運び込まれると同時に、利根川上流で採掘された鉱物資源や飼育された馬が江戸湊から西国に売られていきます。この交易上の要衝を、江戸氏が支配していました。その勢力を削ぐために頼朝は、現在の兵庫県尼崎で水運業をしていた矢野氏を連れてきて、江戸前島から浅草一帯を支配させます。

この点について、鈴木理生《まさお》の『江戸の川　東京の川』に次のような注目すべき指摘があります。鈴木によれば、「頼朝は鎌倉幕府を開き、新しい秩序をうち立てていった。これを江戸の場合でみると、江戸氏の「大福長者」としての役割を解体することにあった。より直接的にいえば、荒川流域に展開された秩父流平氏の根だやしであり、江戸氏にかわる通運業者の導入にあった。……新渡来人は摂津国池田（尼崎の後背地）にいた矢野氏一族であり、江戸氏の監視を兼ねて浅草と江戸湊の中間の、江戸前島に配置された。具体的にいえば現在の中央区日本橋室町一帯の旧石神井川河口近辺である。／この地を領した矢野氏は、以来約七〇〇年、鎌倉時代はもちろん、江戸時代になっても徳川幕府から大きな特権を認められ、明治維新まで連綿と「八ケ国の大福長者」を超す「東国三十三カ国」の物資はもちろん情報を含めた流通業者兼職人および芸能の元締めをかねた存在として続いた」そうです[13]。

ここで重要なのは、鎌倉時代に江戸氏の勢力を根絶するために、頼朝がわざわざ兵庫県の尼崎から矢野氏を連れてきて、今の日本橋一帯を支配させたことです。この矢野氏は矢野弾左衛門《だんざえもん》といわれている家系で、江戸前島から浅草へ移って、巨大な屋敷を構えます。彼らは、やがて浅草弾左衛門とも呼ばれ、皮革業者や芸能民など被差別民の総元締めになっていくのです。

頼朝にとって江戸氏とその背後の秩父平氏は、彼らが「平氏」の系統だからではなく、強力な在地勢力だったがために怖れるべき、できれば滅ぼしてしまいたい存在だったのです。江戸氏は交易上の要衝である江戸前島を支配していましたし、秩父平氏は鉱山開発をして金属加工もし、馬を飼育し、水運業も行うという多角経営を展開し、しかも武力を持っていました。頼朝にとって彼らは、いつ反乱を起こすか分からない警戒すべき相手だったのです。

ですから頼朝からすれば、江戸氏に対抗できる存在が必要でした。矢野氏は、江戸平氏に劣らず商工業者として力があり、源氏とのつながりも深かったため、これに適任でした。そのため頼朝は、遠方にもかかわらず、矢野氏を東国まで引っ張ってきたと考えられます。

矢野氏は摂津国池田を拠点としていました。そこには猪名川《いながわ》（途中で神崎川《かんざきがわ》と合流）が流れていて、その流域には多田荘《ただのしょう》という荘園が広がっていました。この荘園を根拠地にしていたのが、清和源氏の流れを汲む多田源氏です。多田荘には多田銀銅山があり、そこで採掘された鉱物資源を鍛冶屋が武器や貴金属にしていました。川筋では牛馬の飼育が行われ、皮革の加工も盛んでした。造船も行われていたようで、この一帯は先端技術の拠点でもあったのです[14]。

当然、多田荘はかなりの収益を上げていたらしく、これが源氏の大きな収入源でした。こうした高い技術力をもつ人々を、江戸氏を弱体化させるために東国に連れてくるという判断は、源氏にとって自然なことだったはずです。

とりわけ重要なのは、矢野氏が本拠地としていた池田には神崎川が流れ、その河口は大阪湾の入り口に位置していたということです。おそらく朝鮮半島からの渡来人が、北九州から東進していって、瀬戸内海を通過した後、神崎川の河口付近に拠点を設けたのでしょう。実際、この地域には百済人が入植した痕跡があります。例えば、多田源氏が本拠地にしていた池田には呉服《くれは》神社があり、渡来人たちが機織りや縫製、染色などの技術をこの地に伝えたことが窺えます。

そして豊中には、服部天神宮《はっとりてんじんぐう》があります。こちらは渡来人である秦氏《はたし》がこの地で少彦名命《すくなひこなのみこと》（医薬の神）を祀ったのが始まりだとされています。秦氏は、養蚕や機織の技術を伝えたことでも知られる氏族です。つまり、平氏の末流で江戸前島を支配していた江戸氏を排除するため、頼朝は、やはり渡来人系で源氏支流である矢野氏を大阪湾から東国に連れてきたのです。

こうして江戸氏は衰え始めるのですが、それにとどめを刺したのが太田道灌です。江戸城を築いた人物として有名ですが、彼にとっては江戸城築城よりも、東国在地の武士団で最大勢力だった秩父平氏の力を決定的に削ぐことが最も重要でした。そして、今は西武池袋線が通り、日大芸術学部のある江古田で、一四七七年、道灌は江戸氏最有力の豪族だった豊島《としま》氏と激しい合戦を繰り広げ、ついに勝利します。最有力の豊島氏が滅亡したことで、江戸氏系の諸豪族は衰退していき、東京各地に分散的に在地化していったのです。

このプロセスは、江戸氏系の子孫と東京の地名の対応関係に示されています。たとえば、江戸氏の長男・太郎の子孫は今の千代田区に残り、次男の子孫は喜多見氏となって世田谷区へ、三男の子孫は丸子氏となって大田区へ、四男の子孫は六郷氏となって羽田方面へ、五男の系統は柴崎氏となって千代田区へ、六男の系統は飯倉氏となって港区へ、七男の系統は渋谷氏となって渋谷区へと、それぞれ拠点を移していきました。さらに、この江戸氏の系統から、中野氏、阿佐ヶ谷氏、鵜木《うのき》氏といった在地領主が各地で生まれます。喜多見、丸子、六郷、飯倉、渋谷、中野、阿佐ヶ谷等々は、現在の東京に地名として残ります。政治権力の中枢が東国に形成され、地方豪族が解体されていくなかで、東京各地の地域秩序が形作られていったということです。

太田道灌は江戸城を築き、豊島氏を滅ぼしましたが、その後、江戸氏の基盤が解体するなかで江戸の繁栄は失われました。しかし、関東一円は相変わらず鉱物資源が豊かで、牛馬の飼育も盛んで、浅草や江戸前島など交易の要衝もあったので、その潜在力は相当なものでした。間違いなく家康は、この地域を押さえることの地政学的な重要性に気づいていたと思います。鎌倉や小田原よりも、関東全域の産業基盤を支配するには、その拠点は東京湾内の江戸であるべきと考えていたのではないでしょうか。こうして一五九〇年、家康が配下の大軍団を連れて江戸にやって来るのですが、これはつまり、秩父平氏を中心に古代から中世を通じてこの地に形成されたクレオール的土着秩序に対する決定的な占領でした。

第2章

死者の江戸、そして荘厳化する外縁

巨大都市・江戸のインフラ基盤

一五九〇年、豊臣秀吉に移封《いほう》を命じられた徳川家康は、一万人近い軍団を引き連れて江戸にやって来ます。当時、関東には小田原が城下町としてあり、鎌倉にも武家の都の伝統がありましたが、家康はこれらの都市ではなく江戸にこそ将来性があると考えていました。

しかし、当時の江戸には、これほどの人数を支える基本インフラがありませんでした。最も緊急度が高かったのは飲料水の確保です。江戸は海に近く、井戸を掘っても真水が出ず、家臣の飲み水を確保するのは簡単ではなかったのです。当初、飲み水として用いられたのは千鳥ヶ淵や牛ヶ淵の水でした。やがて、小石川で湧き出していた水が引かれますが、まだ不十分です。そこでより本格的な上水として、当時はまだ農村地帯だった西郊の井の頭池から延々と神田上水が引かれ、これによってようやく江戸の飲料水問題は一段落するのです。

飲料水と並び、もう一つの喫緊の課題は塩でした。これも、足りなければ徳川軍の戦力低下に直結します。そこで家康は、江戸城の和田倉門付近から日本橋川の一石橋まで道三堀《どうさんぼり》を通し、その先で隅田川と中川をつなぐ小名木川《おなぎがわ》を、さらにこれを江戸川へとつなぐ新川を通し、行徳《ぎょうとく》から江戸城までの塩の運搬ルートを確保したのです。行徳は、利根川水系と直結し、塩焼きに不可欠の木材燃料の確保が容易でした。こうして近世を通じ、行徳一帯は江戸の塩消費を支える塩田として発達していくのです。つまり占領は、単に軍事力だけの問題ではなく、兵士たちの生活物資を安定的に確保する産業基盤政策を伴っていたわけです。

一六一五年の大坂夏の陣で豊臣氏を滅亡させ、軍事的には徳川体制は揺るぎないものとなります。家康は翌年、この世を去りますが、ポスト家康時代は本格的な都市建設時代となりました。軍事から土木へという流れは明白で、なかでもその代表は、お茶の水付近での仙台堀開削による神田川の付け替えでした。当時の神田川の河口は日比谷の入り江にあって、水道橋から神保町、竹橋、大手町、日比谷というように、今でいう都心のど真ん中を流れていました（大手町まではほぼ日本橋川のルート）。この神田川が、頻繁に氾濫していたのです。そこで二代将軍・秀忠の時代に幕府は仙台藩の伊達氏らに命じ、御茶ノ水付近の神田山《かんだやま》（本郷台地）を深く掘って、水道橋から浅草橋方面へこの川の流れを変え、隅田川に合流するようにしたのです。

そして、この他にも多くの開削がなされ、そこで出た大量の土砂が日比谷の入江を埋め立てるために用いられました。埋め立てによって、今日の霞が関、日比谷、有楽町、丸の内までが陸続きとなり、かなり広い面積の市街地が出来上がるのです。埋め立てがなされる前は、現在の日比谷公園も、皇居前広場も海面下でした。東京駅の丸の内口を出ると目の前に海が広がり、その海の向こう岸に江戸城の建つ麴町台地の岸辺が見えたはずです。新橋駅前のＳＬ広場とか、戦後闇市の雰囲気を残すニュー新橋ビルがある一帯も、当時は海の下でした。新橋から丸の内まで、奥深い日比谷入江を埋め立てたことで、江戸の中核となる市街地が生まれたのです。

新たに整備されたエリアのうち、江戸城に近い大手町付近は武家屋敷となり、神田方面は町人

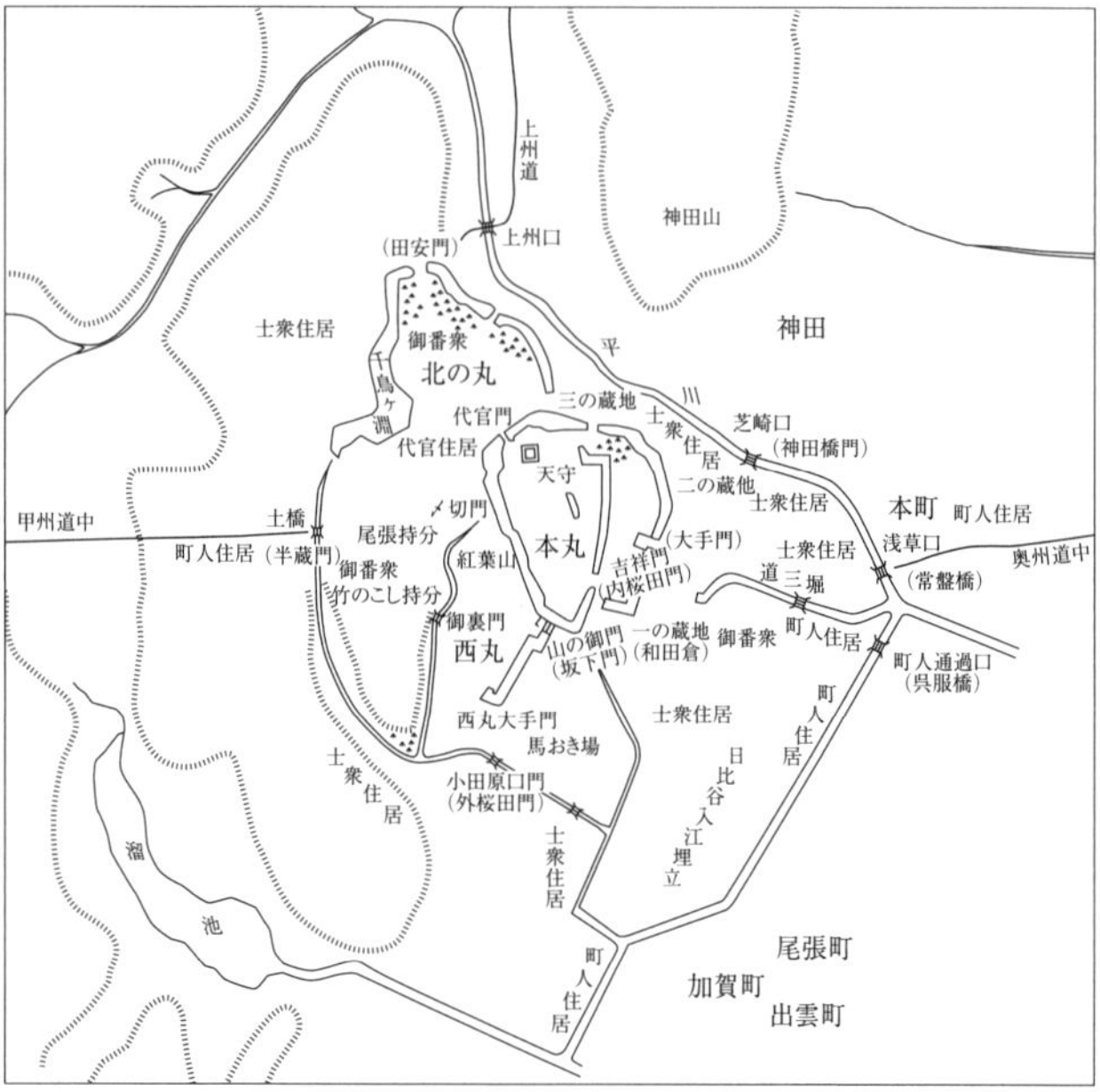

図2―1―a　日比谷入江（新橋～丸の内）の埋め立て

地となります。これらの土木事業で注目すべき点は、埋め立てと並行して生活や経済に必要な水路が何本も整備されていったことです。江戸という都市は、最も厄介な相手だった川を管理し、水辺を活用することで、街中を川や堀が縦横に走る「水の都」となったのです。水路と町が至るところで接し、河岸が生まれます。水路を通して大量の物品が流通することで、商業的キャパシティもきわめて大きな都市が誕生したのです。

「戦乱の時代」の終わりと死の管理

大坂夏の陣での豊臣氏滅亡は、武家の支配権移行というだけでな

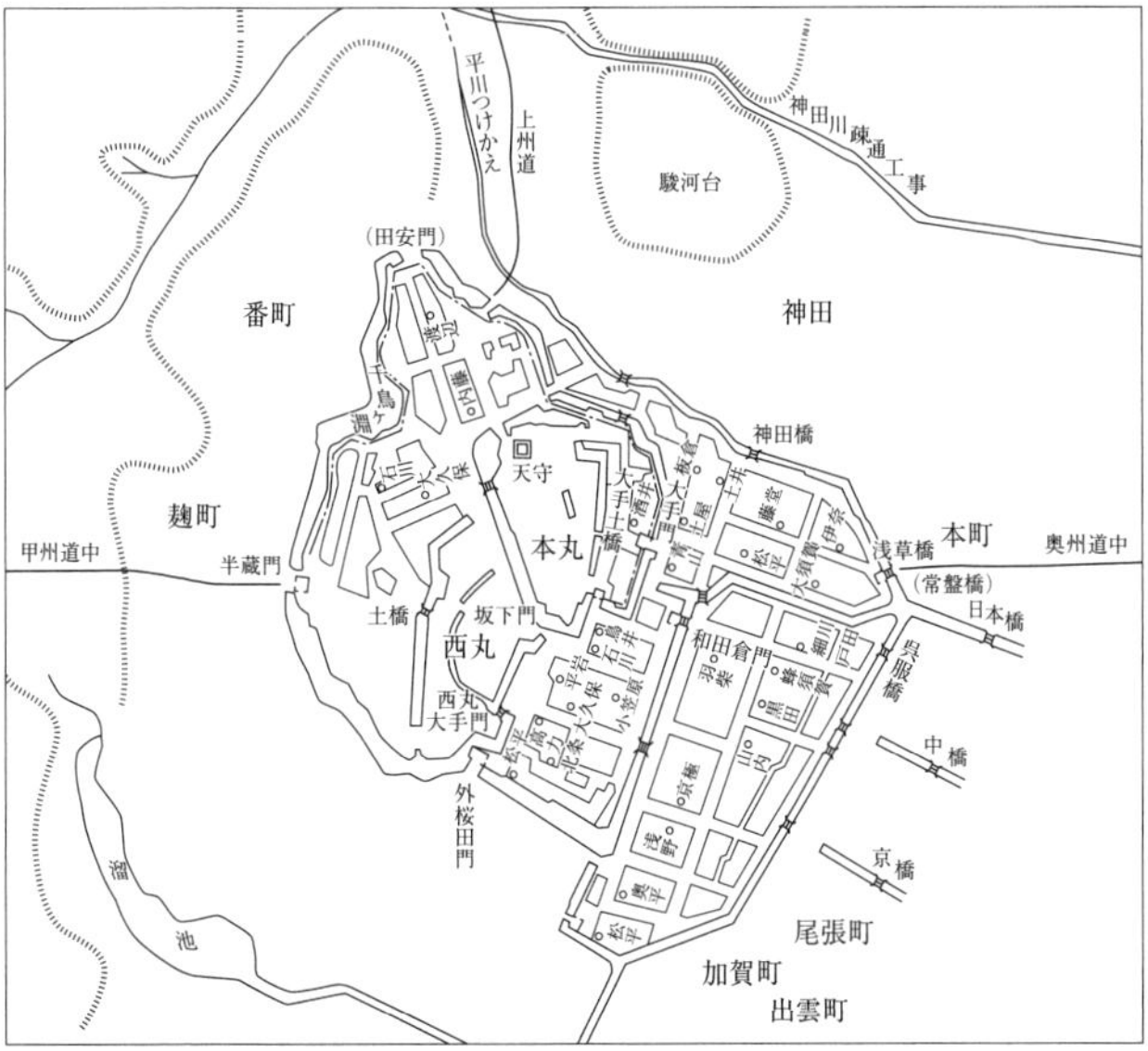

図2―1―b　仙台堀（水道橋〜万世橋）の開削　a、bとも内藤昌『江戸と江戸城』（鹿島出版会、1966年）より

く、中世から続いた長い戦乱の時代の終わりを意味していました。その戦乱が一四六七年の応仁の乱から始まったと考えれば、実に一五〇年もの間、日本列島では戦いの世が続いたことになります。生産力の向上に伴い、一五世紀の後半あたりから人口も増え始めるのですが、紛争が絶えなかったため、多くの戦死者や疫病、餓死による死者が出続けました。それが一七世紀初頭にようやく終焉を迎え、大量死の時代が終わるのです。そして、「建設」の時代が幕開けます。つまり、一五九〇年に始まる「徳川の占領」は、「戦争」の時代から「建設」の時代への大転換を意味していたのです。そしてこの建

設は、城の建設や橋の架橋、運河の開削、海の埋め立てのみならず、寺院の建設と江戸の宗教的秩序の構築、つまりは「死」の管理を伴っていました。

大量死の時代が終わったからといって、江戸は現代の東京のように死が日常からすっかり遠ざけられた都市だったのではありません。多くの子どもが生まれ、その多くが病気その他の理由で死んでいきました。当時はまだ、多産多死社会だったのです。そして、戦国時代ほどではないにせよ、江戸時代を通じて、災害や疫病、飢饉による大量死が頻繁に生じています。江戸に限っても、火災で言えば、一六五七年に明暦の大火があり、約一〇万人が死んでいます。地震で言えば、一八五五年に安政の大地震があり、町方だけでなく武家・社寺方も含めると、二万の家屋が倒壊し、一万人余りが死んだと言われています。

江戸時代を通じて最も大きかったのは、しかし疫病による死です。一八世紀から一九世紀にかけて繰り返し疫病が生じています。一七一六年に江戸で流行した疫病では八万人が死にます。一七七三年には麻疹が大流行し、約一九万人が命を落としています。今と違って麻疹《はしか》にかかると命を落とす危険性が高かったのです。そして、一八五三年に米国のペリーが来航し、日本が開国すると、欧米で流行っていたコレラが日本に持ち込まれます。一八五八年にコレラの大流行が発生し、犠牲者の数は二四万人にも上ったそうです。その四年後の一八六二年には再び麻疹が大流行し、約二七万人が死んでいます。つまり、一八五〇年代から六〇年代にかけて、続けざまにコレラと麻疹が大流行して計五〇万以上の人が命を落としたわけです。幕末における幕府の権威失墜の背景の一つには、この感染症大流行があったと言えましょう。

これらはもちろんだいぶ後の話なのですが、戦乱の世が終わって「建設」の時代になったと言っても、現代と比べればば「死」ははるかに身近でした。そして、死という問題との人々の向き合い方は、江戸という都市のあり方と深く結びついてもいたのです。

このことを見るためにまず、寺院に着目したいと思います。一九七〇年代の東京の寺院数は約三〇〇〇ですが、江戸幕府が成立してから一〇〇年ほど経った一八世紀初頭の段階で、すでに一八〇〇〇もの寺院があったのです。これはすごい数です。江戸という都市の至る所にお寺があったことになります。宗派別にみると、浄土宗の寺院が三七八、日蓮宗が三六七、一向宗が二九七、曹洞宗が二〇七、真言宗が一九三、臨済宗が一五四、天台宗が一七三となっています[1]。主だった宗派の寺院が満遍なく所在していたことが分かります。これらの寺院は、僧侶を養成する場であっただけでなく、庶民にとっての学習の場でもありました。つまり、宗教的な機関であると同時に、文化的な機関でもあったのです。

幕府は、これらの寺院を通じて、死者を管理していました。生者については、武家諸法度や奉行所などの制度で管理したわけですが、死者をも管理する体制を確立するのです。その寺院を統制するために打ち出したのが、寺院法度でした。これにより、宗派ごとに本山・本寺を頂点とするピラミッド型の組織が形作られたのです。それによって、末端の寺院は、本山・本寺の下に服属しなければ存在し得なくなりました。誰もが必ず宗旨と檀那寺《だんなでら》を定め、出生、婚姻、死亡などの際に、その檀那寺から証明書を発行してもらわなければならないことにしたのです。この檀家制度によって民衆の生から死までを統制したわけです。

江戸における寺院のトポグラフィー

なぜ、江戸にはこれだけの数の寺院があったのでしょうか。その理由の一つは参勤交代にあります。この制度によって全国の諸大名は、自らの領地を離れて、家臣から使用人まで大勢の家来を引き連れて一定期間を江戸で過ごさなければなりませんでした。長期滞在となりますから、家臣の中から、病気や何かで命を落とす者が出てくるわけです。そうすると、遺体をドライアイスで冷やして搬送することなどできなかったので、江戸の寺で埋葬することになります。

こうして諸大名、旗本、御家人それぞれが利用できる墓地や寺院が生まれることとなったのです。これらの寺院は、国許《くにもと》にある寺院の出張所のようなものでした。全国の諸大名それぞれに、こうした分室としての寺院が江戸に建てられることになったので、一八〇〇もの寺院が所在することになったと考えられます。つまり、参勤交代に付き従う家来の生活だけでなく、死のあり方についても、国許と江戸とに二元化していたわけです。

これらの寺院の分布は興味深いものです。太田道灌の時代まで遡ると、道灌が築いた江戸城の内側やその近くに寺院が結構ありました。一番町から千鳥ヶ淵、富士見櫓にかけて、一六の寺院が立地していました。当時、そこは局沢《つぼねざわ》と呼ばれていました。そのあたりは低地あるいは谷になっていて、そこに寺院が建てられていたのです。つまり、台地の部分にではなく、谷に墓地や寺院があったのです。やがてそこに家康が大勢の家臣を伴ってやって来て、江戸城の大規模な拡張工事に着手します。そうなると、局沢やその周辺にあった寺院は立ち退きを迫られ、多くが神田や御茶ノ水方面へ移転していきます。

家康の占領以前から江戸は、水上の交易ルートと内陸で産出する産品をつなぐ拠点として賑わっていました。ですから、この地で死ぬ人も相当数いたはずです。千鳥ヶ淵にはそうした遺体が数多く埋められていたと考えられます。実際、二〇世紀になってから、千鳥ヶ淵一帯で工事が行われた時、中世人の骨が出て話題になったことがありました。鈴木理生によれば、「千鳥ヶ淵川の谷筋の一つに、樹木谷《じゅもくだに》という場所があったという。そこは「処刑された者、病死した者の捨て場」だったために、「骸骨充ち充ちていた」ため地獄谷と呼ばれていたが、世の治まるにつれて樹木谷と呼ばれるようになった」そうです。[2]近世以前、このあたりは江戸の住民が死んだときの共同墓地だったのです。当時はまだ、葬送儀式が行われたとしても、墓はありませんでした。穴を掘って骨を埋めていただけです。この「地獄谷」があったところは、現在の千代田区二番町付近で、今ではオフィスと高級マンションの連なる街です。

家康の江戸占領で、これらの局沢にあった一六の寺院は移転を迫られます。おそらく、彼らは土中に埋葬した遺体はそのままにして、上物《うわもの》だけ移動したでしょう。このように江戸の寺院は、城の拡張工事や、新たに武家地が開発される度に、都市の周辺へと移動させられてきました。江戸の寺院は、都市の拡張に伴って何度も移転を重ねていくのですが、そのように寺院の配置と都市の拡張工事が頻繁に結びついた理由として、鈴木理生は次のような仮説を立てています。すなわち、当時の寺院は死者を埋葬する場所としてだけでなく、諸大名が江戸城の普請を幕府から命じられたとき、家臣や労務者の宿泊先として、あるいは材料などの倉庫としても用いられていたのではないか、と。たとえば、仙台藩が江戸城の普請を命じられたとすれば、自藩から連れてきた人足などは、仙台藩とゆかりのある寺院に寝泊りしたのではないか、というのです。[3] 工事中に人足が事故で死んだりした時には、その寺院の僧侶が弔っていたでしょうから、生活空間の提供から供養までを、それぞれの藩所縁の寺院が担っていたと推測されるわけです。

このことからも、近世の寺院は、檀家としての武家との関係が深く、地元の地縁的な秩序にはあまり依存していなかったと思われます。この点が、神社との大きな違いの一つです。当時の寺院にとって、檀家である大名との関係がまず何よりも重要で、江戸のどこに立地しているかは、さほど決定的ではなかったのです。城郭の拡張工事や、武家地の開発が行われる度に寺院が移動していた背景には、こうした事情もあったのではないでしょうか。

このように、江戸の都市建設と仏教寺院の配置、それに参勤交代に示される将軍家と大名の権力関係は深く関連し合っていました。同様の連関は、神社には見られません。神社は、町衆などの地縁集団に支えられて成り立っていましたから、たとえば神田明神が神田から移動してしまえば、その命脈は絶たれてしまう。いくら家康に命じられても、神田明神は浅草へ移転するわけに

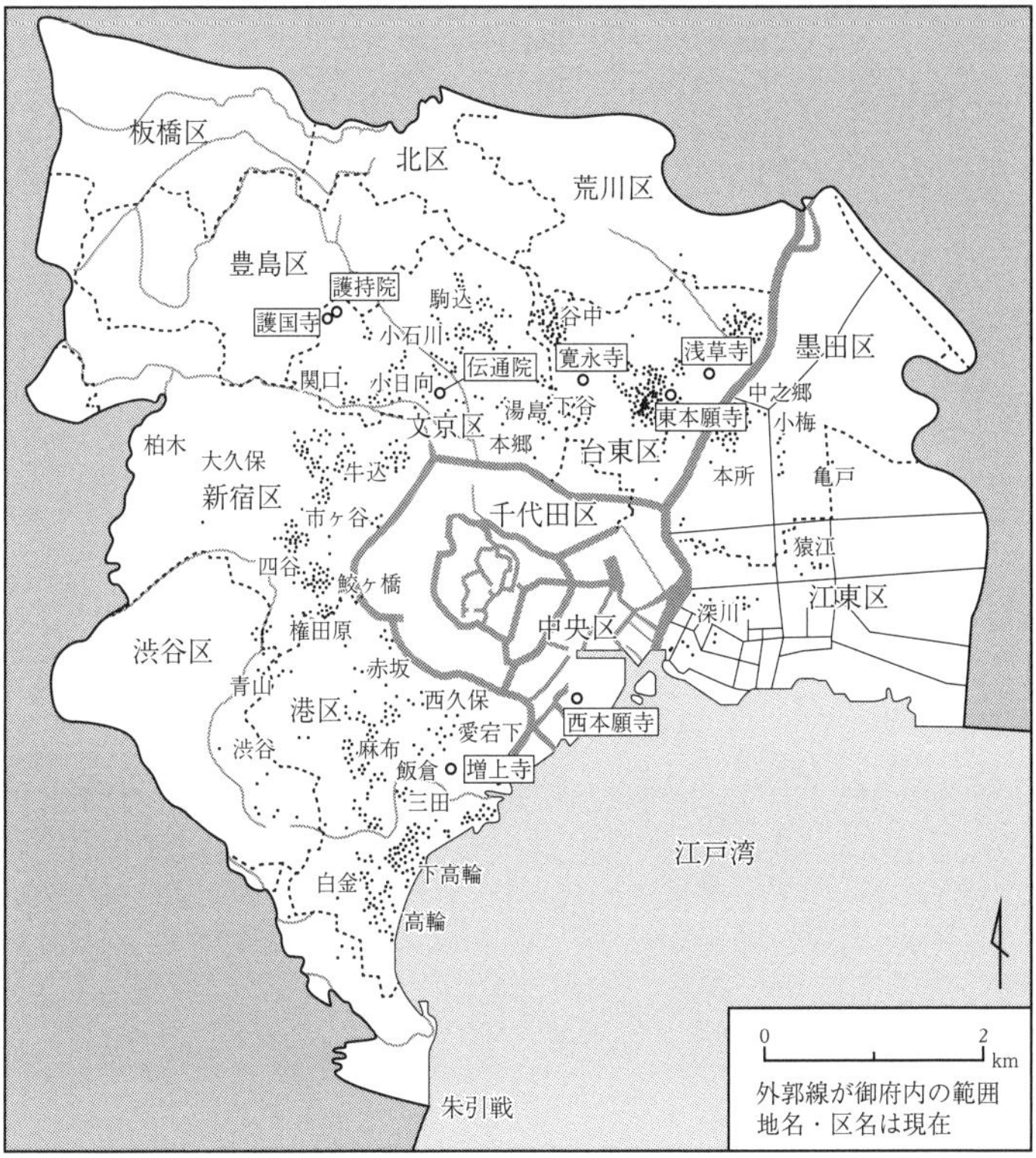

図2—2　江戸における仏教寺院の分布　松井圭介「寺社分布と機能からみた江戸の宗教空間」『地学雑誌』（123〔4〕, 2014年）より

はいかないのです。もともと神田明神は、現在の大手町付近に創建されたと言われます。ところが、その一帯が武家地として再開発されることになって、駿河台へ移動し、その後、外神田へと移ったわけです。寺院の移動距離と比べると、ずっと短い距離です。土地とのつながりを絶たれまいとしてのことだったと推察されます。

寺院のほうは、周辺地域に移転する際、より広い境内を求めたのではないでしょうか。実際、伝統ある寺院は、移動後のほうが境内は広くなっています。ところが神社の場合、地縁集団に支えられていますから、もともとの場所にとどまろうとします。このため寺院と比べて、境内はあまり広くなりません。神田明神にしても湯島天神にしてもそうです。

このように、江戸の寺院配置と当時の都市計画とは深い結びつきを持っていて、江戸の都市拡大に伴い寺院は外延化していきました。その過程を決定づけたのが明暦の大火です。一六五七年のこの大火事によって約三万～一〇万人が命を落とし、天守閣も焼失します。一九二三年の関東大震災に比せられる死者数です。そうすると、震災後に帝都復興がなされたように、明暦の大火の後、江戸の大復興と、そのための大改造が行われることとなります。

それによって、神田や御茶ノ水にあった寺院が、その外縁へと移動を余儀なくされたのです。たとえば西本願寺は、日本橋から築地へと移動しています。現在の築地本願寺です。そして、東本願寺は神田から浅草へと移されました。神田には幡随院、日輪寺、清河寺など有名な寺院が複数ありましたが、それらはすべて浅草に移動しています。浅草一帯には今も多くの寺院がありますが、浅草一帯が寺町化していくのは、明暦の大火が大きな契機です。

上野・浅草の寺町化と東叡山寛永寺の荘厳化

こうして明暦の大火後、復興のために江戸の大改造が行われ、それまで神田、御茶ノ水あたりへ移動していた寺院が、さらに下谷《したや》、上野、谷中、浅草へと移っていきます。この一帯に寺院が集中するようになり、宗教的な一大エリアとなっていったのです。そして、その圧倒的な中心をなしたのが、上野の寛永寺でした。

いうまでもなく、寛永寺のモデルは同じ天台宗の比叡山延暦寺です。延暦寺が京を守る鬼門の方向にあったのと同様、寛永寺は江戸の鬼門の方向にありました。江戸の宗教的・文化的な秩序にとって、二つの寺院と二つの神社が特権的に重要でした。二つの寺院とは、上野の寛永寺（天台宗）と芝の増上寺（浄土宗）であり、二つの神社とは、神田明神と日枝《ひえ》神社です。当時、鬼門（北東の方角）から悪しきものが入ってくると考えられており、それを防ぐために寛永寺を建立し、裏鬼門（西南の方角）を護るために増上寺が配置されました（実際には、増上寺の位置は裏鬼門からずれます）。この二つの寺院と対になるのが、神田明神と日枝神社でした。

この表鬼門の方角では、神田明神と寛永寺を貫く線が基軸をなし、この線を延長すると観念上は日光東照宮に至ると考えられていました。江戸城－神田明神－上野寛永寺－日光東照宮という基軸を考えたのは、江戸の宗教秩序の構築において決定的な役割を果たした天台宗の高僧、天海

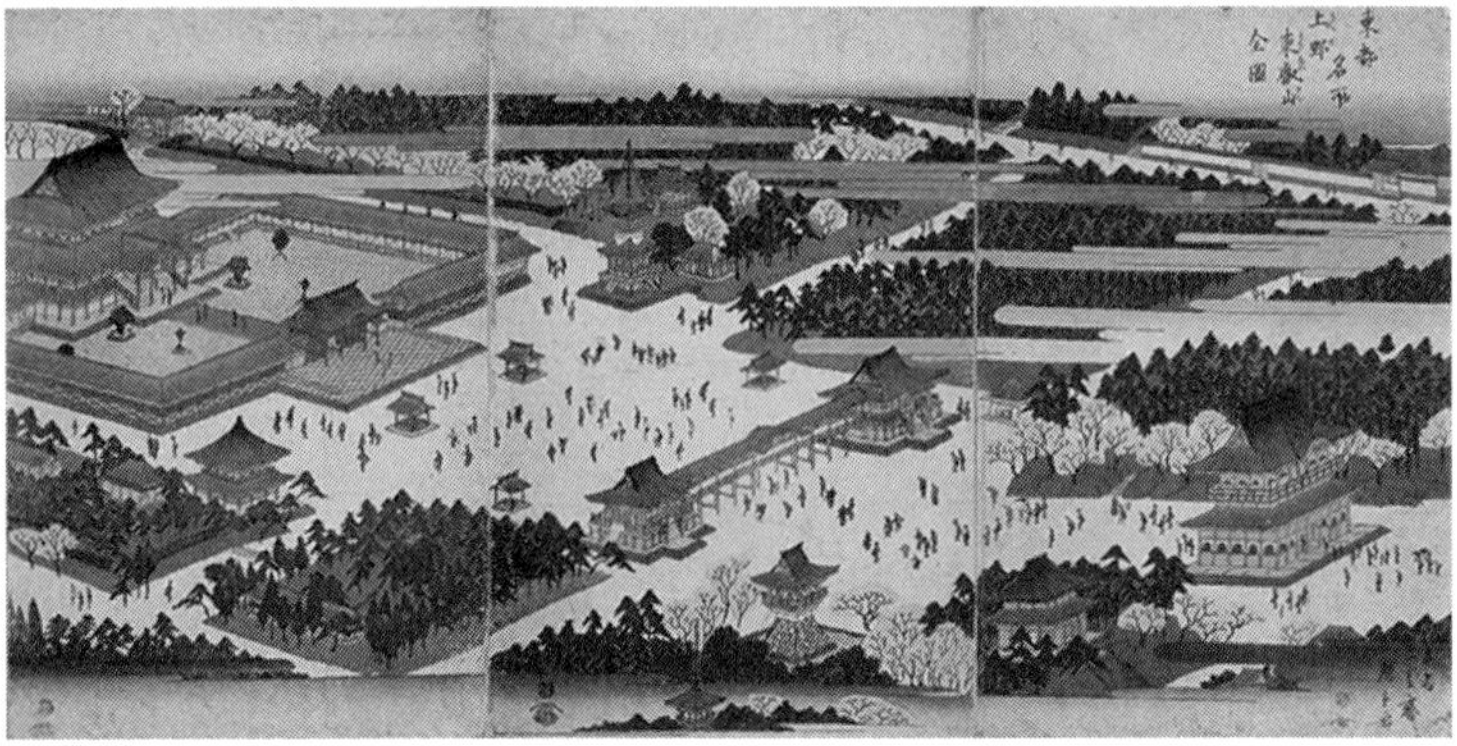

図2―3　江戸期の上野寛永寺の壮麗な寺院群と繁栄の様子　一立斎広重「東都名所　上野東叡山全図」『広重東都名所』（国立国会図書館蔵）

です。「東叡山寛永寺」という名が示すように、天海は上野を比叡山になぞらえ、京都に対応する江戸を宗教的に守護する一大宗教空間を造り上げました。この過程で寛永寺は将軍家の菩提寺となり、堂塔伽藍や子院が立ち並ぶ巨刹として発展します。

江戸時代、現在の一〇倍にあたる三〇万五千坪もの寺領を有した寛永寺は、第三世から山主《さんしゅ》に天皇家より皇子を迎え、墓参に訪れる将軍の御成り行列を頻繁に迎えるなど屈指の格式を誇りました。将軍御成りの時などは、寺内で執り行われる様々な儀式に大名も参列したのですが、彼らはそれぞれ寄進をしている寺院で身支度を整えました。つまり、寛永寺全体が徳川の象徴的秩序が上演される一大イベント会場で、それぞれの寺院は大名の控えの間だったのです。寺院からすれば、大大名の控えの間となれば経済的に安泰でした。

海人たちの時代の終わり

上野寛永寺が江戸の文化的秩序の頂点に位置したとするならば、逆にその底辺を支えたのは穢《え》多《た》・非人《ひにん》などの制外民でした。そして、その底辺の人々を統括したのが、すでに述べた源頼朝が尼崎から連れて来たとされる矢野氏です。矢野氏は江戸氏の力を抑えるために鎌倉幕府の後ろ盾で江戸前島の支配権を得ていきますが、やがて浅草に移り、皮革業者や芸能民などの総元締めとなります。彼らはなぜ、そうした軌跡をたどったのでしょうか？

もともと中世日本はまだ農本主義的な体制ではなく、各地に海上交通の拠点があり、交易ネットワークが形成されていました。網野善彦は、一〇世紀末から一三世紀初頭まで海民であることを示す「海人」（北陸地域）、「網人」（琵琶湖・大阪湾・瀬戸内海）、「海夫」（九州）という呼称が公的文書にも見られたと言います。こうした人々は「百姓」とは区別され、水運業や漁業、製塩業、水上の雑業などに携わっていましたが、出挙《すいこ》と呼ばれる金融を行うこともありました。そうした商業活動に携わる「海人」がいたのです。[4]

しばしばこの語は「あま」と読まれ、海に潜って貝などを採る人のことだと理解されがちですが、この「海人」はまったく違い、海運に従事し、各地に産品を運び、陸に上がれば鉱山資源を採掘し、その加工をし、川筋で牛馬を飼育し、利益を得ていた人々のことを指します。尼崎の「尼」も、もともとこうした海上商業民の「海人＝あま」から来ているはずです。

やがて、荘園体制が確立する一三世紀後半になると、「海人」「網人」「海夫」という呼称は公文書には殆ど見られなくなり、「百姓」の語に取って代わられたと網野氏は言います。この百姓にしても、当時は農民を指す言葉ではありませんでした。職人も、芸能民も、雑業に就いていた人々も含めて「百姓」だったのです。それが近世には、百姓＝農民となっていきます。稲作を主業とし、米で年貢を納めることが、ナショナルスタンダードとなっていったのです。

こうして農本主義的な社会になってしまうと、農民を統制する諸制度が整えられていきます。その過程で、雑業などに従事して、新たな制度の枠組みに収まらなかった人々が「制外民」となっていったのでした。これらの人々は、中世までは商人や農民よりも身分が下ということはありませんでした。ところが近世に入って身分秩序が確立していく中で、制度の枠に収まらず統制しにくいということで、排除されていったと考えられます。こうした動きのなかで、それまで雑業や水運業を束ねてきた人々が既得権益を失うまいとした結果、制外民となった穢多・非人を統括する位置に就くことになったと考えられます。

摂津国池田から東国に呼び寄せられて江戸前島を支配した矢野氏が、やがて浅草に拠点を移し、皮革業者や芸能民など被差別民の総元締めとなっていった背景には、こうしたことがあったと考えられます。そして江戸期に入ると、矢野弾左衛門は幕府に、被差別民を支配する権利が自分たちにあることを認めさせるために由来書を提出します。

この由来書には、彼に特権が与えられた職種として、穢多・長吏支配、猿引、灯心細工、太鼓、皮細工、厩の世話、刑吏が挙げられています。この由来書に添えられた「頼朝御証文」を見ると、支配権を与えられたとする職種は多種多様で、長吏、座頭、舞々、猿楽、陰陽師、壁塗、土鍋師、鋳物師、辻目暗、非人、猿曳、弦差、石切、土器師、放下師、笠縫、渡守、山守、青屋、坪立、筆結、墨師、関守、獅子舞、蓑作り、傀儡師、傾城屋、鉢扣、鐘打が挙げられています。ここには芸能系、職人系、そして運送業など実に多様な職能が含まれていました。

　塩見鮮一郎氏の『資料 浅草弾左衛門』には、「刑吏下級職を勤めるためには、処刑場の近くに居を構えていなければならない。徳川以前に、日本橋尼店《あまだな》にいたのも、本町四丁目にお仕置場があったからだ。……家康入府と同時に日本橋本町にあった処刑場は、浅草鳥越と本材木町の二つに移された。このとき、初代弾左衛門は鳥越のほうに行かされ……鳥越の仕置場は、町屋の発展につれて、五十年ほどで幕を閉じ、さらに北へと移された。正保二年（一六四五）に今戸橋の南に、そしてここからすぐに小塚原《こずかっぱら》に移転し、寛文七年（一六六七）には回向院《えこういん》の持地が埋葬地として与えられた。本材木町にあった刑場も、同時期の、慶安四年（一六五一）に鈴ケ森に移り、明治四年（一八七一）までつづいた」とあります。[5]

　浅草鳥越に移された矢野氏はこの地に屋敷を構え、穢多・非人など「制外民」を統括するという、被差別民統治体制が出来上がっていったわけです。こうして徳川幕府は、それまでの流動する海民、あるいはよりひろく雑業者層の統治を狡猾に行ったのです。その長い時間を通じ、中世までの海民的なネットワークは姿を消していったと考えられます。

第Ⅱ部

薩長の占領と敗者たち――中景

第3章

彰義隊の怨念とメモリー・ランドスケープ

三度の占領で反復されたパターン

これまで本書では、東京は少なくとも三度の占領を経験した都市であるとの仮説に立ち、そこで占領された者たちの視点から、この巨大都市の歴史を捉え返すことを目指してきました。すでに述べたように、最初の大規模な占領は、一五九〇年に徳川軍によってなされました。そこでの敗者が誰であったかは、複数の解釈が可能です。直接的には、豊臣秀吉によって滅ぼされた小田原城の北条氏であったとも言えます。

しかし、徳川による占領は、源頼朝が一二世紀末に鎌倉幕府を開いて以降、長く続いてきたプレ占領の最終局面であったと捉えることも可能です。その長い過程で占領されていったのは、クレオール的な在地勢力としてこの地を支配してきた秩父平氏でした。この在地勢力を、頼朝から家康にいたる武家政権が数百年の年月をかけて征服・弱体化させていったのです。家康の占領以前、戦国の頃までに秩父平氏はほぼ解体していましたが、徳川幕府は秩父平氏がもう過去の記憶であるのを前提に、その一族で朝廷に叛逆した平将門を祀り上げ、神格化したのです。

二度目の占領は、薩長軍によるもので、占領されたのは徳川の江戸です。しかし、徳川慶喜は薩長軍に徹底抗戦することなく江戸城を明け渡し、本人は大正期まで生き延びます。ですから、そこでの敗者は、慶喜降伏後も抵抗し続け、そして敗れた会津藩などの東北諸藩や旧幕府の残党になります。彰義隊も、白虎隊も、新選組も、こうした敗者の系譜に連なります。彼らは絶望的な抵抗を試み、多くが殺されました。それに対して慶喜は、不完全な敗者でしかありません。最後まで戦わず、敵と手を結んでしまったのですから。

三度目の占領は、もちろん一九四五年の米軍による占領です。このとき、慶喜による江戸城明け渡しと同じことが起きています。裕仁天皇は無条件降伏し、占領者である連合国軍最高司令官マッカーサーと手を結びます。彼は、戦争の最高責任者であったにもかかわらず東京裁判で訴追されることなく、退位もしませんでした。しかし、日米戦争に限定しても、莫大な数の兵士や民間人が命を落としています。学徒動員で出兵した若者たち、広島・長崎への原爆投下で亡くなった人々、沖縄戦で死んだ人々、東京大空襲で亡くなった人々――とてつもない数です。

しかも、この戦争の敗者はそうした死者たちだけではありません。生き残った無数の日本人、引揚者、焼き出された人々が敗者でした。彼らの多くが、かけがえのない家族や友を失い、あるいは屈辱感を抱えながら戦後、米軍と手を結んで生き延びていきました。ここにおける敗者の歴史は、戦後日本の、また戦後東京の歴史そのものです。

これらの三つの占領には共通点と相違点があります。まず共通点は、いずれの場合も、占領を境にして、戦争と大量死の時代から、復興と建設の時代へと転換したことです。徳川の占領であれば、応仁の乱（一四六七年）から大坂夏の陣（一六一五年）まで、約百五十年も続いた大戦乱の時代があり、その戦乱の時代がほぼ終わるときに江戸占領が起きます。薩長軍が一八六八年に江戸を占領した時も、一八五三年の黒船来航以来、江戸時代末期には地震や疫病が次々に起こり、倒幕運動が盛り上がり、凄惨な殺し合いが続いていました。ええじゃないかのような大衆的狂騒もあり、長年の通念がひっくり返る不安定な時期でした。薩長軍による江戸占領は、そうした動乱の時代の終盤で起きています。

そして、一九四五年に米軍に占領されるまでに、約一五年にわたるテロと戦争、度重なる空襲、大量死の時代があり、そこでは一五〇年にわたった戦国時代の全死者数よりもおそらく多いであろう人が死んでいきました。それが、米軍の占領によって終わりを告げ、戦後復興の時代へと転換、やがて高度成長の時代を迎えることになります。

これらの三つの「戦後」を通じて作り上げられたのが東京という都市です。つまり、三度の占領のたびに、戦乱の時代から、建設の時代へと東京の歴史は転換しています。

しかし、まだ共通点があります。二番目と三番目の「戦後」では、そのトップが責任を取らなかったことも同じです。慶喜は、小栗上野介や榎本武揚らの徹底抗戦論を容れず、勝海舟らが主張する講和路線を採り、自分は大正時代まで平穏に暮らします。昭和天皇も、敗戦の責任を取っていません。つまり、江戸城の無血開城と連合軍への無条件降伏に始まる日本の二つの戦後史は、途方もない無責任によって開かれたものです。

この無責任を衝いたのが、福沢諭吉の「瘠我慢の説」です。彼はこの論説で、占領軍との妥協を実現させた勝海舟と、函館戦争で敗れて投獄されたものの、釈放後に明治政府の要職に就いた榎本武揚の二人を厳しく批判します。彼があからさまに批判したのは勝と榎本ですが、しかし暗黙裡には、かつて自分の主君でもあった徳川慶喜の責任を問いたいと考えていたのではないでしょうか。そして、この彼の「瘠我慢の説」の批判は、福沢にとっては未来の戦争だった日米戦における裕仁天皇の責任を問う視座をも内包しています。

さらに、三度の占領を取り巻くグローバルな地政学でも地域を越えた連続性を見いだせます。まず、家康による江戸「占領」と並行していた秀吉による朝鮮半島侵攻（一五九二－九八年）は、スペインとポルトガルに先導されてヨーロッパが新大陸や世界各地へ進出し、地球経済が一つに結ばれていた大航海時代、つまり一六世紀グローバリゼーションにおいて、東アジア辺境の地で権力を握ったサムライ政権が、大航海者たちと同様、鉄砲戦による軍事技術を背景に中国大陸征服を目論んだ出来事でした。この試みはあまりに無謀なもので挫折します。

その豊臣を滅ぼした徳川は、一六世紀の拡張主義的世界経済から身を引いて、国内秩序の安定化を優先させます。キリスト教禁教への流れは、キリスト教主導のグローバリズムからの自己隔離です。さらに鎖国政策によって銀＝マネーの国外流出を防ぎ、参勤交代政策でタテ割りの規範を徹底させ、日本列島を江戸中心の自己完結的世界に再編していきます。

拡張の時代から内向の時代へのこうした転換は、日本列島だけで起きていたのではありません。同様の越境の一六世紀から閉鎖の一七世紀への転換は、ヨーロッパでも生じていました。ドイツを主舞台とした三十年戦争（一六一八－四八年）の末にウェストファリア条約が結ばれ、ヨーロッパで近代的な主権国家が形成されていきます。こうしてヨーロッパは、一六世紀の収奪主義的な帝国の拡張よりも、一七－一八世紀的な啓蒙主義と国民主義の結合へと向かいました。そしてその過程で、一七世紀以降、欧州でも日本でも文化的な爛熟化が進みました。当時の絵画や音楽などを見ればそのことが分かります。江戸時代の日本でも浮世絵や歌舞伎が洗練を究めましたが、文化的爛熟は全ユーラシア的な現象でした。

ところが一八世紀後半に産業革命が起こり、欧州から世界へと工業資本主義型の帝国主義が爆発的に拡大していきます。このグローバルな力は、当時の中国文明の力をはるかに凌駕していました。日本で多くの人が事の重大性に気づくのは一八四〇年代です。決定的だったのがアヘン戦争で、この戦いに敗れた清国は、屈辱的な内容の南京条約を結ばされ、これが半植民地化への第一歩となりました。日本よりも巨大な清があっけなく敗れたのを目の当たりにし、日本国内で危機意識が高まり、幕末の動乱へとなだれ込んでいきます。

戊辰戦争における「賊軍」の近代

その動乱の果ての一八六八年一月三日、徳川幕府は薩摩藩と交戦状態に入りました。鳥羽・伏見の戦いです。このとき幕府軍は一万五〇〇〇人、薩長軍は五〇〇〇人で、数の上では幕府軍が優勢でした。翌日、薩長軍は仁和寺宮嘉彰親王《にんなじのみやよしあき》を征夷大将軍とし、錦旗《きんき》を掲げて出兵します。しかしこの錦旗は、岩倉具視や玉松操がでっち上げた怪しげな代物でした。

野口良平は『幕末的思考』で、「新政府指導者たちが魔術の効力を最初に実感したのは、鳥羽伏見の戦いで、『官軍』の象徴としての錦旗を掲げた時だったろう。古文書以外には見あたらない錦旗を戦場で掲げるというアイディアは、岩倉具視と玉松操――「神武創業」の発案者――から出たようである」と書いています。[1] この本で野口は、「新政府のスタートに二重の嘘――隠しごと――が伴われていたのは確かだった。その第一は、新政府における攘夷から開国への転換が外的圧力への屈服にほかならなかった事実であり、その第二は、錦旗がにわか仕立てのものであり、状況の産物以上のものではなかったという事実である」と指摘します。[2]

この「二重の嘘」には、現実的な効果がありました。もともと徳川幕府は家康を東照大権現神に祀り上げることで、江戸を京都をも凌駕する権威の中心に据えました。しかも、京都の朝廷に叛逆した平将門も神として祀り上げ、東国の神話的なヒーローを徳川の権威秩序に組み込んでいったのです。ところが幕末、黒船が現れ、大地震が起こり、疫病も流行し、列島が動乱に向かう

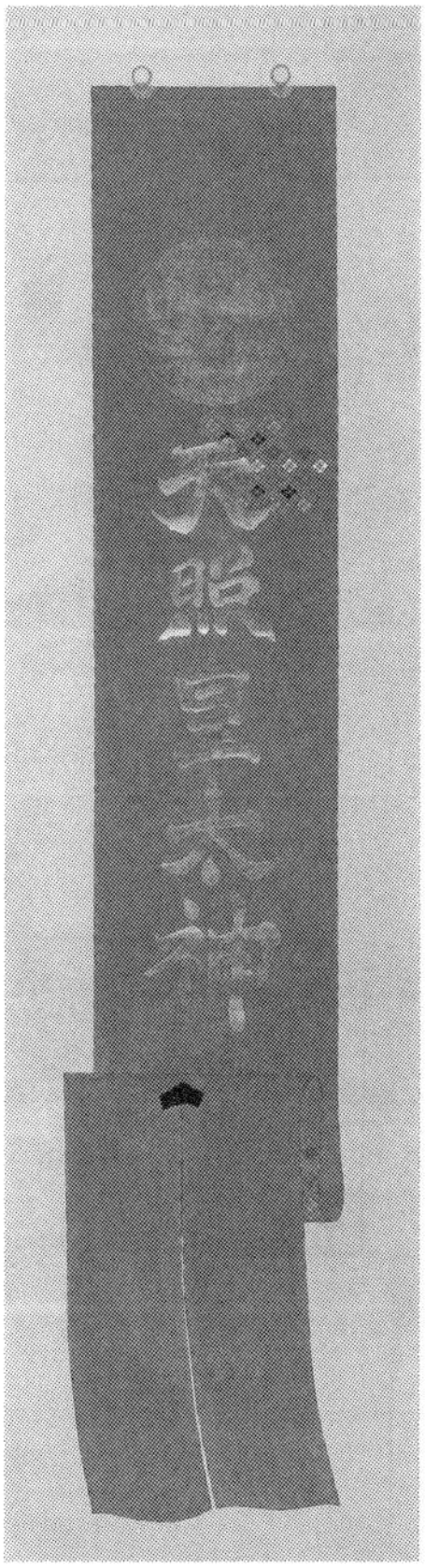

図3―1　戊辰戦争の際に新政府軍が用いた錦旗の模写図　「戊辰所用錦旗及軍旗真図」『公文附属の図』（国立公文書館蔵）。模写は絵師浮田可成《かせい》による

なかでこの神話的秩序は揺らぎます。その間隙を突いて、薩長は「錦旗」をでっちあげ、幕府側を「賊軍」と名指し、自らを「官軍」として誇示するプロパガンダを展開したわけです。こうして彼らは、徳川とは別の象徴秩序を作り上げていきます。

後に御真影により展開されていく戦略からすれば、錦旗はこの動きの初期段階のものでしたが、この単純なトリックでも幕府軍は動揺し、統率が乱れます。そして一月六日には慶喜は江戸へと逃げ帰ってしまうので、幕府軍は戦意を失い、薩長軍が勢いに乗ります。こうして形勢は逆転し、朝廷から慶喜追討令を受けた薩長軍は、自分たちは「官軍」で、幕府は「賊軍」であるという物語を広めていきます。やがて甲州勝沼では、近藤勇が率いる新撰組の軍勢と、板垣退助が率いる薩長軍が衝突し、大敗した近藤は流山で薩長軍に投降、板橋で処刑されます。

同じ頃、江戸城では最後まで戦うか、講和するかで意見が二分していました。慶喜が大阪から逃げ帰ったのが一月六日、江戸城内で会議が開かれたのが一二日です。この会議に参加した小栗上野介や榎本武揚は徹底抗戦を主張しますが、慶喜は主戦派の主張を斥け、勝海舟の講和論を採ります。同時に主戦派の中心だった小栗を罷免してしまいます。こうして勝の献策を受け入れた慶喜は江戸城明け渡しを決断します。二月二日のことです。

この日、慶喜は東征軍に恭順の意を示すために上野寛永寺に謹慎します。四月六日には勝と西郷隆盛の会談が行われ、江戸城の無血開城が決まります。そして、謹慎した慶喜を守るために結成されたのが彰義隊で、初代頭取は渋沢栄一の従兄の渋沢成一郎でした。

ところが江戸城が開城し、慶喜は水戸へ去る。そのため成一郎は、彰義隊も上野を退いて東照宮のある日光へ移動することを提案しますが、副頭取の天野八郎は上野に残ることを主張し、彰義隊は分裂します。結局、成一郎は彰義隊を離脱、天野が実権を握ります。

つまり、鳥羽・伏見の戦いが始まってから一カ月ほどで、慶喜は江戸城明け渡しを決めたわけです。ところが戊辰戦争はそこでは終わらず、翌年五月まで続きます。まず一八六八年四月、大鳥圭介らが率いる幕府軍が宇都宮城を占拠し、同月下旬には庄内藩が薩長軍を撃退します。この頃にはまだ、薩長が兵力で旧幕派を圧倒していたわけではありません。五月には、東北・北越の三一藩が同盟し、奥羽越列藩同盟が成立します。彼らの目標は東日本の独立でした。西日本は既に薩長軍の手に落ちていたので、東日本を西日本から独立させていくことを目指したのです。スコットランドのイングランドからの独立のようなものです。

そうしたなか、五月一五日に後述する上野戦争が起き、これはわずか一日で決着がつきます。六月から七月にかけて、北関東・東北の各地で薩長軍と旧幕府軍の間で戦闘が繰り広げられ、八月二一日には会津戦争が勃発し、会津城外で白虎隊の悲劇が起きます。この日を境に東北諸藩は次々に降伏していきました。最後に残ったのが榎本武揚らで、「開陽丸」ほか旧幕府艦数隻を率いて箱館に入って五稜郭を占拠、「蝦夷共和国」樹立を宣言します。北海道を新しい共和国として日本から独立させようという構想でした。このイメージは、英国からのアメリカ東海岸諸州の独立に近いかもしれません。当時、西洋的な近代国家の樹立が必要なことは、薩長だけでなく、幕府も、東北諸藩も、榎本らも共通の前提でした。諸勢力は、目標についてではなく、それを誰がどのように進めるのかで争っていたのです。

しかし、一八六九年五月の戦いで土方歳三が戦死し、榎本は降伏します。これによって戊辰戦争は終結するのですが、薩長に敵対した諸藩の処遇は一様ではありませんでした。仙台藩は六二万石から二八万石へ、米沢藩は一八万石から一四万石へ、庄内藩は一七万石から一二万石に減封されます。これらは比較的穏当な措置でしたが、会津藩だけは二三万石から三万石に減らされ、しかも下北半島に転封を命じられます。下北は厳しい自然環境で、餓死者や凍死者が多く出ます。かつて京都守護職にあった会津は長州と厳しく敵対し、しかも会津戦争は戊辰戦争全体のクライマックスでしたので、会津藩は、戊辰戦争における敗者のシンボル的な存在となり、薩長も会津を特別に厳しく扱ったのです。

彰義隊士たちの死骸と記憶

白虎隊が集団自害する会津戦争が戊辰戦争全体のクライマックスだったのに対し、彰義隊が皆殺しとなる上野戦争は、東北全体に戦乱が広がる序曲でした。慶喜が上野を去って水戸へ移ったとき、彰義隊の方針をめぐって渋沢と天野に対立が生じたわけですが、上野での徹底抗戦を選んだ急進派は、輪王寺宮能久親王《りんのうじみやよしひさ》（後の北白川宮能久）を擁立します。この人は孝明天皇の義弟で、明治天皇の叔父に当たるのですが、反薩長派の急先鋒でした。つまり、実は天皇家も薩長派と徳川派に分裂していたわけで、彼は彰義隊が立て籠もる上野寛永寺に自らの意志で残ります。

ところが上野戦争が始まり、彰義隊が壊滅させられると、能久親王は寛永寺を脱出し、榎本武揚率いる幕府海軍の船で東北へと逃走します。彼はそこで、奥羽越列藩同盟の盟主となるのです。戊辰戦争が終わると彼は京都で蟄居を命じられますが、翌六九年には処分を解かれ、七〇年にドイツへ留学します。その留学先で七六年、ドイツ貴族未亡人のベルタ・テッタウと婚約、明治政府はこの婚約を許可しませんが、自分でドイツの新聞に婚約を発表してしまいました。困った明治政府は岩倉具視が説得して婚約を破棄させ、彼を帰国させて再び京都に蟄居です。

慶喜も、北白川宮も、敗色濃厚になるとすばやく身を引き、その後、高い社会的地位で活動を続けます。他方、忠義を尽くそうと最後まで戦い、多くの人が命を落としました。会津の白虎隊や彰義隊では多くが惨殺され、自死します。一体何がこの動乱を貫いていたかと言えば、ある種のプロパガンダであり、どちらを「官軍」とし、どちらを「賊軍」とするかという物語が実際の戦闘と並行して繰り広げられていました。

このようなプロパガンダ戦の特徴がとりわけ顕著だったのは上野戦争です。この戦争の模様を、森まゆみは、『彰義隊遺聞』（集英社文庫）で次のように書いています。

上野寛永寺三十六万坪の各塔頭《たっちゅう》に、その数二千とも三千ともいわれる彰義隊は陣を敷き、黒門、清水《しみず》門、坂本門、穴稲荷門、谷中門をはじめ八門を守った。そればかりか寛永寺より北側の谷中天王寺《てんのうじ》、山づたいの日暮里諏方神社までも彰義隊は分屯し、また団子坂や根津でも戦闘は行われたもようである。まさに上野・谷中・根津・千駄木のわが町全域が戦場であったのだ。[3]

一八六八年五月一五日、薩長軍は上野の山を取り囲み、午前七時に戦闘が始まり、夕方五時頃までに彰義隊は壊滅します。そして、上野では谷中、千駄木、根津の各所に無残な死を遂げた隊士らの遺体が放置されます。同時に薩長軍の攻撃によって、上野の山に何十と立ち並んでいた塔頭、つまり寺院の多くが廃墟と化します。残った寺院も、彰義隊の残党の隠れ家となるとまずいということで、薩長軍により多くが焼け払われていきました。

彰義隊は幕府の正式な軍隊ではなく、血気にはやった豪農の子息や浪人たちの寄せ集めの集団でした。ですから指揮命令系統も確立されておらず、実戦を重ねてきた薩長軍を前にひとたまりもありません。そして、薩長軍のその後の処置は情け容赦のないものでした。戦死した隊士の埋葬は認められず、上野寛永寺の僧ですら、境内に立ち入ることを禁じられたため、遺体は放置され、腐るに任され、カラスや野犬に食われるという悲惨な状態だったようです。見かねた南千住の円通寺の僧が、山王台に穴を掘って荼毘《だび》に付し、その後、新政府の許可を得て、円通寺境内に墓を建てて供養しています。そして、戦争の九カ月後にようやく入山できた寛永寺の僧により、小さな墓がひっそりと建てられました。

同じ状況が付近一帯であったようで、「彰義隊士はずいぶんこの辺〔谷中〕に倒れていたけれど、

図3—2　**英斎「春永本能寺合戦本能寺合戦」**　慶応4年の上野戦争を、戦国期の本能寺の変になぞらえている（東京都立中央図書館蔵）

当時は「賊軍」だから近所の人はうかつに手が出せない。すっかり騒ぎがおさまってから、かわいそうだという土地の人が、その侍たちを日暮里の紅葉坂《もみじざか》を下った、いまのホームになっている辺りに葬り、石の塚を建てた」そうです。[4]そして、この無縁墓には、日露戦争の頃、出征した息子の無事を祈って日参した女性がいました。上野戦争の無名戦士の墓が、庶民の願いを受け止める祠《ほこら》のような存在となったのです。

これに対し、明治政府が用いたレトリックは狡猾でした。彼らは自己の官軍性を喧伝するため、彰義隊を「賊軍」に仕立て上げます。敵のイメージを作り上げることで、勝者としての正統性を樹立するのです。たとえば、後に彰義隊のことを記憶に残すために石碑を建てようとする運動が生じますが、明治政府は長くそれを許可しませんでした。一八七四年に書かれた碑文文案は「不穏ナル点」があるとされたそうです。

それから四〇年近く後、やっと石碑は認められるのですが、碑文文案の冒頭と末尾が削られます。冒頭には、「彰義隊に従って戦争で亡くなった者だけは、あのときに新政府軍に抵抗したという理由で、現在になっても簡単な葬儀さえ許されていない。見捨てられた魂はさまよって、きちんと成仏できないでいる」（現代語訳）という文章がありましたが、これは削除されます。他にも、「西軍」や「敵兵」は、「官軍」や「官兵」の語に修正されます。[5] このように明治政府は、新聞や書籍だけでなく碑文までも検閲していました。薩長軍こそが「官軍」であり、彰義隊など幕府側は「賊軍」であるという認識が定着するように、言説操作を重ねていたのです。

メモリー・ランドスケープの変容

しかし、このように公的記憶までが操作されると、幕末の動乱で敗者として倒れていった人々の魂はどこに向かうのでしょうか。たとえば、田中悟の『会津という神話』（ミネルヴァ書房）を読むと、会津戦争で命を落とした会津藩士の死体の処理が、上野の彰義隊の隊士のそれととても似ていたことがわかります。白虎隊隊士の亡骸は、「すぐには埋葬されず、放置されて無残な姿を晒していた」。それを何とかしてやろうとする人は厳罰に処すとされたため、腐るに任せるか、キツネやタヌキ、トビやカラスが死肉を食らうのを座視するほかなかったそうです。[6]

つまり明治政府は、上野でも会津でも、おそらくその他の戦闘地域でも、「賊軍」となった敵兵たちの亡骸を徹底的に放置し、その悲惨さを見せつけようとしたのです。これは前近代的な権力が用いた、畏怖させ、鎮撫する手法そのものです。

しかし、やがて明治中頃になると、旧幕臣や会津戦争で敗れた者たちの名誉回復運動が、残された者の間で様々に起こってきます。たとえば、慶喜に罷免された小栗上野介は、自らの領地である上野国に引きこもっていたところ、新政府軍に捕らえられ、さしたる理由もないまま惨殺されます。この小栗ら維新の敗者たちの記憶について、『明治維新の敗者たち』（みすず書房）のなかでマイケル・ワートは、「旧徳川の人びとと新政府のあいだの緊張が緩和された時期でさえ、維新に関する支配的な語りが敗者側への共感に支えられることはなかった。……だが旧幕臣とその支援者たちは、このものさしをたやすくは受け入れず、自分たちの「遺産《レガシー》」への矜持を、日記、伝記、弁護論的歴史叙述、そして記念《コメモレイション》=顕彰活動を通じて表現した」と述べています。[7]

さらにワートは、これらの人々は「徳川時代の欠点を承知したうえで、新政府のみが日本の発展をもたらしたのだという考え方に挑戦する、彼ら自身の物語を創造した。近代日本の成立における徳川幕府の役割を例証することで、彼らは支配力を持つ新種の物語から徳川の『遺産』、そして自分たち自身を救済しようと試みたのである」と述べます。[8] つまり、ここでは、明治維新とは何であったかの記憶をめぐる闘争が起きているのです。明治政府が認定する明治維新の歴史は、当然のことながら、勝者の視点に立ったものです。このため、旧幕臣に対する扱いは徹底してネガティブでした。しかし、そうした扱いを受け入れられない敗者たちがいたわけで、彼らは自分たちの側から見た歴史を書き残そうとするのです。

ワートはこうした歴史の書き直しにおいて、小栗上野介は象徴的な存在だったと言います。すなわち、「オルタナティヴな歴史を叙述し江戸の記念祝賀行事を行うことによって、徳川の家臣たちは、自分たちの文化遺産が政府の後押しする歴史の言説によって消し去られないようにした。この課題にとって小栗の存在は、殉教者としてのみならず、幕府創設者の徳川家康との縁故に結ばれた三河武士として、二重の意味で好都合であり、そのことは小栗に、徳川ゆかりの人びとを一つに結びつけるうえでの理想的なヒーローの役割を演じさせ」ていくのです。[9] この小栗の名誉回復運動は、一八九〇年以降に本格化していきます。八〇年代までは、彰義隊や白虎隊といった幕末の敗者たちのことを語り直すのは、まだ難しかったのです。ところが九〇年代になると、明治国家が安定化し、これから清と戦火を交えようとする時期でしたから、もはや薩長軍と旧幕府軍の戦争は政治的なイシューではなくなっていました。

そうしたなかで盛んになった名誉回復運動は、まず出版物を通してなされました。その頃には出版産業が勃興し、このメディア産業的基盤を背景に、徳川を記念する事業を支援する団体が旧幕臣らによって作られます。ワートは、「旧幕臣たちは、徳川の記念事業を支援する団体を創設した。旧交会はその最初の一つであり、箱館で戦った兵役経験者によって構成される碧血会、江戸開府三百年祭を立案した八朔会、それぞれが記念に関わる独自の出版事業を行った同方会と江戸会がそれに続いた」と多くの事例を挙げています。

この流れをリードしたのが旧幕臣の榎本武揚や栗本鋤雲《じょうん》、勝海舟でした。彼らは、それまで表立って言えなかった小栗の名誉を回復しようという動きを起こしていきました。こうして小栗は、「親＝徳川的な書物の多くや、『國民之友』『史学会雑誌』、さらに『旧幕府』のような雑誌で言及され」ていきます。[10] さらに、ジャーナリズムでも小栗の功績を伝える動きが出てきます。福地源一郎はその代表で、薩長政権の非正統性を強調する際、小栗の殺され方を問い、そのようなことをした政府に正統性はないと主張します。さらに彼は、徳川政権の命運を背負った殉教者として小栗を位置づけていくのです。

もう一つの名誉回復運動では、ローカルな形で、口承伝承により小栗についての語りが展開していきます。たとえば群馬県の高崎で、敗者の側から、小栗上野介のことを語り直すという動きが起こり、小栗をめぐる集合的な記憶を蘇らせ、持続させようとする動きとなりました。ワートがここで注目したのは、小栗のいた「権田の近隣の村出身の一地方知識人、塚越芳太郎」による一連の著述です。一八六〇年代半ばに生まれた塚越は、上京して徳富蘇峰率いる民友社に入り、『國民之友』に詳細な小栗伝を執筆していきます。塚越の小栗伝はローカルな視点からなされたもので、同時に後に渋沢栄一が実践していく近代資本主義のほとんどすべてが幕末の小栗の未来構想のなかにあったことを証明していました。[11]

しかし、知識人による「近代化の先駆者」としての小栗という評価以上に地元に根づいていったのは、小栗の埋蔵金伝説であったと言います。さらに、銅像や記念館といった具体的な場のなかで小栗の痕跡を再浮上させ、いったん抹消された歴史を掘り起こしていこうとする動きも群馬県を中心に巻き起こっていきました。ワートは、「小栗遺産がブームになったのは、一九二〇年代から四〇年代にかけて、地方と国の集合的記憶の構造が相互作用を起こしたことによってだった。この時期を通じて、小栗の歴史的記憶は、その過去を現在につなぎとめる物質的な標識の創造によって、重要性を獲得していった」と論じます[12]。

ワートは、記憶が徹底的に抑圧された場合、その再生には、出版物やローカルな語りだけでは不十分だと言います。「記憶の場」をめぐるピエール・ノラの議論を背景に、記憶の継承には「メモリー・ランドスケープ」が必要だというのです。それはつまり、「歴史的人物の遺産を、記念碑や墓や像のように記念＝顕彰の意図が明確な物体を通じて、または、より曖昧で瑣末に思われる記憶が宿るような、それ自体はありふれた物体や行事を通して語る」ことです[13]。

こうして一八九〇年代以降、小栗や会津をめぐるメモリー・ランドスケープが浮上します。その背景には、日本は欧米列強による植民地化を怖れ、強力に中央集権化を進める段階を経て、いまや帝国主義列強になろうとしていた背景がありました。攘夷としてのナショナリズムではなく、帝国としてのナショナリズムが抬頭していたのです。それが、日清戦争に向かう一八九〇年代の日本であり、維新の敗者の記憶はその帝国の想像のなかに統合されていきます。

だからこそ、会津にしろ、小栗にしろ、名誉回復が許されるわけです。実は幕府側の人々も、帝国日本の近代化を実現すべく努力していたのだという話になっていく。ワートは、「徳富蘇峰のようなより若い世代は、もはやその注意を薩長藩閥政府の批判には向けず、代わりに一八九〇年代以降の日本の帝国主義的膨張を支持し始めた。この時期になると、西郷隆盛、坂本龍馬、そして吉田松陰のような人びとが、名誉回復と『遺産』の利用にとってより魅力的な人物としてよみがえってきた」と述べます。[14] それらと同じ流れで小栗の評価も躍進するのです。やがて一九二〇年代から四〇年代にかけて、大日本帝国がアジアへ進出し、領土を拡張しようとする際に、小栗は海軍の創建者の一人として顕彰されていきます。幕末に小栗は、欧米列強に対抗し、横須賀造船所を創設するなど軍制改革を果敢に行っていたからです。

会津の場合も、一八九〇年代から名誉回復運動が起こっていくわけですが、そこでは彼ら会津こそが天皇に最も忠義を尽くしたのだという語りも登場します。時代が下るにつれて、汚名をそそぐことよりも、彼らの勤王性に力点が置かれていくのです。維新の敗者たちを、内戦の敗者として受け入れるのではなく、彼らは勤王の志士であったという語りが増殖していくのです。そういう形で、敗者のイメージがナショナリズムの力とされていったのです。

戦場から博覧会場へ――上野の近代

さて、問題は彰義隊です。彼らもまた、小栗や会津と同じように、維新の敗者から近代日本建設の英霊へと変身していったのでしょうか。――どうもそうではなかったようです。江戸を占領した薩長軍にとって、課題となったのは、焼け野原になった上野の戦後をどう処理するかという点でした。言い換えればそれは、戦争の記憶を、どのように書き換えるかという課題です。上野は江戸の聖地でした。その歴史ゆえに彰義隊は上野寛永寺に立てこもり、「官軍」としての薩長軍に敗れたのです。上野の地をどうするか、最終的な結論が出たのは明治六（一八七三）年のことで、この地を公園とするという太政官布告が出されます。

上野を公園にするという案は、お雇い外国人ボードウィンによるものでした。その際に、大きなヒントとなったのが、同じ頃にウィーンで開かれた万国博覧会でした。その前年、湯島聖堂大成殿を会場にして、二〇日間の会期で博覧会が開かれています。これは翌年の万博への参加準備を兼ねたもので、広く全国に出品を呼びかけ、様々な物産を収集しました。

このプロジェクトを主導したのが、大久保利通でした。そして大久保の強力なイニシアティブで、上野は勧業博覧会の用地となっていきます。かつて拙著『博覧会の政治学』（中公新書）で示したように、この博覧会場には、全国各地から産業文物が数多く集められます。こうして江戸の聖地から近代文明の展示場への転換が進められることで、上野が持つ深い歴史的記憶や、彰義隊の隊士たちの怨念が不可視化されていったのです。

上野での内国勧業博は、一八七七年（第一回）、八一年（第二回）、九〇年（第三回）と開かれます。その延長線上で、上野には博物館や動物園、競馬場、鉄道駅、美術学校といった、文明開化をシンボライズする施設が次々と建てられていきました。一八八二年に国立博物館が開館し、同年、上野動物園も開園、八四年には、不忍池の池畔が競馬場となり、翌八五年には鉄道駅が開設され、八九年には東京美術学校が開校という流れです。このように一八八〇年代、上野の場所性は、宗教的な聖地から、近代文明の展示場へと劇的に変わったのです。

一八九〇年代までに上野の新しい場所性が確立し、それを土台に一九〇〇年代以降、上野は帝都のイベント空間になっていきます。東京勧業博覧会や東京大正博覧会、平和記念東京博覧会といった博覧会が、次々と開かれ、多くの観衆を集めていきました。明治大正期というのは博覧会の時代で、その中心地が上野だったのです。上野は、帝都東京のきらびやかな祝祭空間になっていきます。もちろん、その地下には何百という彰義隊志士の遺骨が埋もれていて、その博覧会場の裏をそれら敗者たちの魂が彷徨っていたわけです。しかし、彰義隊の魂について言えば、近代の光があまりにも強く、いわば押しつぶされた状態が長く続きます。

ですから、上野における敗者の記憶は忘れられたままです。上野ではまだ、メモリー・ランドスケープが復興されていません。それを象徴するのが、現在の上野公園における黒門《くろもん》の不在です。黒門とは、寛永寺の正面玄関にあたる総門のことですが、そこが上野戦争で彰義隊と薩長軍の激戦地となりました。戦後、焼け残った黒門は公園内に移築されましたが、一九〇七年に彰義隊士が埋葬された荒川区南千住の円通寺に移されました。弾痕も生々しい黒門が今も円通寺にありますが、訪れる人はわずかです。そして、上野公園内の西郷隆盛像は誰でもよく知っていますが、その後方に彰義隊の墓がひっそりとあることはあまり知られていません。

さらに上野公園には、かつての寛永寺の数々の痕跡が残っていますが、これらについても十分な光が当てられていません。江戸前期の人々の自然観を表す見事な彫刻が残る上野東照宮や清水

図3—3　上野公園内の彰義隊の墓

観音堂、徳川家の将軍たちの墓などです。明治期に強力に進められた敗者の記憶の抑圧は、上野では今日も続いているのです。地方都市ではすでに観光資源としても活用されている維新の敗者たちの記憶が、東京ではまだ必要ともされていないということでしょうか。

第4章

博徒と流民——周縁で蠢く敗者たち

博徒次郎長と咸臨丸兵士の遺体

前章では、戊辰戦争の敗者をめぐる記憶がどのように扱われていったのかを、小栗上野介や白虎隊、そして彰義隊について考えました。彼らの記憶は、明治初期の二、三十年間、新政府によって徹底的に抑圧されました。記憶どころか、敗者たちの死骸は戦場に捨て置かれ、薩長軍はその埋葬を堅く禁じたため、僧侶が弔いたいと思っても何もできませんでした。そのため、死骸はそのまま野犬やカラスに食われるという無残な光景が広がったのです。小栗の場合、薩長軍への徹底抗戦を主張したため慶喜に罷免され、その後、自領の上野国権田村《ごんだ》に引き籠っていたところ、薩長軍により引きずり出され、捕らえられ、斬首されてしまったのです。

しかし、維新期における敗者の記憶の徹底した抹殺は、日本のすべての地方で同じように貫徹されたのではありません。東京は記憶の抑圧が最も強く、上野での彰義隊の記憶が微かにでも呼び戻されるのはかなり後です。そもそも「彰義隊」という名称が出版物に登場するのも一八九〇年代以降で、それまではこの言葉を用いることすら憚られていました。しかし、東京から一歩外に出て、秩父（埼玉県）や上州（群馬県）、多摩、甲斐（山梨県）、それに相模（神奈川県）や駿河（静岡県）といった周辺地域での動きに目を向けると、だいぶ事情が違っていたようです。このことを考えるために、本章では戦前期日本の大衆芸能のスーパーヒーロー、東海一の博徒の親分とされた清水次郎長の逸話から始めたいと思います。

図4―1　**清水次郎長**　『幕末・明治・大正回顧八十年史 第8輯』（国立国会図書館蔵）より

図4―2　**山岡鉄舟**　『幕末・明治・大正回顧八十年史 第4輯』（国立国会図書館蔵）より

清水次郎長は幕末から明治初期の博徒で、東海一の親分としてその名を馳せた実在の人物です。この次郎長が大親分となり、戦前期日本でスーパーヒーローになったことと、戊辰戦争における敗者の記憶が復活したこととは、実は通底しています。そしてこの次郎長を語る上で欠かせない人物が山岡鉄舟です。戊辰戦争に際して鉄舟は、勝海舟の使者として西郷隆盛に直談判し、これが江戸城の無血開城につながったことは有名です。旗本の子に生まれた鉄舟は、若い頃は尊王攘夷派でした。そして、熱烈な攘夷論者であった清河八郎が結成した浪士組に参加します。幕府はこの浪士組を、会津藩の松平容保《かたもり》が守護職を務める京都へ派遣し、将軍徳川家茂上洛の警護に当たらせようとしました。浪士組の三番隊には、芹沢鴨、近藤勇、土方歳三、永倉新八、沖田総司らが名を連ねており、ここから後に新撰組が派生します。やがて江戸に戻った鉄舟は、勝・西郷の会見をお膳立てするのですが、維新後、徳川家《いえ》達《さと》に従って駿府に移動します。そこで次郎長と出会い、意気投合するのです。

他方、次郎長のほうは清水湊で生まれ、父親は海運業者でした。生後間もなく彼は米穀商を営む叔父、山本次郎八の養子となるのですが、若い頃から博打に手を出し、賭場に出入りしていきます。養父亡きあと家業を継ぐものの、博徒と賭場で諍いを起こし、相手に重傷を負わせてしまいます。そこで妻を離別し、実姉夫婦に家産を譲り、弟分を連れて他国へ逃げ、無宿人《むしゅくにん》となりました。こうして俠客となった次郎長が清水湊に戻ってきたのは一八六八年のこと。この年の八月末、慶喜に対して徹底抗戦を唱えた榎本武揚が、旧幕府艦隊を率いて品川沖から出港したところ、咸臨丸《かんりんまる》は銚子沖で暴風雨に遭って難破し、大きく流され駿河湾に漂着してしまいます。仕方なく清水湊に係留していると、新政府軍の軍艦からいきなり砲撃を受け、副長らは白旗を掲げて無抵抗の姿勢を示したにもかかわらず、甲板に乗り込んできた新政府軍の兵士によって三十名ほどの兵士が次々と殺され、海に投げ捨てられるという事件が起きました。

ところが静岡藩も漁民も、その遺体を収容しようとしませんでした。薩長軍による報復を恐れていたのです。このとき、子分らを引き連れて遺体を収容し、この地に葬ったのが清水次郎長でした。その行為を問い質された次郎長は、「賊軍か官軍か知りませんが、それは生きて居る間の事で、敵も味方も死んだ後は同じ仏」（現代語訳）と答えたそうです。この言葉に胸を打たれた鉄舟は、咸臨丸乗組員たちの墓に「壮士墓」と揮毫《きごう》します。

天田愚庵による「清水次郎長」の創造

　しかし、この逸話には解せない点があります。次郎長が薩長軍の命令を無視して幕臣たちの遺体を埋葬したとき、彼が切ったとされる啖呵は、「人ノ世ニ処《よ》ル、賊トナリ敵トナル。悪《にく》ム所唯其生前ノ事ノミ。若《も》シ其レ一タビ死セバ、復《ま》タ何ゾ罪スルニ足ランヤ」という、韻を踏んで理を通す名文句です。しかし、実は次郎長は字が書けなかったと言われています。おそらく、彼はこのような文体を作る素養を持ち合わせてはいなかったはずです。[1]

　ですから、誰かが博徒次郎長が幕末にした行動に、事後的に名文による意味づけをしたのです。その人物はすでに特定されており、それが天田《あまだ》愚《ぐ》庵《あん》です。天田の幼名は久五郎、磐城平《いわきたいら》藩士甘田平太夫と同藩医の娘浪の五男として一八五四年に生まれます。戊辰戦争で薩長軍が攻め込んできて磐城も戦場となると、長男の善蔵は出陣し、父平太夫は残る家族を連れて疎開します。のちに久五郎も戦場に赴き、磐城平城が陥落すると、久五郎は仙台へ落ち延びますが、戦火の中で父母と妹が行方不明になってしまいます。

　その後、彼は上京し、一八七一年、神田駿河台のニコライ神学校に入りますがすぐに退学してしまい、小池詳敬の紹介で山岡鉄舟や落合直亮《なおあき》の知遇を得ます。さらに愚庵は九州へ行き、父母と妹を捜しながら台湾出兵の動きに加わります。七六年には東北から北海道を旅してまわり、肉親を捜し続けます。そんな愚庵を気遣った鉄舟により、彼は清水次郎長に預けられるのです。
しかし、次郎長に預けられた後も、愚庵は肉親捜しを諦めません。父母妹捜索と礼金一〇〇円の広告を複数の新聞に出し、写真師に弟子入りして旅回りの写真師となり、各地をめぐって肉親を捜し続けます。愚庵は、一八八一年には次郎長の養子となり、聞き書きを重ねて八四年に『東海遊侠傳』という一冊を刊行するのです。この出版も直接の目的は、この年、次郎長が過去の罪で収監されてしまったため、その釈放運動に資するためだったようです。しかしこの本はやがて、明治の大ベストセラーとなっていきます。

この愚庵の著書に影響を受けた講釈師の三代目神田伯山は、講談「名も高き富士の山本」を一九〇四年に発表し、三代目伯山の当たり芸となりました。伯山のこの講談は大ヒットし、「次郎長伯山」と呼ばれるほどになります。このヒットを受けて、今度は映画化が進められ、尾上松之助主演、牧野省三監督で『清水次郎長』が一九一六年に公開され、こちらもヒットします。一九二五年にはNHKのラジオ放送が始まり、神田伯山の講談「次郎長伝」が放送され、高聴取率を稼いでいきます。こうしたなかで、浪曲師の二代目広沢虎造が「次郎長伝」を練り上げ、それがラジオで放送されると、大変な大ブームとなります。

戦後になっても次郎長人気は続き、一九五一年に開局したラジオ東京（現ＴＢＳ）で毎週放送された「浪曲　次郎長伝」は三四％の聴取率に達したと言われています。次郎長に材を取った映画は、一九二〇年代から三〇年代にかけて、澤村四郎五郎《しろごろう》主演のものや阪東妻三郎主演のものなど、次々と制作されています。戦後になると、東映であれば片岡千恵蔵主演の「任俠」シリーズとか、鶴田浩二主演の「次郎長三国志」シリーズなどが撮られ、最近では中井貴一主演、マキノ（津川）雅彦監督で『次郎長三国志』が二〇〇八年になっても公開されています。

　これらすべての原点にあるのが、天田愚庵の『東海遊俠傳』です。愚庵は一生、戊辰の戦火のなかで生き別れた父母や妹の影を追って旅を続けた人でした。林英夫が指摘するように、「平城の落城と父母妹の行方不明という戦禍の悲惨」は、愚庵に「死ぬまで、ぬぐい去られることなく暗く深い影を落し」ます。[2] そしてこの旅は、最初は直接的に父母の行方を捜すものだったでしょうが、途中からだんだん精神的に昇華された旅となります。愚庵は和漢の文芸に造詣が深く、その万葉調の短歌は後に広く知られていきますが、そんな彼が、清水次郎長の伝記を書くことになったのも、次郎長に戊辰の敗者の無念が代弁される何かを感じたからだと思います。つまり愚庵は、紛れもなく戊辰戦争の敗者の一人であり、生涯にわたって抱え込んだその記憶が、物語中の次郎長によって語られてもいたのです。

図4—3 『次郎長三国志』（マキノ雅彦監督、角川映画、2008年）DVD

　とりわけ前述の咸臨丸の事件で次郎長が発したとされた言葉は、高橋敏《さとし》が指摘したように、「次郎長の思いに自らも戊辰戦争で敗残の憂き目にあった天田愚庵の思い入れが重なって、次郎長一代記『東海遊俠傳』一番の盛り上がり」となっていきます。[3] 愚庵は、自らの肉親への深い感情を次郎長の言葉として語ることで、戊辰の敗者の記憶を書物に刻印したのです。

実際、愚庵はこの自分の行為に、かなり自覚的だったのではないかと思われます。彼はニコライ神学校から去った頃に、明治政府の役人から仕官するつもりはないかと尋ねられています。それに対する愚庵の答えは決然としたもので、「否、某し毛頭さる望候はず、天下を歴遊する事の自在なる身となり、父母の所在を尋ねんこと、是のみ一生の宿願に候」という返答でした。[4] 父母の消息を尋ねることに自分の人生の全てを捧げるのであって、官僚として栄達するといった望みはまったく持っていないと答え、実際に彼はそうしたのです。

このように強い感情をもって戊辰の死者への想いを決して断ち切らない愚庵を、山岡鉄舟や落合直亮は支援し続けます。高橋敏は『清水次郎長』で、彼らは「行方知らずとなった父母が忘れられず、執拗に生存にこだわってどこまでも追求する青年に温かく目をかけている。彼らは、維新の鴻業がなっても喪ったもの多く、ひたむきに無鉄砲な敗者の若者に癒しを感じたのではなかろうか」と述べています。[5] 落合は、薩長軍の先鋒となった赤報隊で献身したのに、偽官軍の汚名を着せられ斬首された攘夷派の相楽総三《さがらそうぞう》の同志でした。旧幕臣の山岡鉄舟も、「多くの屍を乗り越え朝臣に転じ官途」に就いたわけで、「うしろめたさを引きずっていた」のです。愚庵の頑なな人生は、鉄舟や落合が抱え込み続けてきた敗者への思いを具現するものでした。

天変地異の中で増殖する無宿人

ところで、注目すべきことがもう一つあります。清水次郎長をはじめとする博徒たちの足跡をたどると、江戸にはほとんど足を踏み入れていません。次郎長は俠客として日本中を渡り歩きます。そのもともとの拠点は清水湊でしたが、賭場でのトラブルから三河へ逃げています。そこで力を蓄えて親分となり、その後も各地を転々とし、香川県琴平や、北陸の敦賀あたりも回っています。滋賀や京都にも行っていますが、江戸は避けます。

他の博徒も江戸を避けていました。次郎長よりも時代は遡りますが、群馬県赤城山を根城にした国定忠治は関東八カ国の治安を脅かすほどの力を蓄えたものの、江戸には足を踏み入れていません。このように江戸の周辺では博徒が活発に活動していたのに、彼らは江戸を避けています。そのことは、幕末維新期の江戸・東京のあり方を、裏側から照らし出しています。

そこで、江戸時代にどのような人々が博徒になっていったのかを確認しておきます。博徒予備軍は、無宿人たちでした。無宿人というのは、勘当や追放刑などによって宗門人別帳から除外された者の総称です。宗門人別帳は現在の戸籍に相当するもので、当時にあっては、家族単位で人々を管理するシステムでした。そこから外れた無宿人は、江戸中期以降に増えてきて、特に一八世紀後半に起きた天明の大飢饉以降、激増していきました。

天明の大飢饉は一七八二年から八八年にかけて起きたものです。実は一七七〇年代以降、地球規模で甚大な自然災害が何度も生じています。日本列島で言えば、七一年に石垣島近海で大地震が起き、大津波が八重山諸島、宮古諸島に押し寄せ、多数の人が亡くなっています（八重山地震）。七九年には桜島で大噴火が起き、九州一円に甚大な被害をもたらしました。そして八三年には浅間山の大噴火があり、九二年には雲仙普賢岳が噴火しています。こうしたなかで生じた天明の大飢饉の被害は甚大でした。一七八〇年の時点で、日本列島の人口は約二六〇〇万人と推計されています。それが天明の大飢饉後には、二五〇〇万人にまで減っています。つまり、一〇〇万人も人口が減少しているのです。

こうして困窮した人々は難民化していきます。農村では、人々は田畑を捨て街道筋へと出ていき、一部が都市へ流れ込みます。多数の人々が無宿人化することで治安が悪化します。

こうした状況を何とかしようと改革を行ったのが、松平定信でした。寛政の改革を主導した定信は、緊縮財政を打ち出し、大奥の費用を削減したほか、米の買い占めや株仲間の利益独占の制限などを行いましたが、困窮者には七分積金制度を導入し、また無宿人を収容する石川島人足寄場を設置します。人足寄場では、無宿人や刑期を終えた浮浪人を強制的に収容し、建具や塗物などの技術を習わせたり、普請人足として働かせたりしました。このような職業訓練を行うことで、無宿人を生産力に変えようとしたのです。

一八三〇年代になると、今度は天保の大飢饉です。この大飢饉が起こった三三年の人口は約三一九八万人でしたが、鎮静化した三八年には三〇七三万人まで減っています。わずか五年で、人口が一二〇万も減ったのです。農村では多数の人が飢え、都市に流入して治安が悪化しました。こうしたなかで三七年には大塩平八郎の乱が起きます。

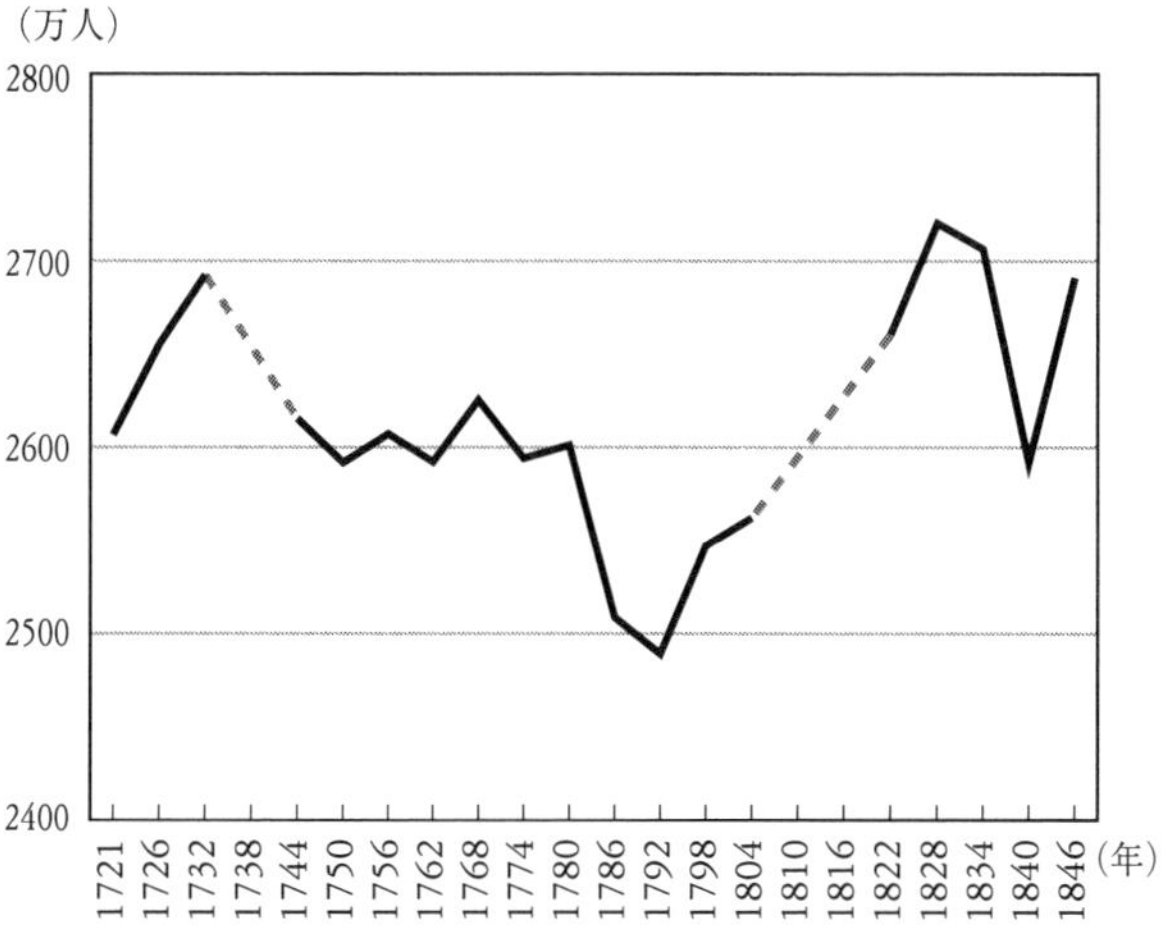

図4―4　江戸時代後期の人口の推移　関山直太『近世日本の人口構造』（吉川弘文館、1958年）、1840年の数値のみ、速水融『歴史人口学研究』（藤原書店、2009年）より。グラフ中、破線はデータがないことを示す

そして、この事態に対処すべく、水野忠邦が主導したのが天保の改革でした。株仲間を解散して物価を引き下げようとしたほか、人返しの法を発令し、窮乏した農民が江戸に入るのを禁じ、江戸に流入していた農民も、江戸の人別帳に記載された者以外は帰農させていきます。それに加えて水野は、幕府の権力を強化するため、江戸と大坂の周辺を幕府直轄領とし、大名や旗本にはそれに代わる領地を与えるという上知令を発令します。しかし、これは大名・旗本から猛反発を受け、翌月には撤回に追い込まれ、水野が失脚する最大の要因となりました。上知令が失敗に終わったことは、江戸幕府が絶対王政的な権力に転換できなかったことを意味します。

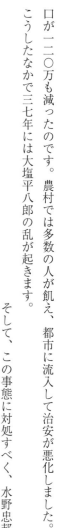

さて、飢饉によって農村から街道、都市部へと流れ出て無宿化していった人々は、幕府による無宿人狩りの対象となっていきます。こうして捕らえられた人たちの中で、最も大変な目に遭ったのは、佐渡送りになった人たちでした。佐渡の金銀山にたまった排水を桶などで排水するという重労働をさせられたのです。劣悪な環境だったので、多くの人が命を落としました。

他方、江戸では先に述べた石川島人足寄場のほか、浅草の非人溜《ひにんため》に隣接して、非人寄場が設けられました。非人溜というのは、車善七《くるまぜんしち》に代表される非人頭の下で非人が管理していた施設で、病気にかかった囚人や一五歳に満たない罪人を収容する施設でした。そして非人寄場に収容された無宿の非人たちは、そこで手業を習わされ、更生が図られたのです。彼らは、農村に受け入れ先があれば、帰農させられていましたが、そうした行き場のない無宿人たちは、乞食になるか、あるいは、非人人別帳に記載がない、各地を流浪する野非人《のびにん》になっていったのです。

女性の無宿人には、遊女になって食いつないだ人もいました。他方で男性の場合、博徒になって生きていく道がありました。侠客の仲間に入れてもらったり、親分を見つけてその子分になったりしたわけです。しかも、一九世紀になると幕府の支配体制が動揺を始め、同時に農村の窮乏化が続きます。このため無宿人がどんどん増え、博徒も増えていきました。こうして関東北部や甲州、駿河など、大都市周辺の街道筋に彼らの拠点が築かれ、群雄割拠となったのです。

体制の緩みと博徒の水平ネットワーク

こうした幕末における流動性の増大を象徴していたのが三河です。三河は、小藩に分立していただけでなく、大名が頻繁に交代しました。というのも、三河は徳川家発祥の地で、そこに領地を持つことには、東照大権現たる家康とつながりを持てるという、象徴的な意味があったからです。そこで、譜代大名や旗本が、飛び地でも三河に領地を持ちたいと願った結果、この地は細かく分割されることになったのです。

博徒たちは、大大名が治める領地ではあまり跳梁跋扈できません。その地方全域の管理がなされていたので、逃げ場がないのです。しかし、三河では徳川直参の領主たちが狭い領地を分け合い、そのそれぞれが縦割り社会を成しましたから、博徒たちは小さな領地の間を自由に出入りし、管理の網の目を容易にかいくぐることができました。[6]実際、ある藩の領地で悪事を働いて捕まりそうになったら、隣の藩へ逃げ込めばよかったのです。役人たちは、悪者でも他藩の領地に行かれてしまうと手出しができません。こうして国内でも小藩が分立していた地域を中心に博徒が増えていき、それらはやがて全国的なネットワークを形成していくのです。

三河はそうしたネットワークのハブで、幕末には多くの博徒が集まってきていました。次郎長にしても、清水を出奔して三河に来て、そこで大親分になる足がかりを得ています。つまり、幕藩体制は厳しい縦割りの社会です。ところが博徒の世界は、いわば互酬的な水平のネットワークを成します。もちろん、親分‐子分の関係は厳しいわけですが、捕まりそうになると、よその地方へ逃げていく。そうすると、逃げた先々で匿ってくれる別の親分がいます。次郎長にしても、捕まりそうになると四国に逃げ、北陸や上州に逃げています。

高橋敏は、幕末までに「博徒のネットワークはすでに日本列島に網の目のごとく張りめぐらされ、むしろこの時期、地域に割拠する親分クラスの間に盟友か対立か中立かの厳しい系列化が進行し、無視できない闇の勢力となりつつあった。……天領・大名領分・旗本知行所で分割された支配体制は虚を衝かれ、電光石火、神出鬼没のスピーディな博徒の動きに、幕府の取締り組織は機能せず後手にまわって翻弄され」ていったと述べています。[7]

こうして幕末になると、博徒たちは長脇差から鉄砲までを調達し、武装集団化していくのです。動乱期ですから、こうした暴力集団は、佐幕派にも討幕派にも利用価値の高いものでした。当時の武士の多くは、太平の世が長く続いたために、行政文書は書けても実戦には不向きな者たちとなっていたのです。結局、佐幕派も討幕派も戦力不足を埋めるため、即戦力を期待できる博徒たちを、武士にしてやる、領地も与えると甘言を弄して自陣に取り込もうとしました。

それまでアウトローで、世の中から爪弾きにされてきただけに、旨い話に乗ってしまう博徒も出ます。その典型が、次郎長と抗争を繰り返した甲斐の黒駒勝蔵《くろこまのかつぞう》でした。尊王攘夷思想に感化された勝蔵は、部下を引き連れ討幕軍に参加して貢献します。ところが戦争が終わると、もう新政府には不要な存在となり、罪を着せられ斬首されてしまいます。討幕に参加した博徒たちは、国内の動乱が続く間は大事にされますが、平時になると用済みとされ、切り捨てられたのです。

清水次郎長にも似たような誘いはあったようです。しかし次郎長は、したたかに誘いに乗りませんでした。他方、博徒たちの活動が盛んだった上州や秩父では、討幕派にコミットせず生き残った博徒が、やがて反政府運動に結びついていきます。自由民権運動の中心的な担い手は、当初、薩長に批判的な旧士族でした。そこにやがて博徒の勢力が加わり、運動は急進化します。

たとえば、『東海遊俠傳』が刊行されたのと同じ一八八四年に群馬事件が起きます。自由党の宮部襄《みやべのぼる》グループに属する上毛自由党の清水永三郎が、湯浅理兵、三浦桃之助、小林安兵衛（日比遜）らとともに農民や博徒を率いて五月一日、上野―高崎間の中山道鉄道開通式に際して天皇や政府高官らが乗る列車を駅で襲撃し、政府転覆を謀ろうと計画したのです。ところが開通式の延期、再延期で計画は変更を余儀なくされ、五月四日に妙義山麓陣場《じんば》ヶ原《がはら》に集結、富岡、松井田、前橋の三つの警察署を襲撃し、さらに東京鎮台高崎分営を乗っ取ろうとしていくのです。

秩父事件も同じ年に起きています。秩父地方では、自由民権思想に影響を受けた自由党員らが、増税や借金に苦しむ農民とともに「困民党」を結成し、八月に開かれた集会での決議をもとに、請願をしたり、高利貸との交渉を行ったりするも不調に終わります。そこで、租税の軽減、借金の据え置きなどを政府に訴えるための蜂起が計画され、その代表として、二〇〇人の子分がいる俠客、田代英助が選ばれます。こうした動きをいち早く察知した政府は、上野駅から特別列車を仕立てて警察隊・憲兵隊を同地に送り込みます。ところが苦戦し、最終的には東京鎮台の兵士を派遣し、ようやく困民党指導部は瓦解、鎮圧されました。

秩父も群馬も幕末まで江戸の周辺で、博徒勢力が根づいていた地域です。つまり、これらの地域での自由民権運動の活発な展開には、それらが東京の周辺に位置し、農民だけでなく博徒たちの活動拠点でもあったことが作用していたはずです。江戸＝東京という、徹底して管理された空間の周縁で、こうした秩序攪乱的な流動性が蠢いていたのです。

幕末江戸における博徒と遊女

しかし他方で、この幕末維新期、江戸・東京に博徒的ないし流民的な動きはなかったのでしょうか？　実は、幕末になると周縁部と同じように、幕藩体制は根本から動揺し、統制が利かなくなります。林英夫は、幕末の「都市には、満目艦褸《らんる》の貧民窟・飢寒窟が、いたるところの地図の上に斑点模様を描きながら生成拡大し、縮小されることがなかった」と書いています。[8] 林が編纂した資料集に収められた「大崎辰五郎自伝」（一九〇三年）は、辰五郎が自分の人生を自ら語った記録ですが、当時の状況を知る上で興味深い内容です。

一八三九年、江戸の本郷春木町に生まれた辰五郎は、三歳かそこらで母親が死んでしまい、里子に出されます。ようやく実家に戻ってみると、父親は後妻を迎えて男の子をもうけていて、辰五郎は一二歳になるまで、その子の面倒を見させられ、一三歳になると年季奉公に出されます。ところがその家がつぶれてしまい、再び家に戻って一四歳になると、父親が別の後妻を迎えて家がひどく揉め、辰五郎は乞食になる覚悟で家を飛び出ます。股引を売ったお金で箱根山を越し、道中、出会う人に伊勢参りをしたいと言い、物乞いをしながら富士川に到着。引舟の船頭から、船頭になるといいと言われ、その気になったところで、博打を教えられて夢中になり、一六歳になるまでこの地にとどまります。[9]

その後、江戸に戻って父親の家に行ってみると、すでに彼らは引っ越していました。ようやく父親を探し当てて一年ほど、その下で家業を手伝います。ところが、喧嘩を吹っかけて稼いでいる「悪い大工」の存在を知った辰五郎は、「ア、いふ奴等にゴタゴタされてはイカぬ」と考え、自ら「ワルの中に這入つて」しまうのです。ハチャメチャな論理ですね。それから、「博奕は打つ、女郎買ひはする」という日々となり、泥棒さえしなければ何をしてもいい、一度くらいは無宿牢に入ってみたいという料簡になったと、自ら語っています。[10]

二一歳のときに、連れ子のいる女性を「女房にした」ものの、一年のうち家にいるのは三カ月ほどで、あとは「ゴロツキの中に這入つて方々を荒して歩いた」というのですが、ここで重要なのは、それが一八六〇年だったということです。悪の道へ入り、一端のゴロツキとなったのが、ちょうど幕末の動乱期に当たります。おそらく当時、このようなケースは多かったはずですし、そのことは江戸の周辺部だけでなく、江戸の内部においても、統治体制がすっかりぐらついていたことを物語っているのではないでしょうか。

幕藩体制ではそれまで、宗門人別帳で人々を管理し、このシステムから外れた被差別層については、非人人別帳によって管理していました。しかし、幕末に政情が不安定化すると、こうした制度では管理しきれない人々が大量に出てきます。それらの人々は都市部に流入し、広い意味での雑業民になっていきました。当時、制度からこぼれ落ちた都市の無宿人たちは実に多種多様な路上の職業に従事していきます。彼らは技術を特段身に着けているわけでもないので、荷車引きとか紙くず拾い、豆腐売り、犬殺し、猫捕りなどをして糊口をしのいでいました。なかには川底の泥を救い上げてそこから釘などを拾ったり、物乞いをして歩いたりする者もいたようです。

統治システムが不安定になるなかで、それをさらに壊していく動きが、吉原の遊女たちの間からも起きています。時代は少し遡りますが、横山百合子が説得的に示すように、一八二〇年代以降、吉原では遊女の放火による火事が続出していきます。横山によれば、幕末に向かい、江戸の社会全般が大衆化や低廉化を志向するなかで、遊女屋はそれまでのように高級客を中心に相手にしていては商売が成り立たなくなります。おのずと薄利多売型の性の商品化に向かわざるを得なくなり、その結果、「遊女への処遇は過酷さを増し、遊女屋自身が「非道の召仕《めしつか》い方《かた》」と呼ぶほどの仕置や債務の押しつけが行なわれて」いったそうです。

遊女たちはそうしたブラックそのものの経営者に反発し、最終手段として放火に及んだのです。そうしたなかには、「一八四九（嘉永二）年の梅本屋佐吉抱え遊女一六人による放火のように、すぐに発見されるよう表通りからも目につく二階の格子に放火し、直ちに名主の下に自首して抱え主の非道を告発しようとした事件」までがありました[11]。これは明白に「抗議の放火」であったわけですが、そうした遊女たちの抵抗で遊女屋の経営はさらに悪化したようです。

第5章

占領軍と貧民窟の不穏——流民の近代をめぐる眼差し

1　東京と都市下層

江戸占領軍が抱えていたリスク

倒幕に成功し、江戸を掌中に収めた薩長軍にとって大きな課題は、江戸という巨大都市をどう統治するかでした。実際、占領後の江戸は治安がきわめて不安定になっていました。この不安定化の最大の要因は、幕府倒壊で武家地から人がいなくなったことにあります。幕末まで、江戸の総人口は約一二〇万人、そのうち武士や奉公人は約五〇万人、町人は約六〇万人、僧侶や被差別民は十数万人でした。江戸は巨大な消費都市だったのです。

幕府が消え、参勤交代の義務もなくなったので、武士や奉公人の大半が国元へ戻ってしまいます。その結果、江戸の人口は約六七万人まで激減します。江戸市街地の七割を占めた武家地の大半が空き家化したので治安が悪化し、犯罪が横行します。しかも、最大の消費者であった武士が消えたので、商人や職人の経済基盤も深刻なダメージを受けました。

その対策のために、当時の東京府知事大木喬任《たかとう》は、一八六九年に「桑茶政策」を打ち出します。大名屋敷の跡地などに桑や茶が植えられましたが、その栽培はうまくいかず、五、六年で中止を余儀なくされます。また、占領軍が武家屋敷を接収し、新政府要人の屋敷にすることもありました。広大な武家屋敷を低価格で買い上げ、伊藤博文や山県有朋らに売り払っていったのです。それでも残ってしまった武家屋敷は、土地が分割されて売り出されもしていきます。こうして、以前は町人の居住が禁じられていた地域に住宅地が広がり始めます。東京・山の手の高級住宅地の起源を、ここに求めることができます。

東京の治安改善のため、軍事・警察組織も強化されました。しかし、それでもこの都市が不穏に満ちた状態は続きました。新政府に対し不満をもつ多数の人がいたのです。

まず、一八六九年の版籍奉還以降、士族たちは家禄の土台を揺るがされ、困窮化していました。多くの旧士族の間で不満や恨みが募り、一部は過激化します。たとえば、一八六九年九月、討幕軍を率いて上野の彰義隊を壊滅させた大村益次郎が京都で刺客に襲われ、その怪我から命を落とします。新政府で参議になった広沢真臣《さねおみ》も麴町の私邸で暗殺されます。

困窮した旧士族を救おうとして、新政府に惨殺された人もいました。その典型が雲井龍雄です。雲井は米沢藩士の息子で、非常に優秀だったため、大政奉還後の政権で貢士《こうし》（各藩から推された議政官）となります。しかし、その後の戊辰戦争では奥羽越列藩同盟の結成に力を注ぎ、敗戦後は謹慎。それでも維新政府は雲井を集議院議員に任命します。ところが彼は、政府への批判的な姿勢を崩さなかったので官職を追われます。そんな雲井を慕い、旧幕臣たちが集まってきます。困窮する彼らを救おうと、雲井は帰順のチャンスを与えるよう政府に嘆願したのですが、逆に政府転覆の嫌疑をかけられ、惨殺されてしまうのです。

要するに、明治初期は、薩長側の要人が暗殺されることも、旧幕臣が不当な仕方で惨殺されることもある、実に殺伐たる時代だったのです。

また、維新後の東京では、薩長軍自体もリスクと化していました。戊辰戦争に際して薩長軍は、あらゆる社会層を動員しました。しかし戦乱が収まると、多くの者が十分な報償を与えられませんでしたから、戦いに参加した人々の間で不満が溜まっていきます。時にそれは反乱へと発展し、ついには佐賀の乱や西南戦争へと行き着くのです。

さらに江戸の商人や職人も、幕府倒壊で客層が消え、その経済基盤を掘り崩されてしまいましたから、薩長に批判的でした。つまり、当時の東京で薩長政権は、生活に困窮する旧士族、自分たちの処遇に不満な自軍兵士、幕府の消失で不利益を受け、薩長に反感を抱く町人に取り囲まれて四面楚歌で、各方面に重大なリスクを抱えていたのです。

それだけではありません。体制転換の混乱のなかで、東京でも無宿人的な人々が増加していました。横山百合子によれば、一八六九年八月、東京府はこうした流民の実態を把握すべく、浅草弾左衛門に調査をさせます。その報告によれば、府下の物貰いの数は四千三百人余で、そのうち非人や乞胸《ごうむね》、つまり猿若、江戸万歳などの芸をして金銭を乞うた者といった身分組織に属する者として把握されたのは三割に過ぎず、残りの七割は、勝手に乞食をしている野非人で、その数、三千人余りとされました。

この一度目の報告からわずか一一日後の二度目の上申では、弾左衛門は「場末の町々から品川、千住、四ッ谷、板橋の四宿、本所海辺あたりに散在している物貰いや無宿非人《むしゅくひにん》の狩込《かりこみ》をすれば、かれこれ一万余人の見込み」とし、この報告では野非人は五千人となっていました。[1] つまり、幕末からの増殖していた流動性はついに江戸＝東京にも及び、無宿人や博徒、流民など、旧来の身分組織では統制できない浮浪の貧困層が凄まじい勢いで膨れ上がっていたのです。

戸籍の発明と弾左衛門支配の終焉

薩長軍が江戸を占領し、江戸幕府が崩壊し、新政府が発足するという流れのなかで、東京には、あらゆるタイプの無宿人、雑業民、困窮した人々が流れ込んできました。そうした人々に対して政府がどう対処したかというと、最初は江戸幕府がしたことと大きく違っていません。以前と同様、これらの人々を千葉県の下総台地に入植させ、開墾に従事させたり、東京府内の桑茶畑で働かせたりしていました。しかし、こうした人々は流動的で、行政的な統制を逃れる越境的な蠢きは止まりません。そこでやがて、今までの身分制度ではもう把握できない流動的な人口を掌握するために、戸籍制度が編み出されていくのです。

江戸時代、幕府が一般人を把握するデータベースとなっていたのは人別帳です。その管理を担っていたのが仏教寺院で、人別帳はその人が属する宗派ごとに分かれていました。このデータベースは、町人と武士、被差別民の身分ごとでも別々でした。武家地には武家地の、町人地には町人地の、寺社地には寺社地の法がそれぞれ設けられ、この区別に応じて町奉行や寺社奉行が置かれ、人的把握もそれぞれタテ割りだったのです。さらに被差別民は、町人とはまた別の秩序で統御され、全体が弾左衛門の支配下に置かれていました。
江戸の社会秩序の根幹をなすこの重層的な身分秩序について、前述の横山は、江戸の社会は「身分がいくつも重なり合って形作られ、また、それらの身分集団に依拠し、役と特権に基づいて統治が行なわれた社会であった。さらに、士農工商賤民という基幹的な身分だけでなく、芸能者や宗教者など、職分に応じた細かな身分集団が数多く生まれ、集団の実態に応じて身分も生成・変化してきた」と、この社会の成り立ちを要約しています。[2]
しかし幕末以降、この秩序原理は崩壊します。人民を管理するために徳川幕藩体制によって確立されていた仕組みが機能不全に陥ったのです。そこで新政府は、誰がどこに住んでおり、家族構成がどうなっているかを記録する仕組みとして、戸籍を導入していきます。その過渡形態が一八六八年の京都府戸籍仕法で、東京では翌六九年に「東京府戸籍編製法」と「戸籍書法」が施行されます。しかし、これは失敗でした。なぜなら、別帳が作られ、そこで他の地域からやって来た人の人名録とか、奉公人の人名録、捨て子の人名録等々と、カテゴリーが増えていって、かえって把握できないケースが続出したのです。根本の問題はタテ割り自体にあったわけで、カテゴリーを増やしても問題の解決にはならないのです。
こうした事態を受け、政府は一八七一年に統一戸籍法を制定します。身分の区分けを撤廃し、どんな属性でも一律に人民を登録する仕組みに転換したのです。その際、「番地」が発明され、「四丁目一三番地」の何某ということで、家族単位で本籍地と結びつけるようになりました。これと並行して新政府は賤民廃止令を発し、士農工商の身分制度も撤廃します。ですから、明治政府による身分制撤廃は、博愛精神や平等主義に根差すというよりも、流動する人口を一元的に把握・管理するという国家統治上の要請に基づくものだったのです。

明らかにこれは、空間と人口の構造化に関するパラダイム・チェンジでした。それまで江戸では、ここは大工の町、左官の町というように、職能に沿って町が形成されていました。このため、そのそれぞれの町々の規模は大小様々だったのです。新政府はこれを、一つの区で人口が約一万人となるよう統廃合し、東京を計五〇の区に編成し直します。その上で、各区の長にふさわしい人物を、名主たちに選ばせました。それまでの「家守《やもり》」は、地主や家主がその所有地にいないため、代わりに管理し、地代・店賃を徴収していた人々です。それを廃して、直接、在地地主に行政的な任務を担わせたのです。

戸籍も区長も、ここに志向されていたのは、国家が人民を一元的に管理する方向です。当然、浅草弾左衛門のような中間的な管理者は不要になります。江戸時代を通じて弾左衛門は、穢多・非人などを統括する絶大な権限を与えられていました。この支配権は、職能別に人民を管理する体制を前提としていましたから、今やその根拠は失われます。こうして一八七一年、統一戸籍法が導入されたのと同じ年に、賤民廃止令が布告されます。

この時、弾左衛門は新政府に呼び出され、皮革や灯心などの専売権を取り上げられます。特権を失った弾左衛門は、それまで配下の穢多・非人に行わせていた皮鞣《かわなめ》しや灯心の製造などのなかで、皮革加工に将来性があると目をつけ、アメリカから皮革技師を招いて先端技術を導入していきます。特定業界化してサバイバルを狙うのです。こうした維新期の根本的な制度転換とそれへの対応が定まっていくのは一八九〇年代で、これは博徒に代表されるアウトローの時代が終わるのと同時期でした。八九年に明治憲法が公布され、翌九〇年には帝国議会が始まります。明治国家体制が確立していくなかで、浅草弾左衛門や車善七といった被差別民たちの世界は、近代都市の片隅で辛うじて生き残りを図る旧秩序の残滓となっていったのです。

変質する都市下層コミュニティ

幕末、都市周縁部に散在していた貧しき民は、近代を通じて「都市下層」と呼ばれる階層になります。中川清の『日本の都市下層』（勁草書房）は、明治の東京で「貧民窟」の所在地がどう変化していったかを総覧し、都市と貧困の結びつき方の変化を浮かび上がらせています。

たとえば中川は、深川区、本所区、浅草区、下谷区とそれ以外の区に、各時代で「貧民窟」がいくつあったかをカウントします。それによると、明治一〇年代の東京には計一一の「貧民窟」があり、本所区、浅草区、下谷区で一つずつ確認され、その他の区で八つありました。つまり、当時は貧民窟が分散していたのですね。それが明治二〇年代になると、深川区が二、本所区が一、浅草区が七、下谷区が七、その他の区が五となり、浅草や上野の周辺に集中していきます。さらに明治四〇年代になると、深川区が四、本所区が八、浅草区が三、下谷区が二、その他の区がゼロと、浅草や上野よりも本所や深川に集中していくのです。[3] この地理的な分布の変化の背景には、都市のなかでの「貧困」の意味の変化があります。

明治前期、これらの貧民窟で人々はどう暮らしていたのでしょうか。中川によれば、「明治中後期＝都市下層は、家族を形成すること自体が困難であり、木賃宿や貧民窟を中心とする渾然とした『下層社会』の共同性に依存して、かろうじて都市に滞留」する状態でした。より具体的には、「長屋の一部屋に複数の家族が居住し、木賃宿に単独世帯以外の家族が雑居するのは、決して奇異なことではなかった」[4]。つまり、家族単位では生きていけないほど困窮していて、複数の家族が寄り集まらなければ、生き延びられなかったということです。

中川はこの書で、「「貧民」相互の関係は、「同類相愛」、「患難相救ひ喜楽相共にする」ものであった」と述べています。実際、「僅に四畳六畳の間に二三の家庭を含む、婆あり、血気盛りの若者あり、三十を出でたる女あり、寄留者多きは蓋し

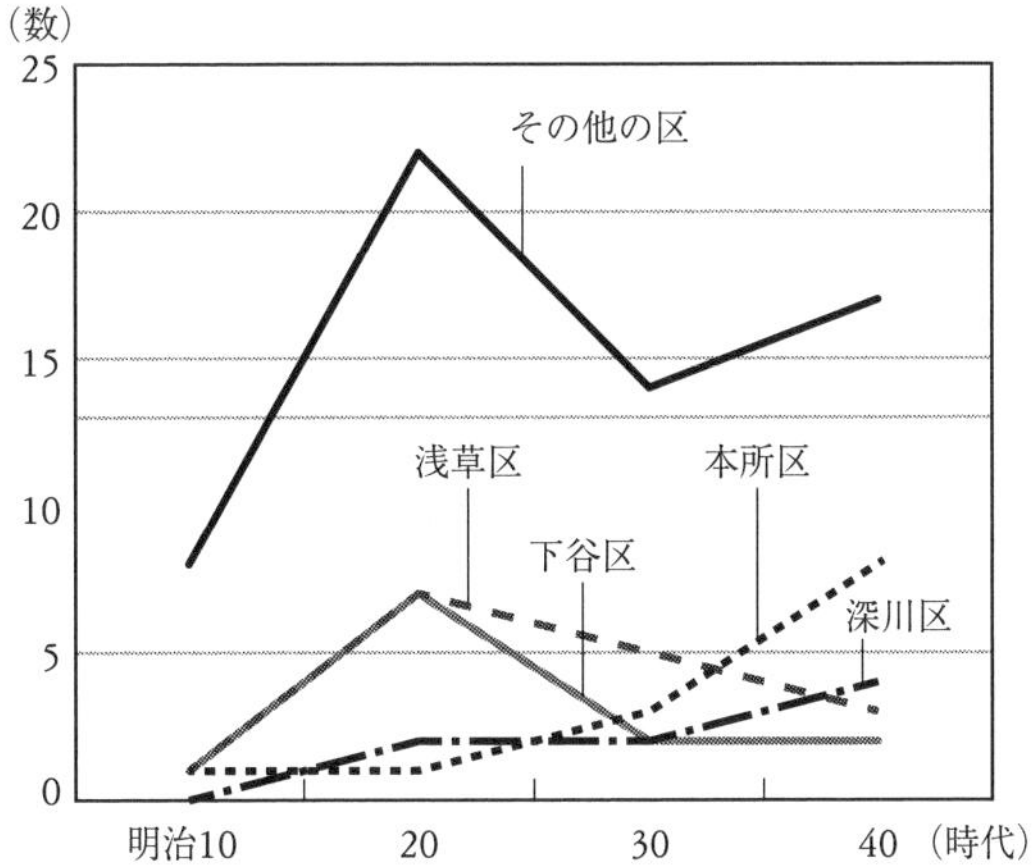

図5—1　明治期の東京都区部における「貧民窟」数の推移　中川清『日本の都市下層』(勁草書房、1985年) よりグラフ化

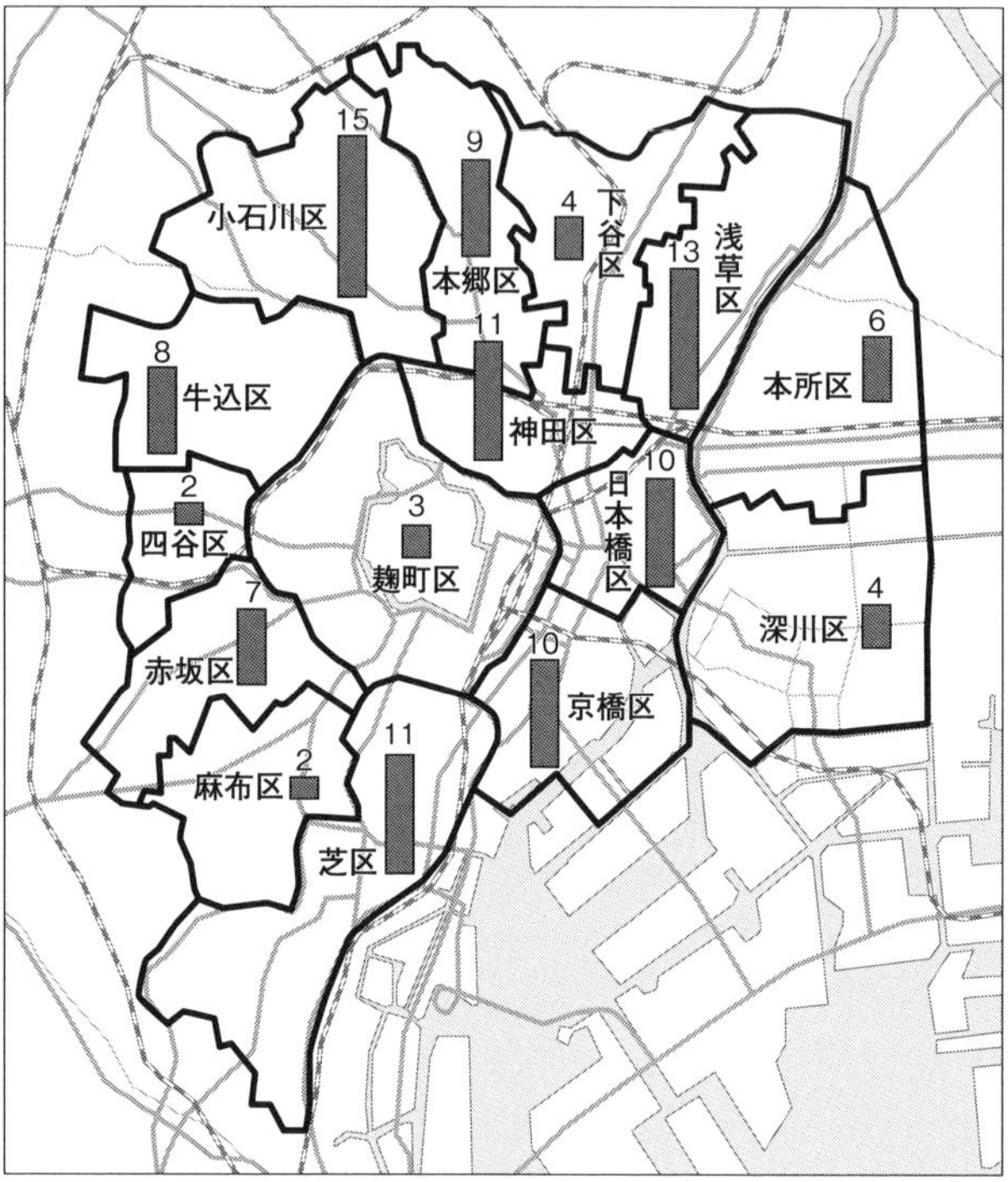

図5―2　明治20年代初頭の東京都区部の「貧民窟」の分布　中川清『日本の都市下層』（勁草書房、1985年）より作成

貧民窟の一現象」という様相を呈していました。[5] この頃、炊事や育児、洗濯、排泄は、個々の家族単位よりも、貧民窟の集住区画単位で営まれていたのです。都市の共同性が、〈家〉よりも〈窟〉にあったと言うこともできそうです。

やがて都市下層の核家族化が進みますが、それは日露戦争以後のことです。その際、都市下層は他の諸階層に対して経済的な下位に位置づけられ、工場労働や日雇い労働の中核的な担い手となっていきます。この頃から、近代産業が発達し、本所や深川などで紡績産業が盛んになり、多くの都市下層がその労働者として吸収されていきました。しかし、明治中期までの都市下層は、まだ一般社会とは画然と「異質」な存在と考えられていました。それゆえ、その記述は「踏査」や「探訪」という形をとったのです。こうして一八九〇年代、ジャーナリズムは「貧民窟」に注目し、次々と探訪記が書かれていくことになるのです。

2 貧民を語る眼差し

貧民窟を探訪する敗者のジャーナリズム

明治初期のジャーナリズムは、陸羯南《くがかつなん》や徳富蘇峰、福沢諭吉がリードします。彼らの多くは旧幕府系の人々で、戊辰戦争の敗者でした。だからこそ、彼らは言論で政府を批判し、新聞の売り上げを伸ばし、論壇人の地歩を築きます。その彼らの新聞の記者たちが、明治の東京で増殖する貧民窟に入り込み、取材し、探訪記が書かれていくのです。その嚆矢は桜田文吾の『貧天地饑寒《きかん》窟《くつ》探検記』で、陸羯南が創刊した新聞「日本《にほん》」に九〇年から翌九一年にかけて連載され、大変話題となりました。桜田の連載から二年ほど遅れ、松原岩五郎の『最暗黒の東京』の連載が、徳富蘇峰が創刊した日刊紙「国民新聞」で始まります。こちらも大ヒットし、そして一八九九年、横山源之助の『日本之下層社会』が刊行されるのです。この書は後に社会学的都市下層研究の古典として位置づけられていきます。

この流れ全体を導いたのは桜田文吾です。紀田順一郎も『東京の下層社会』で、「破天荒な下層社会ルポという分野については、「日本」紙上における桜田の活躍なくして「国民新聞」における松原の起用もなく、ひいては横山がこのジャンルに刺激されることもあり得なかったのだから、公平に見て桜田にはパイオニアとしての栄誉が与えられて然るべき」と述べています。[6] つまり、陸が経営する日本新聞社に採用された桜田が、まず紙上で「貧民窟」ルポを連載し、これが話題になったのを見た徳富蘇峰が対抗心を燃やし、自紙で松原岩五郎に探訪記を書かせたのです。横山源之助は、先行する桜田と松原に影響を受け、『日本之下層社会』を書きます。ですから、三作品には直接的な関連があります。

その桜田は、一八六三年に仙台藩士の家に生まれ、「幼くして父を失い、さらに二人の兄がそれぞれ戊辰戦争と五稜郭の戦いに敗れたのち病没、一人の姉も誘拐されたため、母親は悲嘆のあまり世を去」ります。[7] 桜田は苦学の末、英吉利《イギリス》法律学校（現中央大学）に学びます。明らかに、この桜田の人生は、前章で触れた天田愚庵の人生と酷似しています。

天田と同様、桜田文吾もまた戊辰戦争に巻き込まれ、二人の兄を失っています。そして津軽藩士の子である陸羯南が経営する日本新聞社に採用された文吾は、おそらく陸の勧めもあり、「日本」紙上で「貧民窟」のルポルタージュを連載するのです。愚庵が『東海遊俠傳』に託したものと共通する何かを、桜田文吾は「貧民窟」を探訪する中で見出していたのではないでしょうか。つまり戊辰戦争は、血塗られた日本近代の原点です。そこでの敗者たちは、明治の世になって、文筆で近代の根底を見つめ続けたように思うのです。

紀田順一郎は、桜田が「変装までして一つの世界を実体験するという方法論にとどまらず、徹頭徹尾貧しい人々の側に立って一般社会、とりわけ富裕階級を鋭く告発する視点を確立したといえる。このローアングルの視点を貫いたことにおいて他のレポーターをはるかに超える」と書いています。[8] このローアングルの視点は敗者の視点です。天田愚庵も『東海遊俠傳』で、博徒である次郎長を、ローアングルで語りました。こうした視座を可能にしたのは、戊辰戦争の経験だったのではないでしょうか。その敗者たちが、確立されつつある近代日本に投げかけた眼差しが、彼らのローアングルの根底にあったはずです。

そして、桜田の数年後、松原岩五郎が『最暗黒之東京』の連載を始めます。鳥取の宿場町の造酒屋の四男として一八六六年に生まれた岩五郎は、ほどなくして両親と死別し、松原家の養子となるも、一三歳で家出。底辺労働を経ながら東京に出ます。苦学した後、一八九二年、幸田露伴の推薦を得て徳富蘇峰が創刊した「国民新聞」の記者となります。貧困問題を「国民新聞」で取り上げて藩閥政治の暗黒面を告発すれば、きっと大きな反響が得られると計算していた蘇峰は、早速、ライバル紙の「日本」での桜田の連載に対抗させるべく、底辺労働者としての経験があり、すでに作家として一定の実績もある松原に新たなシリーズを担当させ、これが歴史に残る貧民窟ルポルタージュとなるのです。

これら先行者に影響され、都市下層の世界を精密に記述していったのが横山源之助です。横山は一八七一年、富山県魚津の網元の家に生まれます。私生児だったことから、生まれてすぐ左官職人の養子に出され、小学校を卒業後、醤油店に住み込み奉公をしながら独学します。一八八五年、富山中学校に一期生として入学したものの、翌年には二人の友人と突然、東京へ出奔。弁護士を目指し、桜田と同じ神田の英吉利法律学校に通うも、司法試験に続けて失敗。下宿を転々としたり、市ケ谷の托鉢寺に身を寄せたり、場末の木賃宿に投宿したりします。

ちょうどその頃、彼は二葉亭四迷と松原岩五郎に出会い、社会・労働問題への関心を深めていきます。当時、松原はすでに一連の貧民窟ルポを書いていて、放浪時代の横山には、「放浪組の隊長」のような存在でした。弁護士になる夢が破れ、絶望的な気持ちで放浪していた時期、この二人から強烈な影響を受けた横山は、やがて貧民ルポルタージュを書くことで、貧民・労働問題解決に役立ちたいとの思いを抱くようになります。一八九四年、島田三郎が主宰する「毎日新聞」の記者になると、彼は「貧民窟」ルポだけでなく、社会探訪記事を次々に書いていきます。

変装する桜田文吾と貧民窟の人々

ここで注目すべきなのは、これらのジャーナリストたちが貧民窟ルポで採用した方法論です。まず、桜田文吾が「貧民窟」に入るに際し、最初にしたことは変装でした。彼は、「貧天地」に足を踏み入れたときの彼自身の姿格好について、こんなふうに描写しています。

> 品川の満潮《あげしお》に流れ寄りしものかと思ふ許りの帽子を戴《いただ》き、屑屋の親爺《おやじ》に二、三百を投じて償ひしかと疑わるる単衣《ひとえ》を纏《まと》ひ、鼠《ねずみ》色せし白綿の兵児帯《へこおび》に山十《やまじゅう》の醤油もて煮しめたるに髣髴《ほうふつ》たる手拭《てぬぐい》を挿《はさ》み、没歯のチビ足駄を曳ずりつつ昂然《こうぜん》として立去りたり。[9]

つまり、よれよれの帽子をかぶり、ボロボロの服をまとい、ねずみ色のオビに、醤油で煮しめたような手拭いを挟んで、擦り減った歯の下駄を履いたのですね。こういう、ちょっとあまりに出来すぎの変装で、彼は下谷万年町へ足を踏み入れていきます。当時そこは、芝新網町、四谷鮫ヶ橋とともに、三大貧民窟の一つとして知られていました。

すでに時間は夜の八時を過ぎていて、歩いてゆくと遠くに「木賃御泊宿萬年屋」という文字があり、やがてたどり着くと、三十四、五歳の女性が褌《ゆもじ》一つで食事中。一泊したい旨、頼むと断られて、二軒目の「下総屋《しもうさや》」に一泊。翌朝、宿を後にして、あたりを見て回った後に浅草へ移動し、二日目は浅草馬道《うまみち》の木賃宿「中西屋」に投宿。翌日は朝から雨で、昼時になってもやまず、傘もないので、同じ宿にもう一泊。

四日目には本所方面へ足を延ばし、ふと目にとまった木賃宿の老婆に、田舎から出てきたばかりで、千葉の友達のところへ行こうとここまで来たが、どうか一泊させてほしいと、まことしやかに話しかけ、亭主が認めてくれたので、すかさず宿代を払っています。やがて、その「亭主は身を起し是より遊びに行くとて袢纏《はんてん》一ツにて黒き革嚢《かわぶくろ》を手にし雨を衝《つ》きて出去りたり」。ところが、今日は誰も集まっていなかったと、五分ばかりで帰ってきてしまいます[10]。

そのとき文吾は、これは博徒だと直感するわけです。当時の本所や浅草には博徒が根城にする木賃宿があって、夜になると「遊び」、つまり博打をしていたのです。翌朝、宿の老婆がカルタ大の紙を持ってきて、何が書いてあるか尋ねてきます。そこには「昼蔵夜現」などの字があり、その意味を説明すると、腑に落ちたようでした。後にある人から、それは中国由来の博打の一種で、「七八《チーパー》」というものだと教えられ、自分の推測が当たったと記しています[11]。

以上から、すぐに分かることがあります。桜田は手の込んだ変装をしているのですが、貧民窟に歓迎されていません。木賃宿の主たちは、彼の扮装に何か怪しいものを感じたのでしょう、宿泊を断ったり、しぶしぶ宿泊を許したりしています。本所方面で泊まった木賃宿の老婆が、彼が素性を名乗ったわけでもないのに、彼に漢字の意味を尋ねているのは、この人物が貧民窟の普通の住人ではなさそうなのを察知していたからではないでしょうか。俄《にわか》仕立ての変装に騙されるほど、貧民窟の人々は鈍感ではありません。
そしてその後、桜田は洲崎、木場、芝へと移動しますが、その間、コレラで死んだ人の二件の葬儀に出くわしています。この年（一八九〇年）、日本ではコレラが大流行し、三万五千余りの人が亡くなっています。やがて彼は新網の「貧天地」に足を踏み入れ、また木賃宿で一夜を過ごすことになります。案内されたのは十四畳の大部屋で、そこには十人余の客がいて、文吾と隣り合わせになったのが「八十余の乞食翁」。三十年ほど前まで駕籠かきをしていた人物で、その翁の語りを文吾は次のように書き留めています。

人々は皆宣《のたま》はく今日は実に便利至極の世界となりぬ。唐《から》の天竺《てんじく》の西洋のと在らゆる国々の品物まで此処に居ながら買ふこと出来、歩くには車、棲むには煉瓦、万事万端便利至極の世界となりぬと、成程便利に候ふべし、去りながらそは只だ黄金《こがね》多く持てる御方々の便利なれ窶枯風《やつがれふ》勢《ぜい》は申すも愚かなり、中より以下の人々には何の便利が候ふべき、昔しは松島町あたりで七、八百より二朱までなりし屋賃の家の今は五十銭出しても借れず、昔しは山八とて八十投《だ》せば是れ此煙草入れに二抓《ふたつか》みと半程ありし其煙草が今は一銭払ひても二匣は天から印紙に差引かれ、残りし八厘の其嵩《かさ》はヤツト之に半分も候はず、万事万端皆之に連れ候ひぬ、何の便利至極や候ふべき。[12]

つまり、世の中、便利になって、中国、インド、西洋の品々を居ながらにして買うことができ、移動は人力車、住むのはレンガ造りの家と言うが、それは富裕層にとってのことで、中以下の人々は生活に苦しむばかり、何が便利なものかという趣旨です。貧民窟の片隅の老人の口から、こうした鋭い近代文明批判が発せられていたわけです。貧民窟の住人は、部外者を見分ける敏感な識別眼だけでなく、こうした鋭い批評眼も持っていました。

こうして一週間ほど浅草や本所、四谷などの貧民窟を探索した文吾は、「米価騰貴、生活を困難にし、金融渋滞、工業を沮《そ》息《そく》せしめたる等交々《こもごも》渠《かれ》等を排擠《はいせい》したるなり。渠等の大部は元来賦性の惰民にはあらず」と書きます。[13] 貧民窟の住人はそもそも怠け者なのではなく、社会側にこそ問題があるというのです。こうした社会認識は、文吾自身に敗者の眼差しがあったからこそ可能だったことを確認しておきたいと思います。

エスノグラフィーの視線と社会調査の視線

この桜田の連載を横目に見ながら、松原は『最暗黒の東京』を書いていくのですが、彼が実践したのは、自ら貧民窟の労働者となることでした。それは、近代日本初の都市スラムでの社会学的エスノグラフィーとなります。松原はこのルポの導入で、「最暗黒の東京とは如何なる所なるか？　木賃宿の混雑は如何なる状態なるか？　残飯屋とは何を売る所なるか？　貧民倶楽部は誰によりて組織されしか？　飢は汝等に如何なることを教ゆるか？　飢寒窟の経済は如何？　汝は何故に貧となりしか?・」等々と、畳みかけるように問いを発していきます。そして、「渾《すべ》て是等の疑問を解釈せんと欲せば、来って最暗黒の東京に学べ。彼は貧天地の予審判事なり、彼は飢寒窟の代言人なり、彼は細民を見るの顕微鏡にして、また彼は最下層を覗くの望遠鏡なり」と続けます。[14] これを目にした読者は、松原の世界にぐいぐい引き込まれていったでしょう。

このルポで松原は、下谷から浅草へ、再び下谷へ、上野山崎町、根津宮下町、小石川柳町、伝通院裏、牛込赤城下、市ケ谷長延寺谷町など、「各小貧窟の裏々をさまよい」、やがて三大貧民窟の一つとして知られる、四谷鮫ケ橋へ辿り着きます。そこで、「親方株の清水屋弥兵衛」の下を尋ね、この地で仕事をしたいと相談すると、近所の残飯《ざんぱん》屋に紹介してくれました。こうして松原は、残飯屋の「下男」として働くことになるのです。

> 毎日、朝は八時、午《ひる》は十二時半、夕は同じく午後の八時頃より大八車に鉄砲笊《てつぽうざる》と唱えたる径一尺余りの大笊、担《にな》い桶、または半切《はんぎり》、醤油樽等を積みて相棒二人と共に士官学校の裏門より入り、三度の常食の剰《あま》り物を仕入れて帰る事なるが、何をいうにも元来箸よりほかに重き物を持《もち》たる事のなき身が、俄《にわ》かにかかる荒働《あらばたら》きの仲間に入りたる事なれば、その労苦は実に容易の事にあらず、力は無理をしても出すべきなれど、労働の呼吸に不案内なるより毎々《たびたび》小児の如き失策を重ねて主人の不嬉嫌《ふきげん》を買う事一方《ひとかた》ならざりし。[15]

図5—3 「残飯屋にて貧民、飯を買う」『最暗黒の東京』（現代思潮社、1980年）より

箸より重いものを持ったことがないというのは明らかに誇張でしょうが、勝手がわからず、仕事中に何度も失敗を重ねて残飯屋の主を不機嫌にさせてしまったのは本当でしょう。

この残飯屋では、「生徒始め教官諸人数、千有余人」を擁する士官学校の食べ残しを、「ひと笊《ざる》（約十五貫目）五十銭」で買い取り、「笊《ざる》、面桶《めんつう》（一人盛りの曲げ物の食器）、重箱、飯櫃《めしびつ》、小桶《こおけ》、あるいは丼《どんぶり》、岡持《おかもち》」等の容器を手にした「老幼男女の貧人」相手に「一貫目およそ五、六銭位」で売ることをしていました。[16] この仕事に慣れてきた松原は、「貧民の群《むれ》がいかに残飯を喜びしよ、しかして、これを運搬する予がいかに彼らに歓迎されしよ。予は常にこの歓迎に酬《むく》ゆべく、あらゆる手段を旋《めぐ》らして庖厨《ほうちゅう》を捜し、なるべく多くの残物を運びて彼らに分配せん事を務めたりき」と語ります。そして士官学校の「庖厨」から殆ど残飯が出ないときは「饑饉《ききん》」、荷車に余るほど積まれるときは「豊年」と呼び、「老幼男女の貧人」たちに知らせるようになります。[17]

このあたりの叙述、松原がこの仕事にのめり込み、熱中している様子が伝わります。こうして松原は、東京最大の貧民窟に深く入り込み、そこに暮らす人々の日常を生々しく描き出したのです。これはもうある種の社会学的エスノグラフィーと言っていいでしょう。それを可能にする眼差しが、すでに一八九〇年代には形成されていたのです。

そして、桜田や松原の仕事に触発されて貧民窟の調査を始めたのが横山源之助です。やがて彼は、先行者以上に深く東京の貧民窟に入り込み、実証的な調査を重ねていきました。こうして出来上がったのが『日本の下層社会』で、明治期の貧民窟の全体像がクリアに描き出されています。逆に言えば、自ら残飯屋の下男になって働き、そこでの体験を瑞々しい筆致で描いた松原と違って、横山の記述の方法論は、かなり冷静で俯瞰的です。

たとえば、本所・深川の両区について横山は、「他の十三区に比して旧幕の時代より自《おのずか》ら風習を異《こと》にし、封建時代の特色たる武士の住居せること少なく、純然町人より成り、特に商人の類にあらずして職人および人足《にんそく》・日傭取《ひようとり》の一般労働者より成り立ち、地形の上に隅田川《すみだがわ》を以て区画せると等しく、人情風俗も一般と異なるものありたり」と書き記しています。[18]他の地域とどう異なり、いかなる特質があるのかがクリアに書かれているのです。ただ、非常に冷静な筆致なので、文学的な面白みに欠ける憾《うら》みがあります。

たとえば浅草の場合、「下谷《したや》区・小石川区・四谷区、細民の住める少なからずといえども、これを浅草区に比せば、言うに足らず。松葉《ドーマイ》町あり、阿部川《あべかわ》町あり、木賃宿《きちんやど》の群集せる浅草町あり、新平民の部落なる亀岡《かめおか》町あり」等々。この記述ではその後も町の名前が次々と挙げられ、「なかんずく多く細民の住める処、松葉町《まつば》、神吉町のごとき路地《ろじ》に入りて住めるものを探れば、今日、万年町《まんねん》にすら形跡を潜めし乞食が軒《のき》を列《つら》ねて住み、オモテに店を張るものといえども、多くは襤褸屋《ぼろや》の類のみ。その他阿部川町のごとき清島町のごとき路地に入りて住民の衣服・生活を見れば、鮫ケ橋《さめがはし》、万年町に譲らざるもの累々《るいるい》たり」と、この地域がいかなる貧困状態にあるのかを、俯瞰的に示します。[19] ここでは、松原の記述にあった生々しさは失われています。

敗者の眼差しとサバルタンの語り

この章では、幕末から明治にかけて増殖していった東京の貧民窟をめぐる眼差しについて考えてきました。桜田文吾、松原岩五郎、横山源之助のアプローチは三者三様ですが、その嚆矢をなした桜田が、根底において戊辰戦争の「敗者の眼差し」を抱え込んでいたことは重要です。そして、もう一つ忘れてならないのは、この三人が「貧民窟」を語ることができたのは、彼らが陸羯南や徳富蘇峰、島田三郎によって発刊された明治の新聞ジャーナリズムに採用されていたからです。陸や徳富と薩長軍閥政権との対立はすでに述べましたが、島田三郎も、元幕臣の子で維新後は大隈重信に近く、後に田中正造と盟友になっていった人物です。これらの人々は桜田ら三人に対し、天田愚庵にとっての山岡鉄舟がそうであったのと同様の位置にいます。

そして総じて、松原岩五郎の『最暗黒之日本』は、ジャーナリストのヘンリー・メイヒューの仕事に比せられます。メイヒューの『ロンドン路地裏の生活誌』は、ロンドンの貧民について、文学的ですらあるエスノグラフィーを残しています。他方、横山源之助の『日本之下層社会』は、一九世紀末ロンドンの貧民窟について本格的な社会調査を行ったチャールズ・ブースの仕事に比せられます。またこの時代には、彼らの仕事に並行して、エンゲルスの『イギリスにおける労働者階級の状態』のような労働者階級についての社会学的記述も登場していました。

しかし、明治の東京で、これらのジャーナリズムの眼差しによって貧民窟は本当に語られていたと言えるのでしょうか。このように改めて問うのは、本書はこの段階で、ポスト構造主義のポストコロニアル的な脱構築、すなわち構造主義的な知の地平を帝国主義と資本主義による収奪の歴史＝地政学的文脈において解体することを試みたガヤトリ・スピヴァクの講演録『サバルタンは語ることができるか』（みすず書房）の問いを、導入してみる必要が生じていると思うからです。スピヴァクが問うた「サバルタンの語り」の可能性は、これまで論じてきた様々な「敗者の語り」と「貧者たちの世界」を結ぶ中核にある問いです。

スピヴァクはこの講演で、ピエール・マシュレーの定式を借りながら、「語られないこと」には、作品が「言うことを拒絶していることがら」と、作品が「言うことができないでいることがら」があるとします。マシュレーの場合、この区別は純粋に文学作品の話ですが、スピヴァクは、これは「帝国主義の社会的テクストに適用しうる」と考えています。

たとえば、前者の語りの拒絶は、植民地的状況において、「植民地での慣習を法典化しようとする帝国主義の法律的実践」において生じる「集合的なイデオロギー的拒絶」がこれに当たるかもしれません。他方、後者の「言うことができないでいることがら」は、サバルタンの語りの可能性にかかわる問いです。たとえば、「農民反乱」についての様々な叙述が「語り」の場を占めている場合、その語りの主たる農民は、「あるひとつのいまではもう検索不可能な意識の指子」です。そこで農民は、語っているのか、いないのか自体が問いなのです。[20]

そして、近代を通じた「労働の国際的な分業の圏域の外側」に、私たちが自己と他者の二項的構図に囚われている限り、「その意識をつかまえることの不可能な人々」が存在します。それは、「最低限度の生活を維持できる程度の自作農民、未組織の農業労働者、部族民、街頭や田舎にたむろしているゼロ労働者たち(zero workers)の群れ」などです。[21]彼らと向き合うには、彼らの記述以上に、私たち自身をいかに記述するかの方法を学ばなければなりません。

いうまでもなく、この「意識をつかまえることの不可能な人々」に、明治の東京の貧民窟の住人たちも含まれます。幕末以来、日本近代の資本の原始的蓄積過程において、この種の「サバルタン」が膨大に膨れ上がっていました。そうした人々が集中していたのが貧民窟で、その貧民窟をフィールドワークした一連の作品群は、近代東京において「サバルタンは語ることができるか」という問いを提起していたのです。

問題は、「敗者はいかにサバルタンを語るか」という問いと、「サバルタンは語ったのか」という問いの関係です。本章であれば、桜田や松原、横山の貧民窟探訪記は、確かに貧民窟の人々に可能な限り寄り添っているように見えます。また、前章であれば、天田愚庵の『東海遊侠伝』は、博徒の世界に寄り添って語られています。しかし、そこで語っているのは、桜田や松山、横山たち自身だったのではないか、という疑念も消えません。

それでも桜田が話を聞いた、かつて駕籠かきをしていた「八十余の乞食翁」の語りは力強いものでした。松原や横山もそのような語りを貧民窟の取材で聞いていたでしょう。博徒たちもまた愚庵だけでなく、様々な聞き手に語っていました。しかし、それらをジャーナリストたちが書き残すことが、「サバルタンの語り」になるのかどうかも若干の留保を必要とします。

おそらく、この問いに答えはありません。スピヴァクに戻るならば、彼女は、フーコーやドゥルーズの透徹した非本質主義的な語りが、しかしそれが発話される場ゆえに「あるひとつの本質主義的な行為」を隠しており、他方で、インドのサバルタン・スタディーズの本質主義的にも見える語りが、「帝国主義的な認識的、社会的、学問的書き込みの暴力」の中で語られるがゆえにラディカルな脱本質主義に開かれているのだと主張していました。

この示唆を借りるなら、桜田や松山、横山の語りは、その根底において戊辰の敗者の眼差しを内包していたがゆえに、あの時代、ジャーナリスティックであると同時にクリティカルであり得ていたのだと言えるのかもしれません。しかし、横山を除き、桜田や松山の場合、それは自覚的なものではありませんでした。桜田は貧民窟ルポを終えた後、日清・日露戦争の従軍記者として新聞紙上に連載を重ね、戦後は京都で京華社や京都通信社を興し、やがて政治家になっていきます。松原も日清戦争の従軍記者として活躍し、貧民窟には戻りません。すでに私たちは、戊辰の敗者の記憶が日清・日露の帝国主義戦争のなかでどのように作り変えられていくかについて論じましたが、「貧民窟」をめぐる敗者たちの眼差しも、同様に帝国主義のなかで変容し、「貧民自身の語り」から分裂していったと言えるでしょう。

第6章

女工たちは語ることができるか

1　周縁化される紡績女工

サバルタンとしての女工たち

さて、前章の最後に触れた『サバルタンは語ることができるか』でスピヴァクは、夫の火葬の際に寡婦が生きながら一緒に焼かれるサティーという、ヒンドゥー教の旧習をめぐる二つの語りを取上げています。このサティーを宗主国イギリスは禁止します。この禁止をイギリス人は、「茶色い女性たちを茶色い男性たちから救い出す白人の男性たち」の事例として理解します。文明の側にいる西洋の白人男性が、インドの女性たちをヒンドゥー教徒の男たちの抑圧から救ったというわけです。それとは真逆の解釈をしたのが「インドの土着主義者たち」で、そこでは「女性たちは実際に死ぬことを望んでいた」と語られます。[1]

当然、スピヴァクはこのどちらにも与しません。両者は相補的で、互いに相手を正当化しています。そこでは誰も女性たち自身の声には出会いません。「東インド会社の記録にふくまれている警察の報告書にグロテスクに誤って転写されている（…）殉死した寡婦たちの名前を追っていっても、それらからひとつの「声」を組み立ててあげることはできない」のです。[2]

では、明治期日本の下層女性たちの場合はどうだったでしょうか。紡績工場で働く女性たちの記録を読むと、必ずしも「声」を組み立てられなかったわけではないように思えます。無論、それらの記録は様々な制度やイデオロギーによってねじ曲げられたものでした。それでも、彼女たちの語りの痕跡は残っており、その語りの扱いが問題になります。

そこで、明治期以降に書かれた社会調査史上の三つの古典、すなわち、横山源之助の『日本之下層社会』（一八九九年）、農商務省商工局の工務課工場調査掛による『職工事情』（一九〇一年）、細井和喜蔵の『女工哀史』（一九二五年）に注目したいと思います。

まず、横山の『日本之下層社会』は、最も早くに「女工」（「女子労働者」とすべきですが、ここでは歴史的文脈に鑑みて「女工」とします）の声を記録したものでした。次に『職工事情』は官製の調査報告ですが、下層の女性労働者についても詳細な記録が残されています。最後に、『女工哀史』を書いた細井和喜蔵《ほそいわきぞう》は、自身が紡績工場の職工でした。『貧天地饑寒窟探検記』の桜田文吾も、『最暗黒の東京』の松原岩五郎も、『日本之下層社会』の横山源之助も、いずれもジャーナリストとして下層社会を取材したのですから、これらは観察者の記録です。『職工事情』は、当時の職工が置かれていた厳しい環境についての行政的な調査報告です。それに対して、『女工哀史』をまとめた細井は職工として働き、自ら貧困のなかにありました。『女工哀史』は、繊維産業の下層労働者自身によって書かれた本です。

『日本之下層社会』における女工の語り

横山の『日本之下層社会』は五編に分かれています。このうち工場労働者を扱っているのが第

三、四編で、第三編には「桐生・足利地方の工女」、第四編には「紡績工女の風俗・情態」や「鉄工場」における「男工と女工」といった叙述が含まれます。

当時、桐生・足利地方の織物工場には多くの女工が働いていました。日本で繊維産業が興った当初、群馬県は、織物産業の一大集積地だったのです。一八九六（明治二九）年の段階で、足利管内に一万四〇〇〇人の女工が、桐生管内には一万三八八〇人の女工がいたと、横山は指摘しています。ですから、桐生・足利地方には三万人近い女工がいたわけですが、多くは地元出身ではありませんでした。桐生・足利地方の者は「甚だ少なくして」、「大阪府下の紡績職工が他地方の者多きが如く、特産物なき地方即ち越後・越中・能登・加賀より来れるは最も多く、その他越前・武蔵・相模・上総・下総・甲斐地方の者多し」という状況だったのです。[3]

これらの女工たちが働く織物工場を調査した横山は、女工が「苦も楽も愉快も不愉快も、ありて訴えざるか答うるに憚《はばか》るものあるか、敢えて自個を説明せんとする者なく、更に問うに答うる者なし」と記しています。つまり、黙々と働く女工たちに横山が質問をしても、彼女たちは何も答えてくれなかったのです。ところが彼女たちは、「声を揃えて楽しげに」歌を歌っていました。その歌詞は、「嫌だ嫌だよ機織廃《や》めて、甲斐絹《かいき》織屋のお神さん」。さらに耳を傾けると、「お鉢《はち》引き寄せ割飯眺め、米はないかと眼に涙」と続きます。実際、彼女らが日頃食べていたのは米と麦を等分にした「ワリ飯」で、「朝と晩は汁あれども昼食には菜《さい》なく、しかも汁というも特に塩辛くせる味噌汁の中へ入りたるは通例菜葉《なっぱ》」でした。[4]

横山は、女工は得たお金を貯めもせず、衣服のために使うでもなく、ただ飲食のために使って、それを当然のこととしており、そうした態度がしばしば批判されると言います。しかし、彼女たちの境遇を思い、その父母たちが際限なくお金を求めてくることを考えれば、女工がお金を貯めず、飲食に費やしてしまっても責められないとも述べています。

横山は、そうした女工たちを雇い、管理するのは、足利・桐生地方では男性よりも女性の方が多かったと述べます。この地では「男主人よりも女主人の方勢力多く、常に工場を覧廻《みまわ》り、その進退挙動を取締れるも多くは女主人これに当り居るを以て、工女とその主人の関係というも畢竟《ひっきょう》女主人との関係なりと見て可なり」と言うのです。[5] ジェンダー関係と階級関係は、資本主義勃興期には必ずしも重なってはいません。

こうしたなかで、「ある機屋の細君」は女工たちのことを、「油断して居れば手を休めたがる、骨折った者に物を遣《や》れば己《おの》れの腑甲斐なきを忘れて主人を恨み、業務に精を出せば自己の将来《すえ》のためになるは判りきって居る事なるに、物日《ものび》の来るのを二十日前より数えて業務に心を入れず、少し油断して居れば台なしな物を拵《こしら》えて平気で居る」と嘆いていました。[6] 女主人は、女工たちのことを、怠け者でどうしようもないと嘆いているわけです。

一方、女工たちはというと、「物日のほか家外へは少しも出《だ》さず、故国《くに》から尋ねて来る者あるも会わせもせず、頼んで、頼んで、漸《ようや》くにして許すも篤《とく》と談話する時間を惜しみ、その上談話《はなし》して居る傍《そば》へ来て耳を澄《す》まして聴いて居る。機屋の女房という者はあれほど邪推深いものか、同国の者幾十人来て居りても互いに往来《ゆきき》することも許さず」と、不満をぶちまけています。

彼女たちの不信感は根強く、故郷から手紙が届くと、頼んでもいないのに読んでやると言って、旦那に読んでもらって疑いを晴らし、少しでも仕事でミスすると脅され、そのくせ、来年の正月には袢纏《はんてん》をこしらえてやるだの、お盆には袖口を買ってやるだの調子のいいことを言い、一度もそれが実現したことはなく、表向きだけせっせと働き、お世辞の上手な者ばかりが大事にされ、真面目に働く者には「物日」になっても小遣いもくれないと、口ごもりながらも日ごろの鬱憤を語ってくれたと横山は書き記しています。[7]

紡績工場と士族救済

それでは、東京の紡績工場はどう発展してきたのでしょうか。東京において紡績工場第一号を造ったのは鹿島万平という人です。一八七二年、現在の北区滝野川に鹿島紡績所を設立しています。深川の米屋の次男として生まれた万平は、一八四九年に木綿問屋を開業し、ペリー来航を経て開港されると、海外の商人を相手に木綿売込問屋を営むようになります。幕末には三井組に入り、三野村利左衛門とともに生糸荷為替組合を組織したほか、東京貿易商社や同社の箱館出張所などで活躍し、釧路ではニシンの絞り粕の製造、昆布の採取などを手がけています。そして維新後、鹿島紡績所を滝野川に開業するのです。

鹿島万平が滝野川に紡績工場を建てた理由は明白です。滝野川・王子周辺は、千川上水と石神井川が並行する場所でした。幕末、玉川上水の分流である千川上水が工業用に使えると考えたのが、幕府の近代化政策の推進者だった小栗上野介です。彼は、台地の上を流れる千川上水と、その台地の下を流れる石神井川の高低差に目をつけ、千川上水から取水して石神井川に排水することで水車を回し、大砲製造に利用できると考えました。大砲の砲身の砲腔をくり抜く動力を、水力から得ようとしたのです。しかし、小栗の構想によって実現した滝野川反射炉は、幕府が倒れたため使用されませんでした。この土地を払い下げられた鹿島万平は、小栗が錐台（砲身の穴あけ機）の動力にしようとしていた水車を紡績の動力に転用します。

その一方で、明治初期の紡績工場で働いていた女工の多くは、没落した士族の子女たちでした。士族救済の方策として官主導で紡績工場が設立されていたのです。幕府が倒れ、身分的な特権を奪われた士族は、商才がなければ収入の道を絶たれ、困窮していました。倒幕運動に身を投じた士族も、戊辰戦争が終結すると、わずかな報奨金で除隊させられ、生活苦に陥っていたのです。士族を救済しなければ、薩長政権の基盤が揺るぎかねません。

しかし、士族救済と殖産興業は、本当は別の話です。幕末、薩摩藩ではミュール紡績機などをイギリスから輸入し、日本初の洋式機械紡績工場である鹿児島紡績所を建設します。しかし同紡績所は、士族の生活が困窮すると、八〇人程度の職工がいれば十分なのに一五〇～二〇〇人を雇います。しかも、上がった利益を士族救済に充てるなど、経営効率化は二の次でした。このため経営不振に陥り、やがて閉鎖に追い込まれます。

他方、成功した紡績所もあります。明治政府が無利息で払い下げた紡績機械を用いて一八八二年に設立された三重紡績所には六〇人の女工がいましたが、その多くが津藩士族の娘でした。当時、工業は下賤なものと見られていたため、当初は職工が集まりませんでした。このため、発起人の天春三六郎が妻に職工の見習いとして働いてもらったところ、伝習生に男女合わせて一〇数名が志願し、三重紡績所も徐々に発展します。

同様の例は少なくなく、なかでも最も有名なのは富岡製糸場でしょう。当初、なかなか女工を集められず、渋沢栄一の義兄で初代工場長だった尾高惇忠《あつただ》が、自分の娘に女工として働いてもらったところ、徐々に女工が集まってきて、模範的な工場として発展していきます。

以上のように、明治初期の紡績工場で最初に女工となったのは、主に士族の娘でした。普通に考えられるよりも階層が高かったわけです。当時、農家の娘は農業に忙しく、商人の娘も、家業の労働力として期待されていました。つまり、それぞれにキャリアパスがあったのです。それに対して士族の子弟のキャリアパスは維新で失われてしまいました。その救済策として、官製工場では士族の子女を雇用し始めたのです。ところが、明治一〇年代頃から、これが徐々に下層労働者にとって代わられていきます。

鹿島万平が設立した鹿島紡績所は、その転換の過渡期にあったと言えます。それは、民間資本によって設置された初の紡績工場でした。渋沢栄一にも少し似て、鹿島万平は次々と新規事業を立ち上げますが、立ち上げた工場や会社を下支えしたのは彼の家族でした。滝野川に設立された紡績所の場合、社長は万平の二女の貞子で、工場の名義も貞子となっていました。そして、工場で働く人々は、万平を「隠居、大大将、大旦那」、長男の万兵衛を「大将、旦那」、社長の貞子を「お貞さん、中のおかみさん」と呼んでいたようです。[8]

当時、職工だった一人が、貞子の働きぶりについて、「女工達よりも早く起きて、女工達を起し、食事の世話から、髪の世話までやって、運転が始まると自分もたすきがけで甲斐々々しく、監督をしたものである。自分も女工と一緒に働いたこともあり、新しい女工が来たときなど、自分で手を取って教えられたこともある」と回想しています。つまり、やっていることは、大店のおかみさんに近かったと言えるでしょう。桐生・足利地方の紡績工場の女主人もそうでしたが、こうした女性が工場を仕切るのは珍しくはなかったはずです。

では、万平の娘の貞子が仕切る紡績所に雇われたのは、どんな女性たちだったのでしょうか。千本暁子《ちもとあきこ》によれば、当初は川越から四、五人ほど募集しましたが、「田舎者で無作法であるという理由で敬遠されるようになり、なるべく東京のものを募集するようになった」ようです。ところが、「東京の女性は年季奉公を好まず応募がなかったので、東京市内の女中奉公と同一の条件、つまり給料を支給し、食料や工場着などは主人持ちという条件で募集した」といいます。待遇を改善し、なんとか近辺に働き手を求めていたのです。[9]

鹿島紡績所がリクルーティングをする上で競合したのは女中奉公でした。「結婚をひかえた若い女性が、紡績女工よりも女中奉公を選好したのは、家事万端を習得できるうえ、身持ちが固かった証明になり、結婚に有利だったから」です。そして農村の女子の場合、「農家に嫁ぐことが第一」で、だからこそ女中奉公を志願したのであり、その口が見つからない間は「とりあえず紡績所で働き、女中奉公の口がみつかるとやめる」者が多かったようです。[10]

このあたりの事情は、ピエール・ブルデューの文化資本に関する議論と符合します。農家の子女の文化資本を増強させるには、いかなる戦略が有利かを、みんな計算していたわけです。そしてこの観点からすると、女工よりも女中奉公が好まれ、なかでも大店での女中奉公が最善だと捉えられていたのです。こうした状況にあったため、よりよい働き手を得るために当時の紡績所は、女工たちの待遇を改善しなくてはならなかったわけです。

紡績の大規模工業化と女工の周縁化

ところが、千本が指摘するように、工業化とともに農家では長男以外の男性が都市部の工場で働くようになっていきます。地方の農家の次男、三男等々が工場労働者になっていくのです。そうなると、「農家に嫁ぐ」ために女中奉公を選ぶという、農村の女子たちの戦略も意味がなくなってきます。こうして、農村の女性が思い描く人生観に変化が生じ、女中奉公を志望する者が減り、女工となる者が増えていく流れが強まっていったのです。

この時期、日本の繊維産業は、工場の大規模化が進み、それまで比較的地方に分散していた工場が大阪や東京に集中しつつありました。一八八〇年代まで、まだ地方に小規模な製糸や紡績の工場が分散していた時代には、その大部分を占めたのは東京や大阪近郊の工場ではありませんでした。なかでも製糸業に目を向けるなら、長野県をはじめ山梨県や岐阜県、群馬県などの本州中部の山岳地帯に中心がありました。この時期、長野県が日本の製糸業に占めていた割合は圧倒的に高く、多くが水力を動力とする小規模な工場でした。ところが一八九〇年代に入るとこの構図が変化し始め、工場の大規模化と並行して、とりわけ紡績業では大阪や東京周辺に大規模な紡績工場が次々と建設されていくのです。

実際、それらの工場の大規模化は顕著で、紡績工場の生産力を見る際に用いられる、精紡機（糸に仕上げる機械）の錘数でいうと、大阪紡績は一八八三年に一万五〇〇錘、平野紡績は八九年に一万一五二〇錘、九三年に第二工場で約一万六一二八錘、摂津紡績は九一年に一万九二〇〇錘、九四年に第二工場で一万五三六〇錘、九八年に第三工場で一万五〇〇〇錘の精紡機を導入しています。そして東京・鐘ヶ淵《かねがふち》に設立された東京綿商社（一八九三年に鐘淵紡績《かねがふちぼうせき》と改称）は、一八九〇年に二万八九二〇錘の精紡機を導入します。

こうして東京では、隅田川沿岸に工場地帯が広がっていきます。その代表的な工場が、鐘淵紡績でした。一八八七（明治二〇）年に東京綿商社としてスタートしたこの会社の従業員は、創業時には三五一人でしたが、大正末には約五〇〇〇人の従業員を擁するまでに発展しています。明治後期から大正にかけて、他にも隅田川沿岸には、皮革やメリヤス、マッチなどを製造する工場が次々と建設され、ここは軽工業の中心地となっていきます。

こうして工場が拡大していくと、労働力不足が生じます。このため各地の紡績工場は、女工のなり手を奪い合い始めます。それでも当初は、東京や大阪の周辺地域から集めていたのですが、それでは足りなくなって、斡旋人が全国の貧しい農村から若い女性をリクルートするようになりました。こうしたなかで、女工たちの労働形態も大きく変わっていきました。少し後の時代になりますが、『職工事情』(第一巻)はこの変化を、次のようにとらえています。

紡績工場で職工を雇用する際、近傍の者は通勤をさせ、遠郷の者は寄宿舎に入れるのが通例である。そして、東京、大阪、名古屋等の大都市やその付近の工場では、遠郷から募集に応じて来る者が大部分を占め、それ以外の小都市や農村部の工場では通勤者も少なくない。紡績職工の雇用で種々の弊害が起きるのは、近傍の父兄の家から通勤する職工を雇い入れる場合ではなく、主として遠郷から職工を雇い入れる場合である。(現代語訳[11])

一八九〇年代以降、女工の待遇は悪化します。実際、斡旋人の甘言に乗せられて東京や大阪に来てみると、労働条件が事前の説明とまるで異なり、彼女たちは騙されていたことを悟ります。しかし、工場主に訴えても耳を傾けてもらえず、斡旋人はすでに去っており、頼れる親戚もおらず、工場から立ち去る旅費もなく、意志の弱い者は泣く泣く工場にとどまるしかありませんでした。意志が強い者は夜間に壁を乗り越えて脱出することもありましたが、見つかって懲罰を受ける者も多かったようです。

しかも、会社は女工の逃亡防止に種々の手段を講じていました。たとえば、働き出してから数カ月間は休日にも外出を許さず、賃金が支払われる前日になって外出を認めますが、外出する場合は付添人がつきました。そして賃金が支払われると、数日間は見張人が寄宿舎の周囲を巡回します。しかも斡旋人には、女工争奪戦を利用して利益を上げる悪徳業者もいて、甲という工場に紹介した女工を幾日もたたぬうちに乙という工場に紹介し、さらに時日を経ずして丙なる工場に紹介することで手数料を貪る詐欺的な行為を重ねていたようです。過酷な労働環境と悪徳斡旋人がうごめくなかで、寄宿舎に暮らす女工たちはほとんど監獄状態に置かれていたのです。

2 逃走と争議、そして馴致

集団逃走する女工たち

しかし、女工たちはただ従順だったのではありません。工場主たちが安価な労働力を奪い合うのを逆手に、工場を逃げ出して他の工場に赴き、偽名で雇ってもらう者や、斡旋人と共謀して工場を転々とし、手数料をせしめようとする者もいたようです。こうしたなかで、女工たちが雇主の様々な専横に抵抗する最も一般的な形態は「逃走」でした。

たとえば、一八九三年二月、和歌山県出身の一〇代の女工五人が横浜警察著に保護されています。彼女たちは、東京の鐘淵紡績の募集に応じて同社の鐘淵工場の工女となったものの、いざ働いてみると、募集時に知らされたのとはまるで労働条件が違っていました。募集の際に日給は一六銭と言われていたのが、実際には大人八銭、子ども四銭で、一日六銭の弁当代を差し引かれたので何も残りません。あまりに労働条件がひどいので、工女たちは「国元の親を慕ひて日々泣暮すのみ迚《とて》も見込みなきを以て故郷に帰らんと決心」し、東京を出発したものの、横浜まで来たところで手持ちのお金がなくなってしまい、途方にくれて警察に出頭しています（「読売新聞」一八九三年二月二日）。

その後も、鐘淵紡績からは逃走する女工が後を絶ちませんでした。一八九七年五月、愛知県出身の一四歳から二二歳までの女工三人が、「紡績会社より派出せし口入人の罠《かか》に罹り態々《わざわざ》出京《しゅっきょう》して入社したるに、口入者の言葉と違ひ労働に堪へねば三名申合せて同会社を逃去《にげさ》りたる」ところを警察に捕まり、会社に身柄を引き渡されています（「読売新聞」一八九七年五月三〇日）。警察は、必死の思いで逃走した女工の味方ではまるでなかったのです。

さらに一九〇〇年八月には、奈良の郡山《こおりやま》紡績会社の女工たちが、「会社の虐待を怨《うらむ》の余り遂に二一名の女工等申合せの上、同社を辞し各々《おのおの》帰国」しようとしたところ、この会社の元社員である山田某の斡旋で、何人かが鐘ヶ淵紡績に転職します。ところが、そこでは日給一二銭のうち一一銭を弁当代として差し引く有様でした。「一日僅かに一銭の所得なれば迚《とて》も堪へ難き」状況だったので、女工たちは「同所を忍出で呉服橋辺まで来《きた》りしかど土地は不案内なり所持金はなし如何《いかゞ》はせんと途方に暮れてシク〲と泣」いていると、そこに通りかかった深川在住の煉瓦職人が、彼女たちを助けると家に連れ帰ります。ところが深夜になると、彼女たちに「怪しからぬ事を言い寄」ったそうです。彼女たちがこれを拒むと、職人は彼女たちを外に追い出してしまいました（「読売新聞」一九〇〇年八月一日）。

翌一九〇一年にも、根岸の路上を雨に濡れながら裸足で歩いていた二人の女性が「跣足令」違反で捕まり、取り調べを受けると、鐘淵紡績工場の「虐待に堪へ兼ねて一昨夜五人連れで逃げ出した」ことが判明しています（「読売新聞」一九〇一年八月一一日付）。

もちろん、地方から雇い入れられた女工に対する露骨な収奪や「虐待」が見られたのは鐘淵紡績だけではありません。たとえば、一九〇一年八月には、横浜の黄金橋《こがねばし》から身投げしようとしていた女性が警察に保護されていますが、彼女は東京《とうけい》紡績の女工で、同社の

東京本社工場

図6—1　鐘淵紡績株式会社・東京本社工場　副島八十六編『開国五十年史附録』（開国五十年史発行所、1908年）より

「労働に堪え兼ねて、朋輩と一所に逃げ出したものの、旅費がないので死ぬ気になった」と申し立てています（「読売新聞」一九〇一年八月一五日）。一九一五年一二月には、一六歳から二二歳までの宮城県出身の女工が路上を彷徨っているところを警察に保護されます。彼女たちは、本所区押上の東京瓦斯紡績会社の女工でしたが、「労働の劇《はげ》しきに堪へかねて」工場から逃げ出したのでした（「読売新聞」一九〇五年一二月一二日）。

こうした事例を見ていくと、幾つかの共通点のあることが分かります。まず、彼女たちは同郷の四、五人で逃亡しており、単独で逃げ出す例は多くありません。そして、年齢的には一〇代から二〇歳前後までが大半です。さらに、多くの場合、行く先があって逃げ出したのではなく、とにかく現状から抜け出したい一心で、着の身着のままで逃亡するため、数日で一文無しとなり、郷里にも帰れずに町中をさまようことになっているのです。

女工のセクシュアリティをめぐる語り

ところで、横山源之助の『日本之下層社会』から細井和喜蔵の『女工哀史』までの著者が繰り返し述べていくことに、女工たちのセクシュアリティの問題があります。当時、女工の多くは一〇代から二〇代の若い女性で、紡績工場では、そんな若い女性が数百、数千という単位で仕事をしていたので、彼女たちのセクシュアリティは世間の関心事の一つでした。たとえば『職工事情』では、女工の「風紀」について次のように語られます。

紡績女工の「風紀」をめぐる材料は少なくないが、あまりに卑猥なため、文字にするのがためらわれる。なかでも地方出身の女工の風紀が乱れていることは世間一般の認めることであろう。それは紡績職工だけでなく、機織職工などでも、地域によっては風紀が非常に紊乱している。地方の貧しい家の生まれで、ろくに教育を受けておらず、倫理感もあまりない娘が、いったん父母の目の届かない他郷に来て、工場の寄宿舎や職工の下宿などに幾百人と集団生活を営むようになると、自分の意思をコントロールすることも、外部の誘惑に抗することもほとんど期待できない。このため工場主は、それ相応の監督をし、彼女らの風紀を維持するのは当然の責務だろう。しかし、工場主の中には、風紀の取り締まりに注意を払っているものの、寛厳のつけ方がうまくいかず、彼女らの歓心を失い、退場を促すこともある。風紀を取り締まるといっても、簡単なことではない。(現代語訳[12])

ここでは、親元を離れて地方から出てきた若い女性たちが寄宿舎などで集団生活をするうちに風紀上の乱れが出てくるので、工場主はそれを取り締まろうとするが、やりすぎると嫌われてしまうということが言われています。この記述では、登場するのは若い女工たちと工場主ですが、当然、女工たちと男工たち、工場外の若い男たち、さらには工場の上司たちとの性的関係も取り沙汰されていました。『職工事情』には、こんな記述があります。

（女工たちが）昼夜を問わずあくせく働いて得たお金を何に使っているのか見てみると、まずは買い食いと見世物で、これに次いで、男女の関係である。風紀が乱れた工場内には、男工と女工の間を取り持つことで謝金を得る職工もいるという。また工場の付近には一種の「待合」があって、大阪ではこれを「盆屋」と呼ぶ。これらは表向き、菓子類や煮魚などを売っている。また下宿屋や貸間などで男女が会うところがある。寄宿舎内で猥褻な行為をする例ははなはだ少ないという。[13]

『職工事情』は、女工から聞き取られた発言も載せていて、彼女たちが言うには、「工場はとにかく若い男女の集まりなので仕方ありません。工女は男より少しの銭をもらう者もいますが、中には甘く口車に載せられて男に貢ぐ者もいます。こんな甘い男は旅の者に多く、寄宿舎ではずいぶん監督していても、こうしたことは抑えきれないものと見えて、現に懐妊している者が三、四名はいます。工女の不行跡は一八、九歳になれば盛んになりますが、中には一三、四歳という、まだ肩上げのある時から、浮名を立てられる者もいます。工場内で男工と女工が関係することは少なくありませんが、関係ができるとすぐに他へ移ってしまいます。男女の関係は、工女と役員との間には少なく、主に工女をもてあそぶのは近隣の若者」とのことでした。[14]

ここでは、上司と男女の関係になることは少ないとされていますが、本当にそうだったのかは分かりません。ただ、男工《だんこう》と女工が関係して女性が妊娠すると、工場によっては、労働力確保のため二人が結婚して暮らせるよう別棟を用意したようです。

このように当時の女工たちは、風紀が乱れがちだと思われていましたし、実際、そういう面もあったと思います。しかしながら、何百という若い女性が寄宿舎に押し込められていれば、工場外の若い男たちがちょっかいを出してきても不思議ではありませんし、工場内には若い男工もいたわけですから、そこに男女関係が生まれても当然です。男工よりも女工のほうが圧倒的に多かったので、男工をめぐって争いが生じることもあったでしょう。明治から大正にかけての紡績工場には、こうした状況が一貫して見られたはずですし、そうしたなかでこそ、女工たちのハビトゥスが形成されていたように思います。

「逃走」から「争議」へ

女工たちは当初、過酷な労働環境に耐え難くなると集団逃亡していました。ところがそれが、一九一〇年代頃から変化します。雇用主に労働運動によって対抗するようになっていくのです。彼女たちは、待遇改善を求めてストライキを行い、会社と交渉し始めます。

ごく初期ですが、大阪の天満紡績会社では一八八九年、女工によるストライキと団交が行われています。同社の女工たちは、賃金引上げを要求すべく以前から相談し、この年の九月になると、休み時間におよそ三〇〇人の女工が食堂に集まり、「今日こそ賃金引上げの請求を為すべしと相談〕し、就業時間になっても誰も工場に戻って来ないので、不審に思った役員が見回りをしたところ、女工たちが集会を開いていて、やにわに五、六人の女工たちがその役員を取り囲み、賃金を上げるよう迫ったというのです。

一九一〇年代になると、こうした例が頻発していきます。たとえば、一九一四年から翌年にかけて日清紡績で内紛が起き、女工たちから信頼されていた監督者が辞任に追い込まれると、これを不満に思った女工たちは、その監督者と「袖を分《わか》つを悲み悲哀の感情一時に勃発し二、三十人の工女等夜暗に乗じて無意識に玻璃戸《がらすど》を打破る抔《など》女にあられもなき暴行を敢てする」(「読売新聞」一九一五年八月三一日)状態となります。また、一九一九年五月四日の読売新聞は、各地の「紡績女工が現に会社から支給されている食糧補助即ち臨時手当を本給に繰り入れて貰ひたいとの要求」を示威運動していたことを伝えています。

一九二〇年代、女工たちの労働争議はさらに活発化し、「一国の産業をその繊手《せんしゅ》に支へてゐる婦人労働者は年一年と増加し現に労働組合に加入してゐる数《すう》は昨年末の統計によれば三十万八千九百人の労働者中一万二千十人に達して居ります。そしてまだ加入しない全国の婦人労働者の数は約百五十万人を越えてゐると云はれてゐます。特に紡績、製糸、織物及び染色加工等はその従業員の八割は婦人」となり、当然、女性の労働運動も活発化、「近年婦人の自覚と事業の不振とでその労働争議は目立つて」(「読売新聞」一九二九年五月一四日)きたと報じられていきます。

もはや女工たちは、物を言わず監督者に従うだけの少女たちでも、困難に直面すると職場から

図6―2　東洋モスリン亀戸工場での争議　1927年5月30日、同工場では「女工外出自由」を獲得、大日本紡績も同年6月、「かごの鳥を救え」のプラカードを掲げストに突入した（1927年6月撮影）。毎日新聞社提供

姿を消してしまう少女たちでもなく、集団で男性監督者に抗い、彼らを詰問する存在でした。一九二〇年代末、浅倉製糸の女工たちは「賃金の相当値上げと外出の自由及び給料の毎日発表」を雇用者に求めます。彼女たちが「外出の自由」を要求したのは、「資本家が保護と称して女工をかんきんすること」への反対でした。他方、「給料の毎日発表」は、「経営者が毎日不定の賃金を定め、月末に今日はこれだけと勝手な算定をもとに支払ふこと」を止めさせようとしたのです（同前）。

会社の横暴に対して彼女たちは、実力行使に至ることもありました。たとえば、一九二七年七月二六日の読売新聞には、次のような記事が載っています。「自動車三台に無理やりに寄宿内の女工を分乗せしめ川崎工場に送らんと一騒動を起した府下小名木川の富士紡争議は二五日正午頃会社では帰郷せんとする一部の女工に対し其準備を急いで居たところ、何等手当もなく漠然帰郷さすのは不当であると織部《しょくぶ》の女工は手当及び積立金支払を叫んで結束して立ち工場の塀を破ってかん声を挙げて辛島工場長宅を襲ひ折柄辛島不在のため一隊は尚も事務所を襲撃したが居合せた警官に制せられ追散らされるなど一時は中々の騒ぎであつた」。

富士紡績での争議は翌年まで続き、女工たちが夏恒例の「盆踊りを踊りながら二千の女工の大示威運動」を計画していると情報が会社側に流れ、戦々恐々の状況となっています。報道によれば、「煽動するものもあるので争議はなほ紛糾する模様だが、今《こん》十五日夜《よ》は恒例により工場内の広場に全女工二千余名が何れも盆踊りを行ひ、各地お国自慢の節拍子面白くローカルカラーを発揮するが、この際巧妙な方法で示威運動を行ふといふ噂もあるので、会社側では川崎署と共に厳重警戒」に当たっています（「読売新聞」一九二八年七月一六日）。会社側が女工たちの動向をつかみ切れず、彼女たちの団結を恐れていたことが読み取れます。

一九二〇年代には、こうした労使間の衝突は、他の紡績工場でも頻発しています。大日本紡績では一九二七年に南千住の工場で大規模なストライキが発生し、工場内のすべての機械の運転が止まりました。四五〇人の従業員が集会を開き、経営側に対し八カ条の要求を決議しています。それに対して同社は、「待遇改善問題は全国一六の工場に関連しているから単独の解決は不可能であり又労働組合は認めない、馘首者の復職は出来ない」と強硬な態度を崩しませんでした。さらに会社側は、女工たちを集会に参加させまいと「数十名の女工を倉庫に監禁」していたことが明らかとなり、争議団は「人権蹂躪の抗議」をするに至ります。

こうして紛争は過熱し、争議団は「約三千名の参加者を以て当日（七月三日）正午頃、会社の前より白鬚橋《しらひげばし》を渡つて鐘紡の前を過ぎ荒川の放水路の堤まで示威遠足」、つまりデモ行進を実施。さらに、同年七月一五日には争議団本部の前に約四〇〇人の男女職工が集まり、リーダーが次々に会社を弾劾する演説をするなか、危険を感じた南千住署の警部が解散を命じると、労働者たちは「警官隊を包囲して殴打騒ぎになり、巡査をドブに突き込むやらの騒ぎに急報に接して南、北千住署、坂本、上野、象潟日本堤署《さきかたにほんづつみ》などから応援巡査が駆けつけ、午後十時半まで百四十名を各署に検束したが、中に女工八名も加はつて」いました（「読売新聞」一九二七年七月一六日）。

「争議」から「バレーボール」へ

このように過熱化する労働争議を前に、紡績企業は労働者の扱いを変えていきます。その先陣を切ったのが、武藤山治率いる鐘淵紡績《かねがふちぼうせき》でした。武藤は愛知県の豪農の長男として一八六七年に生まれ、慶應義塾卒業後に渡米、たばこ製造工場の見習い職工、皿洗い、庭師などをしながら苦学を重ね、帰国直後の八七年に武藤家の養子になります。ジャパン・ガゼット新聞社に勤務した後、九三年に三井銀行に入行。翌年、三井傘下の鐘淵紡績の兵庫工場支配人に抜擢され、手腕を発揮していきます。彼が打ち出したのは労使協調路線で、経営者が率先して労働者の待遇改善を進め、福利厚生施設を設けていきました。こうした諸改革により業績は上向き、鐘淵紡績は大企業になっていきます。

　武藤が打ち出した労使協調路線の背景には、キリスト教的な考えがあったと、ミュージシャンでエッセイストの寺尾紗穂が書いています。[14]たしかにアメリカ留学時に武藤は、様々な職業を経験するなかで、アメリカの工場労働者の生活にも触れたはずです。キリスト教が生活の中にいかに根づいているかも実感したことでしょう。そんな武藤からすると、労働運動が激化する当時の日本で、これに対抗できるのはキリスト教的博愛以外にないと思えたでしょう。こうして武藤は、職工の待遇改善こそが最善の投資だと考え、時代に先駆けて温情主義を実践していきます。

　武藤の先駆的経営には遅れますが、一九一〇年代、女工たちの集団的主体化の動きを前に、各地の紡績工場は女工の寄宿舎や労働条件の改善に努め、若い女性労働者を馴致していくための措置を講じ始めます。そこで重視されたのが、女工に「安全な慰安」を与えることでした。たとえば、前述した一九一四年から一五年にかけて日清紡績の内紛でも、新しい経営陣は、職工たちに騒ぎが拡大し、彼らが「暴動せんことを怖れ、十九日には職工一同に休暇を与へ、会社の境内《けいだい》にある娯楽場にて浅草の阪東《ばんどう》カツミ一座を招き芝居を演じ二千五百名の男女工に見物せしめ以て其の懐柔を努め」ました（「読売新聞」一九一四年七月二〇日）。

　こうして大正中期には、各地の紡績工場で「女工等は何れも女学校の寄宿舎といった工合の規則正しい団欒的な生活を営まされる上に、地方局長官の認可を受けて尋常小学校を卒業してない者には教育も亦娯楽時間も授けたり致しますので、心がけのよい婦人は次第に二年三年を辛抱して嫁入支度でも拵えた上出てゆくもの、又は年をとってもそれぞれ監督などになって社内に暮らすもの」が増えていきます（「読売新聞」一九一九年一月二四日）。

そして一九三〇年代以降、紡績工場の女子工員たちのリクリエーションとしてとりわけ重視されたのがバレーボールでした。大正中期以降、社内スポーツへの関心が高まりを見せ、なかでも繊維産業ではバレーボールのチーム作りが全国的に行われます。その結果、三〇年代後半、繊維産業の現場から多くの強豪チームが出てきます。

実は一九三〇年代の前半頃までは、女子のバレーボール競技では高等女学校のチームが圧倒的に強かったのです。もともとバレーボールはアメリカ生まれの競技で、そうした競技で強かったのは設備もありコーチもいる学校の方でした。そしてもちろん、裕福な家の子でなければ、高等女学校には進学できません。ところが、三〇年代後半から、全国大会に出場した紡績工場の女子チームが、高等女学校の強豪チームを次々に打ち負かしていきます。前者と後者では、明らかに出身階層が異なりましたから、これは一種の文化的な階級闘争でした。

かつてはまるで歯が立たなかった、中産階級の子女たちの高等女学校チームを、今は紡績工場のチームが圧倒するようになったのです。そうしたなかで、その工場の代表チームのメンバーにはなれなくても、同じ工場に勤める多くの女子従業員が、自分たちのチームを熱狂的に応援し、ついに代表的な工場の強豪チームはどんどん強くなっていきます。このプロセスは戦後も続き、ついに

図6―3　**東京五輪・「東洋の魔女」の祝勝会**　東京五輪バレーボール女子で優勝を果たし、祝勝会に臨む日本チーム（1964年10月24日撮影）　©時事

一九六四年、東京オリンピックで大日本紡績貝塚工場の代表チームが、「東洋の魔女」の呼び名通り金メダルを獲得して世界制覇するのです。

つまり、「東洋の魔女」は偶然の産物ではなく、一九三〇年代ぐらいからの、紡績工場の女工と中産階級の子女との文化的階級闘争の帰結でした。それはまた、雇用主にとってバレーボールが、女工たちが労働組合運動へのめり込まないように管理する有用な文化装置でもあったことの帰結でもありました。一九六四年に多くの日本人を熱狂させた「東洋の魔女」は、日本の紡績女工たちが最終的に辿り着いた到達点でもあったと言えるでしょう。しかし、ここに問いが残ります。金メダル獲得後、彼女たちの多くの語りがメディアを賑わせていくことになりますが、それらの語りは文字通り「勝者の語り」です。それでは、彼女たちが過去のものとしていった「敗者の語り」は、東京オリンピック後の日本でどのような位置を占めていくことになったのでしょうか。

3　女工たちは語る

『女工哀史』を語ったのは誰か？

女工たちの語りについて論じてきた最後に、再び細井和喜蔵の『女工哀史』に戻ってみたいと思います。なぜならば、ジェンダー的な視点から見直したとき、この本には女工をめぐる複数の異なる声が対立的に反響しているように思えるからです。

一方で、この本で細井は、女工が置かれた状況を網羅的かつ社会学的に語ろうと努めています。全一九章から成るその構成を見ても、第一章から第六章までで当時の女工労働の全体像を見通しており、章題は「その梗概」「工場組織と従業員の階級」「女工募集の裏表」「雇傭契約制度」「労働条件」「工場における女工の虐使」と続きます。そして第七章以降で、女工の人生に肉薄する記述をテーマ別にまとめています。「彼女を縛る二重の桎梏」「労働者の住居および食物」「工場設備および作業状態」「いわゆる福利増進施設」「病人、死者の惨虐」「通勤工」「工場管理、監督、風儀」「紡織工の教育問題」「娯楽の問題」「女工の心理」「生理ならびに病理的諸現象」「紡織工の思想」といった章題が続きます。

このうちたとえば、第一六章「女工の心理」では、「女工特有の表情動作」として多くの事例が紹介されます。その幾つかを挙げると、「彼女たちの顔は非常に暗い」「体は非常にいじけている。そして物事をなすに当っておっくうらしいしなを見せる」「ごく些細な事柄で怒った場合、普通人の倍くらい厭味《いやみ》な眼つきをする」「別段可笑《おか》しくもない事柄を、実にキャラキャラと笑いこける」等々[15]。このように、生々しい生態が書かれていますが、それを書き留めたのが、男性職工の細井であったということが、問われるべきポイントとなります。

一般に、『女工哀史』の特徴は「女工の立場に立った〈圧制な工場制度〉の告発」にあるとされます。そして、「これは著者自身が一四歳のころから一五年間紡績工場の下級職工として働いた経歴をもち、本書がその当時の体験をもとに書かれたという事情と無関係ではない」とされるのです（平凡社『世界大百科事典』）。だからこの本は、女工たちの立場から書かれていると評価されるのですが、しかし細井自身は男性職工です。前述した「女工の心理」の叙述にも、色濃く男性的眼差しが介在しています。

しかし、話はそれほど単純ではありません。実は、この本は細井が一人で書いたものではなかったのです。彼は高井（堀）としをと事実婚の関係にあり、としをは女工としての自身の体験を細井に伝え、細井の執筆を助けていました。としをは、岐阜県の貧しい家の生まれで、小学校にはほ三カ月しか行っていません。一〇歳で紡績工として働き始めますが、生活費を除けば収入はほとんど残りませんでした。一九二〇年、ストライキに参加していたところ、労働者の団結、生活の向上などを訴えるビラを目にし、意を決して身の回りの品を売って旅費を捻出、上京して東京モスリン亀戸工場に入社したそうです。

この工場は当時、紡績産業における労働運動の拠点の一つでした。翌二一年、ストライキを通じて細井と出会い、同棲生活を始めます。この時点で細井は既に『女工哀史』を書き始めていましたが、病弱だったため職を失ってしまいます。そんな細井の生活を支えながら、としをは女性しか立ち入れない工場の寄宿舎での逸話などを細井に語って聞かせ、執筆を支援します。

細井自身も職工でしたから、そこがどういう世界で、工場がどういう仕組みであるかは当然、知っていました。しかし、女性たちが生活する寄宿舎の中には立ち入れませんから、女工たちの生の声、その感覚は知り得ません。こうした状況にあって、としをは決定的なインフォーマント（情報提供者）の役割を果たしたと言っていいでしょう。そこで得た種々の情報が盛り込まれることで、細井の本は、横山源之助や農商務省の本にはない、当事者の語りに満ちた一冊となったのです。だからこそ、これが一九二五年に刊行されると、大きな反響を巻き起こしていきます。

ところが細井は、『女工哀史』完成直後に亡くなっています。婚姻届を出していれば、莫大な印税がとしをに入っていたはずですが、事実婚でしたから、彼女には一銭も入ってきませんでした。としをは細井との間に子どもを一人もうけていましたが、夭折しています。こうして、としをに残されたのは、「『女工哀史』の著者の妻」という有名性だけでした。

しかしそれは、一九三〇年代の、ファシズム下の日本ではプラスには働かず、むしろ危険思想の持ち主だと見られ、就職にも苦労したようです。やがて彼女は再婚しますが、その夫も敗戦の翌年、一九四六年に亡くなってしまい、女手一つで五人の子どもを育てます。それでも女性の労働運動に関わり続け、一九八三年に生涯を閉じています。
このことを踏まえて『女工哀史』を読み直したとき、この本には、「誰が女工を語るのか」という問いについての非常に敏感な、そして強いメッセージがいくつも書き込まれていることに気づきます。実際、本の中では役所や工場の管理者が実施する様々な調査に対する強烈な不信感が何度も表明されているのです。たとえば、次のような記述があります。

女工――「彼女たちの空虚な魂を満たすに足る何ら高尚な精神的慰安がない故、おのずと醜悪低劣な現実的恋に、その遣る瀬《やせ》ない魂の避難所を見出すのだ。従って彼女を肉的堕落の深淵から救いあげるには高尚な娯楽機関の設置が急務である。芸術的趣味の涵養《かんよう》がいい。」とこんなことを言う政策家がある。しかしながら彼らの言う「高尚な精神的慰安」とか「醜悪低劣なる恋」とか「堕落」とかは、どれ程の倫理的根拠および比較的論拠があるものかそれを疑うのである。／恋が醜悪だというなれば独り女工の恋ばかりに限らず、すべての恋は醜悪であらねばならぬ。また現にすべては醜悪だ。その醜悪な人間社会で彼女だけが何故に清浄であらねばならんのだ。社会はそんなことを彼女に要求する権利がない。[16]

このように、女工を語る主体に対する「ノー」を突きつけている記述は他にもありますが、こうした点が、横山源之助や農商務省などが行った、従来の調査にはなかった点なのです。

その極めつけが、細井がとしをの協力で集めたと言われる「女工小唄」です。これは女工たちが当時、仕事中に歌っていた歌を収集したものですが、これを読むと、隠喩的な形で女工たちの心情が見事に表現されていて、そのような形でサバルタンの女性が語っていたことが見えてきます。もちろん、それは直接的な語りではありません。しかし、『女工哀史』には、としをという媒介者を通じ、そうした語りが何重にも織り込まれています。

こうした語りの構造は、天田愚庵と清水次郎長の関係にも、東京の貧民窟を踏査した桜田文吾と、その木賃宿で出会った「八十余の乞食翁」との間にもある程度は見出すことができるでしょう。同様の構造が、『女工哀史』における細井和喜蔵とパートナーだった高井としをとの間にも成立していたと思います。としをが女工として経験した世界を細井和喜蔵に語り、それを細井が本に織り込むことによって、女工の語りの痕跡は残ったのです。

重要なのは、ここには当事者（＝インフォーマント）と記述者（＝エスノグラファー）という二種類の登場人物が結びついていることだけではありません。たしかに、これまで論じてきた無宿の渡世人や東京の貧民、そして殖産興業のなかで東京に寄せ集められた女工たちの声が、現在、私たちがそれを読むような仕方で残ったのは、天田愚庵や桜田文吾、松原岩五郎、そして細井和喜蔵のような記述者がいたからです。しかし、その天田や桜田は、同じように戊辰戦争の敗者でしたし、細井は職工として貧しさのなかで死んでいった人物でした。

つまり、これまで論じてきた意味で、語り手は「敗者」の眼差しから明治維新や東京、さらには近代産業化の暗部を語ってきたのです。ですからここでは、当事者と記述者の関係そのものが、近代日本や東京の発展のいわば裏側に重層していることになります。「敗者としての東京」を語る都市のトポロジーが、明治大正期を通じて存在したのです。

女工たちは語っていた

このような語りの重層的なトポロジーのなかで、女工たちも、あるいは貧民たちや博徒たちもたしかに語っていたのだと、私はこの第Ⅱ部の最後であえて主張しておきたいと思います。女工たちの語りについて、この点を見事に証明して見せてくれたのは、フランスの日本史研究者として『『女工哀史』を再考する』（京都大学学術出版会）という労作をまとめたサンドラ・シャールです。彼女は、一九七〇年代あたりまでの女工研究が、あまりに繊維女工の出身地である農村の貧困と資本主義の関係を理解することに関心を集中させてきたために、女工たちを「悲惨な運命を強いられた弱者」としてのみクローズアップしがちになり、彼女たち自身の生活世界を十分に内在的に捉えてきていなかったと批判します[17]。

それが八〇年代以降、ジェンダー・スタディーズの浮上によってそれまでの社会経済史中心の女工研究は脱構築されていくことになります。しかし当初、その多くは「家父長制的社会構造を強化するために用いられたレトリックに焦点を当て、女性労働者、ひいては女性一般を被害者と見る見方を再生産」する傾向がありました。しかし、同じ八〇年代以降、既存の「女工＝被害者」的な認識構図を組み替えていく様々な動きが展開していきます。

たとえば、ある人々は「女工がただ被害者としてその悲惨な運命に殉じた「無抵抗」な受け身的存在であるわけでもないということを示」そうとし、また別の人々は「女工という経験には辛い側面のみではなく、ポジティヴな側面も確かにあった」ことを示そうとしたのです。[18] つまり、前者は女工たちの〈主体性〉の浮上に関心を向け、後者は農村の女性たちが「女工」の経験を通じていかに〈近代性〉を身につけていったかを論じたのです。

こうした日本での動きに対し、シャールはアナール派の社会史、とりわけピエール・ノラの「記憶の場」をはじめとする議論などで培われてきた視座から、女工たちの語りを語りとしての歴史をめぐるミクロな文化政治学の問題として考えていくことの重要性を強調します。すなわち、「既存の史料や歴史書などの中で表現されている情報の多くが権威者またはエリートによって叙述されたものであるが故に、被特権層、庶民、貧困層、つまり「無声」の弱者の視点はしばしば排除されている。このため、「無声」の弱者について伝えられているイメージは、頻繁に、弱者自らの力ではコントロールできない権威者またはエリートの支配の下に置かれており、彼らの「まなざし」に大きく左右され」てきたのです。[19] 前章からの議論でいうならば、これはまさにスピヴァクが提起してサバルタンの語りの可能性の問題です。

そこでシャールは、「女工たちが自身の経験について語る声に注意深く耳を傾けることによって、彼女たち自身の生活世界について、これまで外側から語られてきたよりもニュアンスに富んだ豊かな表象、おそらくよりポジティブでもあるだろう表象」を描き出すことに注力していきます。[20]彼女が考察の対象としたのは、女工たちが職場で歌っていた「糸ひき歌」です。すでに述べてきたように、女工たちの歌声は、そもそも横山源之助が『日本之下層社会』で注目し、細井和喜蔵＝高井としをが『女工哀史』で「女工小唄」として採集していたものでした。シャールが特筆するように、近年ではパトリシア・E・ツルミやマリコ・タマノイ・アサノら一九八〇年代以降の北米の日本研究の流れのなかで台頭してきた批判的研究において、そうした女工たちの歌が抵抗の語りとして注目されてきました。[21]

またここで付け加えるならば、北米の日本研究の文脈では、これらの女工の語りに注目した研究は、同じ頃、大都市のカフェ女給たちの語りに注目した今は亡き畏友ミリアム・シルバーバーグの研究にも通底していました。[22]これらの一九八〇年代から九〇年代にかけての北米の研究を引き継ぎつつ、シャールは女工たちの歌声をより長い歴史的文脈から「糸ひき歌」としてカテゴライズし、現代的なテクスト分析や言説分析の方法を視野に入れ、「歌われる記憶」の問題、つまりは弱者のナラティブの問題へと展開させたのです。

シャールが論じるように、糸ひき歌は製糸女工たちが仕事の際に歌うもので、女工たちの共同体のなかから発生してきたものです。この発生の内在性において、その歌詞やメロディーは、特定の過去の時間を生きた人々の、直接的で状況的な感情を凍結させたものと見なすことができます。シャールはこのことから、「女性労働者は、工業化が彼女たちの生活と自己意識に与えた影響をどのように意識していたか、さらに、それに適応／抵抗するためにどのような戦略を用いたか」を、糸ひき歌から明らかにできるはずだと述べます。[23]

彼女がここで「戦略」と述べているのは、ミシェル・ド・セルトー流に言うならば、むしろ「戦術」と呼べるでしょう。セルトーによれば、戦術とは「相手の持ち場の全貌もしらず、距離をとることもできないままに、ひょいとそこにしのびこむ」やりかたの技法です。というのも、「弱者は自分の外《エトランジェ》にある力をたえず利用しなければならない」わけで、「いい機会だとおもえば、さっそくそこで、さまざまに異なる要素をいろんなふうに組み合わせる」のです。そしてこのような戦術は、「地域の安定性が崩壊してゆくにつれその数をふやし、そのさまは、もはや一定の共同体にしばられることもなく軌道をはずれてさまよっているかのよう」です。[24] セルトーは、女性労働者のことを論じているわけではないのですが、しかし彼がここで「戦術」と呼んでいるものは、糸ひき歌にもぴったり当てはまります。

さらに言うなら、ここでのシャールの視座が、かつて鶴見俊輔が提起した限界芸術論の地平の延長線上にあることも明白なように思われます。終章で述べるように、鶴見の視座は本書の敗者論の根底にあるものですが、彼は「限界芸術」の重要な例として「替え歌」を挙げていました。製糸女工の歌には農村の子守りたちの歌からの替え歌があり、また当然ながら、製糸女工と紡績女工の歌には多くの重なりがありました。シャールは実際、多くの「糸ひき歌」が同時代の流行歌の替え歌であったことも示しています。たとえば、昭和初期に流行した「ああそれなのに」

（星野貞志作詞、古賀政男作曲）とか、あるいは大正末の映画『ストトン』の主題歌「ストトン節」（添田さつき作詞作曲）、やはり大正末のヒット曲の「籠の鳥」（千野かほる作詞、鳥取春陽作曲）などの替え歌が、女工たちによって歌われていました。[25] つまり女工たちは、マクルーハン的な意味での印刷＝視覚革命に回収されない、聴覚的な言語生成の回路を、共同的なリズムやメロディー、語呂合わせ的な言葉を口ずさむ文化としてかなり後まで保持していたのです。

さて、厳密に言えば、「敗者」と「弱者」は同じではありません。「敗者」とは、外からの征服者により占領され、それに従属することを強いられるか放逐されるかした人々です。他方、ここで「弱者」というのは、近代資本主義の発展過程で収奪ないしは搾取されてきた都市下層や女性労働者、社会的マイノリティのことです。日本の場合、両者のずれがだいぶ目立ちますが、南北アメリカ大陸やアフリカのようにヨーロッパの植民地主義が強烈に機能した地域では、人種やエスニシティと階級構造が深く絡まり合っていますから、「敗者」と「弱者」の相関が強くなります。したがって、「敗者」と「弱者」はまったく関係していないということもなく、緩やかに結びついているとも言えます。両者が常に一致するということはありませんが、敗者は幾分か弱者に通じ、弱者は幾分か敗者に通じる、そのような構造的な付置があり、「敗者／弱者」の語りはその付置のなかで発せられてもいるわけです。

これまでこの第Ⅱ部では、東京の第二の占領における敗者とは誰だったのか、その敗者たちの記憶はどのように抹殺され、すり替えられ、再想起されてきたのかを振り返るところから出発し、大きく博徒や無宿人の語り、貧民の語り、女工の語りの三つのタイプの敗者／弱者の語りとその付置について考察してきました。スピヴァクを参照しながら、前章では「貧民窟の住人は語ることができるか」、この章では「女工は語ることができるか」という問いを探究してきましたが、その答えは基本的には肯定的なものです。個々の貧民窟の住人や紡績工場の寄宿舎にいる女工たちがどこまで語れたのかという問題はありますが、明治大正の東京には彼らの語りを成り立たせるメディア地政学的な付置がたしかに存在し、そのような構造的な付置を「敗者としての東京」は深く方向づけていたというのが本書の考えです。

第Ⅲ部

最後の占領とファミリーヒストリー——近景

第7章　ニューヨーク、ソウル、東京・銀座——母の軌跡

三度目の占領と歴史の遠近法

都市の歴史は占領と征服の歴史です。民族Aが形成した都市を民族Bが征服して領土を拡大し、その都市を民族Cがさらに征服する。一般に、新たな征服者はそれまでの都市の記憶を徹底的に抹消します。たとえば、一六世紀にコルテス率いるスペイン人たちがアステカ帝国の首都を占領したとき、彼らはこの「都」を徹底的に破壊し、その瓦礫の上にキリスト教会を中心とするスペイン帝国の植民都市を建設していきました。

大江健三郎はかつて、そのメキシコのある都市で、東ドイツからの亡命者が街の中央にある教会堂を指さし、「あれはなお建造中であったピラミッドの石材を、スペインの征服者にしたがって来た『牧師様』が運びおろさせて建てたのだと、自然な怨嗟《えんさ》をあらわして」語るのを聞きました[1]。先住者の荘厳な建造物は、征服者の都市の材料として粉々にされたのです。当時は冷戦期、亡命者の脳裏には、ドイツの都市が連合軍の空爆でこなごなにされ、その後はスターリニズムの支配を受けてきたことへのやるせない思いがあったかもしれません。

他方、日本の都市では、征服された者たちの痕跡が様々な仕方で残ってもいます。なかでも東京は、一五九〇年の徳川による占領、一八六八年の薩長による占領、一九四五年の米軍による占領という三度の占領を経ながらも、その凹凸をなす地形と結びついて過去の敗者たちの記憶が地層をなし、それがこの都市の最大の魅力となってきました。

ここにおいて、私は敗者が必ずしも弱者ではないことも強調してきました。たとえば二度目の占領に際し、幕府方の彰義隊は壊滅させられましたが、清水次郎長も都市の貧民たちも、女工たちも、近代化のなかで周縁化されながらも、その逞しい心意気と軌跡が、天田愚庵や桜田文吾、松原岩五郎、横山源之助、細井和喜蔵らによって語られてきました。

そうしたしぶとさの延長線上で、三度目の占領、すなわち米軍による東京占領に目を向けることが可能です。この占領により、赤坂や六本木、青山などにあった日本軍施設は接収され、米軍施設となります。軍都東京は在日米軍の拠点へと転換し、その米軍施設が置かれた地域は、やがてアメリカ文化の発信地となったのです。そして一九六四年には東京五輪が開催され、そのために都心の米軍施設は返還され、オリンピックシティ東京の中枢となっていきました。

しかし、マクロなレベルでこの第三の占領がどれほど効果的に東京の戦後風景を変化させたか、また戦後東京がこの占領者アメリカをどれほど深く内面化していったかを検証する一方で、占領者の眼差しを受け入れながら、人々がいかにしたたかな敗者として振る舞っていったかに気づいていくことも大切です。そしてこれは、マクロな視座からではなかなか見えてこない、それぞれの個人史や出来事においてのみ浮上することとも言えます。

ここで、私は歴史の遠近法を導入したいと思います。本書の第Ⅰ部で、縄文や弥生の世まで遡行し、列島の文化が渡来人たちによって育まれていく過程や、その渡来人と土着民が結びついて形成されたクレオール的秩序が、頼朝から家康までの武家政権に征服されていく過程を描いたのは、いわば歴史の遠景です。この遠景では、個々の人々の固有性は見えてきません。徳川の占領でも、家康や天海、何人かの武士や商人のことはわかりますが、征服された先住民たちの人生も、また江戸に集まってきた雑業民の人生もわかりません。

ようやく第Ⅱ部で描いた第二の占領の時代、彰義隊の戦死者だとか、次郎長のような渡世人の人生が多少はわかってきます。それでもこの時代、女工や貧民となるとはるかに匿名性が高まります。これらの人々の発話の痕跡が、横山源之助から細井和喜蔵までを聞き手として得たことで辛うじて断片として残り、私たちは彼ら貧しき者たちの暮らしぶりや感情の動きを想像することができるのです。歴史の遠近法で言えば、これは中景です。

第三の占領は、私たち自身の同時代史で、遠近法で言えば近景です。個々の人生や出来事が明確な輪郭を持つようになりますが、逆に言えば、視点を少し変えただけで見える風景がまったく違ってくるのです。もう無限に複数的な歴史が存在するわけです。ですから、この近景の歴史では、誰がどのような視点から語るかによって情景が大きく違う、むしろそうした語り手のポジショナリティと語られることとの関係が決定的な意味を持ってきます。

別の言い方をすれば、同時代についての語りは、半ば必然的にローカルな語りです。その根本は当事者の語り、つまりオーラルヒストリーになるということです。今でも第三の占領を経験した多くの人がご存命です。しかし、ここは微妙で、もうこの世を去っているような場合も少なくありません。しかしその場合でも、戸籍謄本やアーカイブ資料によって、家族やよく知る人の人生をたどり直してみることは、ある程度までは可能です。

　そこでこの第Ⅲ部では、私は思い切って私自身の家族や親族についての、第三の東京占領史を語ってみたいと思います。これはある種のファミリーヒストリーの試みですが、具体的には、母や祖父母、いとこ叔父、曾祖父などに話が及んでいくことになるでしょう。

母、ニューヨークで生まれる

　私の母は、二〇〇二年に七二歳でこの世を去っています。彼女が生まれたのは一九三〇年二月、ニューヨークです。母には二歳年上の兄がいて、彼も生まれはニューヨークでした。戸籍には、「亜米利加合衆国ニ於テ出生国籍ヲ留保セサルニ付国籍喪失ノ處」、帰国後に届出が認められ、日本の「国籍回復」と書かれています。なぜ、彼らはニューヨークで生まれたのでしょうか。理由は、彼らの両親、つまり私の祖父母が一九二五年三月に結婚後、翌二六年から二七年にかけてのどこかで一旗揚げようとの思いで渡米したからです。

　私の祖父は、山口県徳山の造り酒屋の三男坊だったと聞いています。一方、祖母は淀橋区東大久保で育っています。この祖父母がアメリカで何をしようとしていたのかはわかりません。実家が酒屋ですから、酒の取引に関係する商売を考えていたかもしれませんが、もしもそうなら、筋のいい話ではありません。アメリカでは一九二〇年に禁酒法が制定され、三三年に廃止されるまで、酒類の製造・販売・輸送が禁じられていたからです。しかも、一九二四年に排日移民法が制定され、日本人への迫害が強まっていました。まさにその直後に祖父は彼の地で起業を試みたのですから、向こうっ気が強い人だったのでしょう。しかしタイミング悪く、二九年一〇月二四日の木曜日に始まった世界恐慌に遭遇し、すべてを失うことになります。

幼少期の私の記憶ですが、大きな船の甲板で、若い祖母が赤ん坊の母を抱いている写真を見たことがある気がします。その写真で祖母は大きな帽子をかぶって、モダンガール風だったような気がしていて、それが印象的で、かろうじて記憶に残っているのです。ただ、祖母の遺品はずいぶん前に失われてしまい、その写真も紛失してしまいました。

祖母は私が若い頃に世を去っていますし、祖父には後述する事情で一度しか会っていませんので、今となっては彼らがアメリカでどんな経験をし、日本にどう帰国したかを私は知りません。

当時のアメリカには、約七万五〇〇〇人の中国系移民、約一四万人の日系移民、約五万六〇〇〇人のフィリピン系移民がいました。つまり、当時のアジア系移民のなかで日本人は圧倒的に数が多かったのです。しかも日本人の場合、企業家として活動するケースも多かったようですから、アメリカの白人社会にとっては日本人が最大の脅威でした。

当時、アジア系移民の多くは、サンフランシスコ、シアトル、ロサンゼルス、ニューヨークの四都市に集中していました。大恐慌は、その都市移民の生活を直撃します。たとえば、ニューヨークの中国系移民には洗濯屋になる者が多かったのですが、大恐慌後、収入は半分ほどに減ったようです。当時はアメリカ社会全体に失業者が溢れ、アジア系移民は鬱憤のはけ口とされ、様々な暴力を受けたり、差別的な言葉を浴びせられたりしました。

こうして移民たちは母国へ帰るか、アメリカ人として残るかの選択を迫られます。祖父母の場合、渡米してまだ数年しか経っておらず、財産も失ってしまったため、早々に帰国を決意したでしょう。他方、祖父母よりも早くからアメリカで生活していた日本人には、この国に残る決断をした人も多くいました。しかし彼らには、やがて日米戦争が始まると強制収容所に送られ、財産の大半を失うというさらに厳しい未来が待ち受けていました。

祖父母の離婚とソウルでの女学校時代

祖父母は帰国後、私の母が四歳の時に離婚します。一九三四年のことですが、戸籍上では三八年に協議離婚と記載されていて、四年のずれがあります。両親の離婚後、母はまず兄とともに、山口県徳山の父の実家に預けられますが、そこではかなり冷遇されたようです。後に母が語ったところでは、おねしょをすると風呂場に連れて行かれ、ホースで水をかけられたと言います。手足に霜焼けができても何の手当もしてもらえず、皮膚が崩れてきて、それを見かねた近所の伯父さんが医者に連れていってくれたものの、その痕は長く残ってしまったようです。この徳山での幼少期は、母にとってひどく辛い日々でした。

約一年後、母が五、六歳の時、兄妹は、今度は東京の東大久保に住んでいた祖母の実家に預けられます。小学生になった母は、現在の歌舞伎町の裏手にある大久保小学校に通い始めます。当時、祖母は住み込みで働いており、その仕事が休みになるのは月に一度だけ、その日は昼には家に帰って、夜は祖母と、母の兄と母の三人で布団を並べて寝たそうです。ところが夜中に目を覚ますと祖母はもうおらず、母はよく布団のなかで泣いていました。

母が小学二年生になった夏、今度は祖父が兄妹を引き取り、ソウルへ連れて行きます。祖父はソウルの日本人街で洋酒業を始めていました。日本から樽酒を仕入れ、それを小瓶に分けてバーなどに卸す仕事だったようです。祖父の店は、ソウル中心部の桜井町（現仁峴洞）にありました。当時、明治町とも呼ばれたこの地区は、現在は大繁華街となっている明洞から東に一区画隔て、東西を貫通する黄金町大通りの南側に位置していました。

この頃までに祖父は再婚しています。母によると、その義母はとても優しかったそうですが、終戦後、人工妊娠中絶の失敗で命を落としています。その後、祖父はさらに別の女性と再婚します。戸籍謄本によれば、祖父は祖母と別れた後、四人の女性と結婚し、母が「とても優しい義母」と話していた女性とは死別、次に結婚した女性とは一年もせずに離婚、次の女性とは約二年で離婚し、さらに次の女性と結婚しています。常識的に考えて、この祖父にはかなり問題があったと思わざるを得ません。実は私は、後にこの祖父と一度だけ会っています。私が小学生の頃、孫に会いたがっていた祖父に、祖母には内証で、私と二人の妹を母が中華料理店で引き合わせたのです。なぜか、その記憶は今もぼんやりあります。

いずれにせよ、母は戦争末期まで、祖父が経営する店からソウルの小学校、そして京城公立第

図7—1 「京城市街　南大門通」 朝鮮総督府編『朝鮮鉄道旅行便覧』（朝鮮総督府、1924年）より（国立国会図書館蔵）

三高等女学校に通っています（この高等女学校は戦後、昌徳女子高等学校となっています）。当時、ソウルには約一七万人、朝鮮半島全体では約七七万人（北朝鮮二七万人、韓国五〇万人）の日本人が居住していました。彼らの本籍地は中国・九州地方が多く、祖父の本籍も山口県ですから、彼はこの時代に日本列島から朝鮮半島へ渡った典型的日本人の一人であったわけです。そして、母が高等女学校の第三学年の夏、戦争が終わります。

　植民地朝鮮で日本人の少女がどのように学校に通っていたかを考えるとき、母より三歳年上で、京城より南、釜山に近い大邱《テグ》《（たいきゅう）》で生まれ育った森崎和江のことを連想します。自伝的作品『慶州は母の呼び声』（ちくま文庫）で、彼女は女学生時代を振り返っています。植民地朝鮮では、日本人の通う学校と朝鮮人の通う学校は中等教育までは別々でしたから、同じ都市に住んでいても、朝鮮人の子と日本人の子が接触する機会は少なかったと思います。

もっとも森崎和江はとても活動的な少女だったようで、小学校の頃から、登下校のルートを外へ外へと拡張しています。なるべく回り道をして、その分、友達と遊びながら帰ろうという魂胆だったようです。クラスでもいろいろな子に気を配っており、色白で内気な子が内地から転向してきてクラスになじめないでいると、なにくれとなく声をかけていた様子が、著書に描かれています。[2] 私の母は転校生で、しかも相当に生真面目な性格でしたから、森崎和江のような子がクラスにいたなら、きっと声をかけられる側だったと想像します。

私は生前の母と、ゆっくり話をする時間があったのですが、不覚にも母のソウルでの生活の思い出を聞き損ねています。ただ母の死後、必要があって集めた縁者の戸籍から、彼女がソウルでいた住所は正確にわかります。以前、国際会議でソウルを訪れた際、かつて兄妹が暮らした場所を探し歩いたことがあります。町の風景はすっかり変わってしまい、古い建物は残っていませんが、道路の区画は植民地期と驚くほど変化していませんでした。

ソウル出奔と日本本土への引き揚げ

一九四五年八月一五日、大日本帝国は瓦解します。植民地には不穏な空気が広がります。母とその兄は、この年の五月頃まで銀座で小さな旅館を経営していた祖母と文通しており、祖母の居所を知っていました。そして同年一〇月下旬、母の兄は、家出して東京で暮らす祖母の元へ行くことを決意します。ある夜、隣の布団で寝ていた母に、お前も来いと同行を促してきたようです。東京行を決行する前日の晩、二人は朝が来たら、祖父に見つからないように家を出て、京城駅の隣の駅で落ち合う約束をします。母は着の身着のまま、何も持たずに家出をするのです。

こうして深夜の約束の翌朝、まだ夜明け前で人々が動き始めていない静寂のなかを、一五歳の母は、ソウル南方に聳える小高い南山《ナムサン》、その西北に広大な境内が広がる官幣大社・朝鮮神宮の長い急階段を左手にのぞみながら、京城駅の南隣にある龍山駅へと続く道を急いでいました。彼女は兄との約束に従って、父の店から義母や義兄弟を残してそっと家出をしたのです。母は後に、「義母さんは優しかったし、私はずっとあの家にいてもよかったんだけれども」と語っていました。しかし家出は、「本当のお母さんに会いたい」という兄の強い意志によるもので、その純真さ故に、後に彼は絶望を味わうことになります。

母が龍山駅まで徒歩で行くには、まず南へ進んで、東西に走る本町通りを西方向に進み、中央郵便局や朝鮮銀行のあるロータリーを経由して南大門通に出、鉄道路沿いを南下するルートがありました。南山の北西側を迂回していくことになるのですが、この本町通りの南側一帯には、憲兵隊司令部や警務総監部、旧朝鮮総督府跡、総督官邸、陸軍官舎などの施設が並んでいました。もう少し山側には、一九二〇年代に朝鮮神宮が建立される以前から、京城に移り住んだ日本人たちが建立した京城神社があり、さらに朝鮮神宮を経て南に行くと、その先には軍が戦中、龍山に建設した京城護国神社がありました。いわば、「民」「官」「軍」の占領者の神々が、南山の山麓にへばりつくように連なって鎮座していたのです。[3]

さらに龍山駅手前の南山と鉄道に挟まれた一帯には、京城最大の日本陸軍の兵営が延々と広がっていました。この兵営地は、もともと日露戦争に際して設置された日本軍施設で、それが韓国併合を経て広大な軍用地になったのです。戦後、この広大な軍用地は米軍に受け継がれ、在韓米

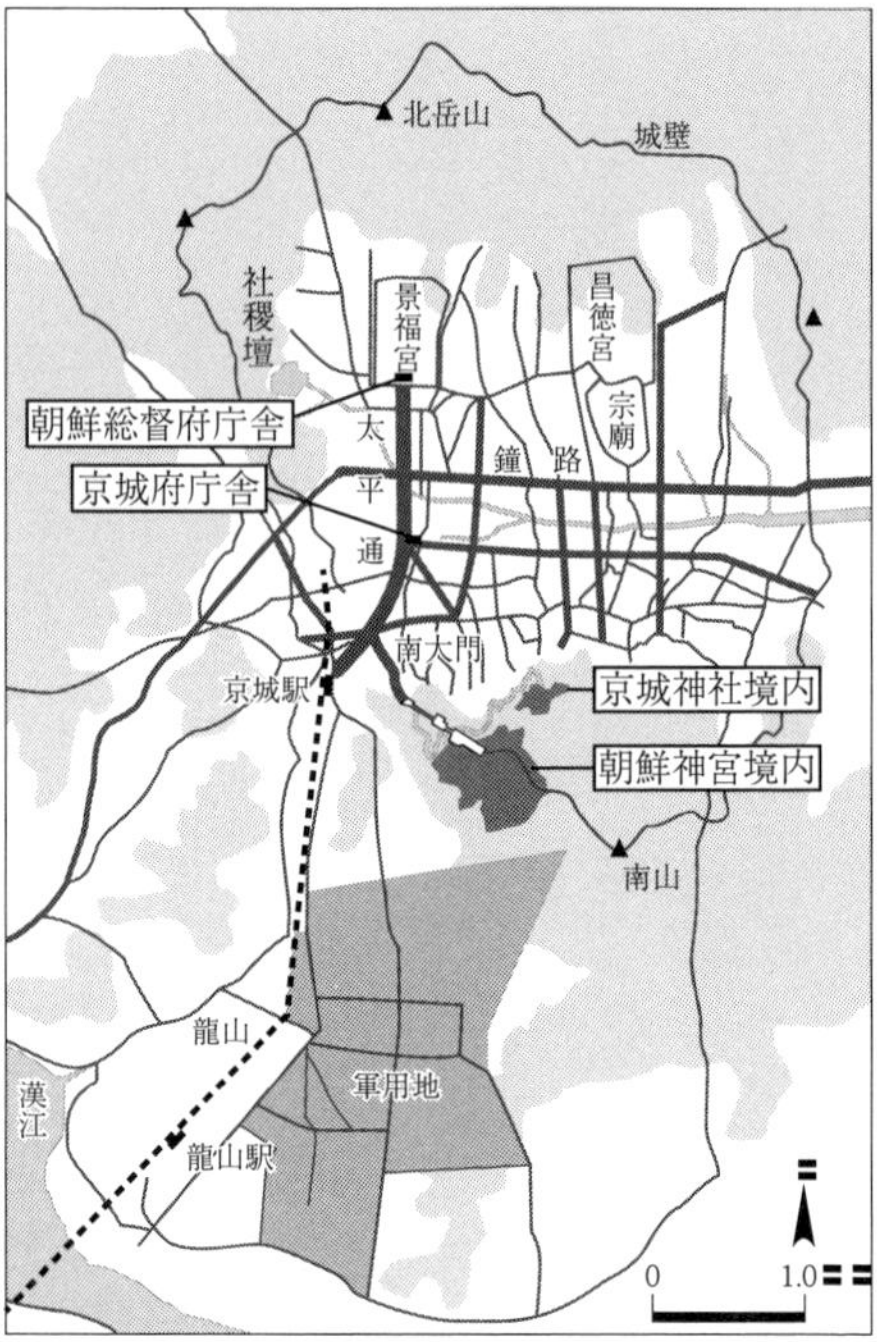

図7—2　1920年代末の京城　青井哲人『植民地神社と帝国日本』（吉川弘文館、2005年）より

軍の司令部が置かれる東アジア最大の基地の一つとなります。この基地の前には、後に韓国の人気テレビドラマの舞台にもなった梨泰院《イテウォン》という繁華街が広がります。戦後東京で言えば、六本木と横田を合わせたような場所と言えます。

桜井町から京城駅までは二キロ程度で、龍山駅よりもずっと近かったのですが、家の者に見つかって連れ戻されることを兄は怖れ、約三倍の距離のある龍山駅まで歩き、釜山行の列車に乗り込むことにしたのでした。こうして若い二人は別々に家を出て隣駅で落ち合い、朝の龍山駅から釜山行きの引揚列車に乗ります。敗戦から二カ月、日本に戻ろうとする人々で列車はごった返していたようです。証明書なしで切符を買う者も、途中から乗りこむ者もいろいろいて、ですから家出してきた母や伯父も無事、列車に乗り込むことができたのです。母の記憶によれば、駅や列車は大きな荷物を担いだ引揚者でいっぱいで、それらの荷物が積み上げられた貨車の上に二人はしゃがんでいました。

列車のスピードは遅く、釜山までは三日を要しています。その途上、祖父が警察に捜索願を出したようで、二人は貨車の隅で小さくなっていたと話していました。二人が未成年であることを車掌に怪しまれたそうですが、たまたま乗り合わせた若い女性に助けられ、なんとか釜山まで辿り着いたそうです。しかし、釜山からの連絡船がいつ出港するのかわかりません。釜山港に近いお寺の境内で、二人は一〇日ほど野宿をしたそうです。こういう危機的状況では、自然と連帯感が生まれてくるものです。野宿する引揚者たちは石を拾ってかまどを作り、闇市で買ってきた米を炊き、塩むすびで飢えをしのいだといいます。母は後年、「あの時は本当にみなさんのおかげで生き延びることができた」と感謝していました。

引揚者でごった返す当時の釜山港周辺の様子は、いくつもの証言によってかなり詳しく分かっています。たとえば、朝日新聞の「声」欄には、「語りつぐ戦争」というコラムで、この頃の半島からの引き揚げの思い出として次のような投書が載っています。

敗戦後、引き揚げ港を目指す避難民が続々と集結して来た。混乱の中で父は、病床の母と私たち三人の子どもを船に乗せるため奔走した。乗船が許されたのは昭和二〇年一〇月。一二歳の弟と一〇歳の妹にリュックを背負わせ、母の手を引いて港へ向かった。時計や万年筆は米兵に没収され、手元に残ったのは手書きの地図と千円のみ。超満員の興安丸に乗り、船底の安全な所に母たちを座らせた。私は一人、甲板の人垣にもぐり込む。夕暮れの埠頭《ふとう》は人であふれ、見送る父の姿は見えなかった。／さらば釜山よ――甲板に歌声が響く。涙でグシャグシャになった大人たちの顔、両手を振り上げ泣き崩れる女の人。ドラが鳴った。機雷の浮かぶ暗い海へ、興安丸は静かに釜山港を離れていった。（「朝日新聞」大阪朝刊、二〇一八年一月二六日）

この投書で語られる一九四五年一〇月は、母たちが本土への引揚船に乗り込んだのと同じ時期です。母も、ここに描かれているような情景を目にしていたに違いありません。

母たちは、一〇日間の野宿の後、釜山から日本への連絡船に乗り込みました。船が着いたのは、山口県長門市の仙崎《せんざき》港、あるいは福岡県の博多港だったのではないかと思われます。当時、仙崎は釜山からの引揚者を受け入れる主要港で、約四一万四〇〇〇人の引揚者がここで上陸しています。他方、博多港からの上陸者も多く、満州からの引揚者も含めて約一三九万人もいました。しかも、一九四五年八月一八日から二四日にかけて、二七隻の船舶が朝鮮方面から引揚者を乗せて博多に入港していいます。ただ、母がその後、鉄道にしか乗っていないらしいこと、仙崎からは当時、日本各地への引揚列車が運行していたことを合わせ考えると、二人は釜山港から興安丸などの引揚船に乗って仙崎港に行き、そこから引揚列車で東京まで辿り着いたのだろうと推測します。前掲の朝日新聞の「声」欄の「語りつぐ戦争」シリーズには、仙崎港に上陸して帰還列車に乗り込む情景についての記憶も出てきます。

港は引き揚げ者でごった返していた。どの顔もあんど感いっぱいで、荷物を抱え込み、地べたに座り込んでいる。／そこにタイヤの空気入れのような噴霧器を抱えた白衣の人が現れた。真っ白なＤＤＴの粉を頭から遠慮なく振りかけていく。みんな目玉だけがギョロリと飛び出した化け物みたいで、その顔を見ては笑っていた。／引き揚げ列車に乗るために長い順番待ちをした。石炭満載の無蓋《むがい》車が停車した。大人は荷物を放り投げ石炭の上によじ登る。次に来た列車は、牛馬運搬の貨車であった。車内は真っ暗だが、屋根もあるので振り落とされる心配はな

い。しかし、牛馬の間に座っていると頭上から糞尿《ふんにょう》がポタポタ。（「朝日新聞」大阪朝刊、二〇〇八年八月一五日）

日本に上陸して母たちが乗ったのは、屋根のない貨物列車でした。ソウルの祖父の店を家出してから東京に到着するまで、約三週間を要しています。そして東京に着いても、当時の東京は一面の焼け野原でした。祖母の住所をたよりに二人は銀座まで来て、交番でその住所への行き方を訊ねるのですが、警官の答えは、「そのあたりはもうすっかり焼けてしまっていて、家は何もない」というものでした。それでも諦めずに探し回って、なんとか祖母の住所にたどり着きます。果たして、祖母の「旅館」は焼け残っていました。米軍の東京空爆は徹底しており、対象となった区域はほとんど焼き払われたのですが、わずかに焼け残った建物もあり、まさにその焼け残りの一画に祖母の「旅館」が建っていたのです。

焼け野原の東京と木挽町の「旅館」

ところで、戦中期から戦後にかけて、「旅館」と「料亭」の区別は曖昧でした。私の考えでは、格式や伝統のあるのが「料亭」で、新興の「料亭もどき」が「旅館」ということになっていたのではないでしょうか。とすれば、祖母の「旅館」は、「ホテル」というよりも酒や料理を出す「料理屋」に近いものだったのではないかというのが私の推測です。

図7—3　「銀座の街並　京橋図書館屋上から見る」（1957年）　中央区立京橋図書館蔵

　祖母の「旅館」があったのは、旧京橋区木挽《こびき》町《ちょう》二丁目、現在の番地は中央区銀座二丁目です。今でもその番地のすぐ前には、「木挽町仲通り」が昭和通りの一本東を南北に走っています。歌舞伎座のある東銀座からやや北の一帯になります。今ではこのあたりも「銀座」ですが、もとは昭和通りと旧築地川に挟まれた、南北に延びる一帯は「木挽町」と呼ばれていました。

　幼い頃、私が聞いた話では、その旅館のすぐ近くに三吉橋《みよしばし》という三叉の橋があり、それがランドマークでした。今では首都高速道路が地下を走り、すっかり街が分断されていますが、当時はそこを築地川が流れていました。築地川は三吉橋のところで東に直角に曲がるのですが、北に行く支流が楓川《かえでがわ》で、三叉路のように川が流れていたのです。今でも、ここには三叉の橋があり、目の前は中央区役所になっています。そして今、この近辺を歩くと、銀座の中心部から少しだけ逸れている分、思わず入ってみたくなるレストランや小料理屋が並んでいます。銀座周辺でもなかなかオシャレな場所です。

ですが、私の話は敗戦直後のことで、当時、米軍空爆によって木挽町も二丁目から四丁目にかけての一部と六丁目の一部を除いて、ほとんどが焼き払われていました。焼け野原のなかで、祖母の「旅館」のあった一画だけが奇跡的に焼け残ったのです。こうして母と伯父は祖母の「旅館」に転がり込み、伯父は東大経済学部に、母は大妻高等女学校に通います。

近年、大妻女子大のご厚意で手に入れた母の成績表には、母の性格として「物事に慎重、確実なり。友人は少ないが、社交円満理解力あり。責任ある行動をする」と書かれていました。人間の性格というのは変わらないものだと、つくづく思います。他方、母の兄、すなわち私の伯父が通っていた頃の東大は、旧制の帝国大学から新制大学に転換する時期で、総長は南原繁、文化とリベラルアーツを柱にした大学再建を謳っていました。経済学部には、戦中期にパージされていた左派系の教授たちが戻ってきていたはずです。

こうしたなかで伯父は、大学院に進みたいと祖母に頼んだそうですが、祖母はまったく理解を示さず、大学に残りたいなどというのは働きたくない者の言うことだと、旅館経営で培った財界人とのコネを使って彼を専売公社に就職させてしまったそうです。祖母の「大学」に対する侮蔑的な偏見を私はなんとなくわかるような気もするのですが、それ以上に伯父が東大経済学部でいったいどんな学問をやりたいと思っていたのかにも興味があります。とはいえ、そうした記録は一切残ってはいないので、想像することすらできません。

どちらにしても、伯父は気が弱く、強気の祖母にとても抵抗できなかったのでしょう。しかし伯父は、祖母に従って半年ほど公社に勤めた後、どうしても嫌だと辞めてしまい、静岡の高校の教師になります。そして、私が生まれるちょうど一年前に自ら命を絶ってしまうのです。

その伯父について私の母は、とても純粋で優しいけれども気が弱い人だったと言いますが、兄妹のソウルからの家出の経緯を見ても、そのことはなんとなく分かります。母によれば、伯父は自分が「他の父母の下に生まれてくればよかった」と呟いたことがあったそうです。おそらく祖父はかなり自分勝手な性格で、祖母もきわめて現世的な価値観の中で生きた人でしたから、伯父はどちらにも希望が持てなかったのかもしれません。——そして、伯父が自殺して一年後に生まれたのが私で、輪廻転生などあり得ないとしても、祖母から見れば私が伯父の生まれ変わりと見えても不思議ではなかったでしょう。

ふたつの文化の狭間で

おぼろげな記憶ですが、私が幼い頃、母が不在で、なぜか祖母が家にいるようなとき、祖母は母に内緒で天婦羅とか鰻とか、美味しいものを食べに私を連れ出したがっていました。私は、堅実な母のことが気になって、多くの場合、何か理由を作って断っていたような気がします。向こうっ気が強いというか、事業家的な祖父母の生き方と、堅実で責任感の強い母の生き方には、はっきりとした違いがありました。

これは性格の違いとして片づけることもできるかもしれません。しかし私には、明治大正期に祖父母が影響を受けた文化と、昭和の厳しい時代を母が生き抜きながら身に着けた文化の違いだったのではないかという気が、年齢を重ねるにつれてはっきりしてくるようになりました。

祖母が若い頃に影響を受けた文化について、私が連想するのは永井荷風の『つゆのあとさき』です。この小説の舞台が、銀座一・二丁目あたりになっているからでしょう。といっても私は、この作品の主人公の君江のように、祖母が性的に放縦であったとは思っていませんし、カフェの女給でもなかったはずです。祖母は母とはまた別の意味でしっかり者で、その時の環境を利用しながら自らの地歩を築いていました。しかしながら、祖母が生きてきたのは、荷風がこの作品で微細に描いたような、震災後の東京の都会的消費文化だったという気がするのです。荷風は、昭和初期の銀座の裏通りを実に見事に描き出しています。


松屋呉服店から二、三軒京橋《きょうばし》の方へ寄ったところに、表附《おもてつき》は四間間口《しけんまぐち》の中央に弧形《ゆみなり》の広い出入口を設け、その周囲にDONJUANという西洋文字を裸体の女が相寄って捧げている漆喰細工《しっくいざいく》。夜になると、この字に赤い電気がつく。これが君江の通勤しているカッフェーであるが、見渡すところ殆ど門並《かどなみ》同じようなカッフェーばかり続いていて、うっかりしていると、どれがどれやら、知らずに通り過ぎてしまったり、わるくすると門《かど》ちがいをしないとも限らないような気がするので、君江はざっと一年ばかり通《かよ》う身でありながら、今だに手前隣《てまえどなり》の眼鏡屋と金物屋とを目標《めじるし》にして、その間の路地《ろじ》を入るのである。路地は人ひとりやっと通れるほど狭いのに、大きな芥箱《ごみばこ》が並んでいて、寒中でも青蠅《あおばえ》が翼《はね》を鳴《なら》し、昼中でも鼬《いたち》のような老鼠《ろうねずみ》が出没して、人が来ると長い尾の先で水溜《みずたまり》の水をはね飛《とば》す。君江は袂《たもと》をおさえ抜足《ぬきあし》して十歩ばかり。やがて裏通を行く人の顔も見分けられるあたり。安油の悪臭が襲うように湧《わ》き出してくる出入口をくぐると、何処《どこ》という事なく竈虫《かまどむし》のぞろぞろ這《は》い廻っている料理場である。料理場は後《あと》から建て増したものらしく、銀座通に面した表附とはちがって、震災当時の小屋同然、屋根も壁もトタンの海鼠板《なまこいた》一枚で囲ってあるばかり。[4]

すでに祖母も母も他界しており、確かめようもないのですが、私の祖母は昭和の初め、都心のどこかの比較的高級な料亭旅館のようなところに住み込みで働いていたのだろうと私は想像しています。というのも、彼女は夫と共にアメリカで一旗揚げようとしてニューヨークに渡り、大恐慌に巻き込まれてすべてを失い、母がまだ赤ん坊の頃に帰国し、まもなく祖父とも離婚するわけですから、その時点ではほぼ無一文に近かったはずです。仕方なく東大久保の実家に戻り、曾祖父母に母とその兄を預けて、自分はどこかに住み込みで働いていたのでしょう。

しかし一九四〇年代に入ると、彼女は銀座二丁目に小さな旅館を構え、その経営者になっているのです。どれほど勤勉に働いても、たった一〇年やそこらでそこまでの財を成すことができたとは思えません。想像できるのは、彼女が住み込みで働いていたところに政財界などの有力者が集っており、彼女はそこに自分のパトロンや有力な人脈を見出したということです。そのようなコネクションを大切にする感覚を、祖母は持っていたような気がします。

このように考えると、一九三〇年代から四〇年代にかけ、私の祖父母は離婚をしても、同じ時代の流れを生きていたことになります。実際、祖父がしていたのは、朝鮮半島への日本の帝国主義的な侵略に乗じ、ソウルにいた日本人の軍人や企業家を相手に洋酒を売ることでした。他方で祖母は、戦争に向かう軍事体制のなかでうまい汁を吸っていたかもしれない軍部や財界の面々を相手に人脈を作り、小さいながら銀座に「旅館」を構えるまでになりました。私の祖父も祖母も、おそらくは日本の対外侵略と戦争経済の受益者なのです。

そうした祖父母の人生の狭間で、母とその兄は、ソウルと東京、それに山口のあいだを行き来していました。そして私はと言えば、幼少期に厳しい経験をしてきたが故に身に着けたと思われる母の芯の強さや物事に対する理解力に強い信頼感を置きながら育ったのです。したがって、私は祖父母が影響を受けた文化のなかにはいません。しかし、いずれ第10章で述べるように、私は、私の父母が私を育んだ戦後的な郊外文化に、ずっと反発してもきたのです。

第8章

学生ヤクザと戦後闇市——安藤昇と戦後東京

1　東大久保の不良児

チエちゃんのところはいいわよね

それを聞いたのは、私が小学生の頃か、もう少し後だったか、どうも記憶がはっきりしないのですが、母があるとき憤慨して、こんなふうに言っていたことがあります。

おばあちゃんは『チエちゃんのところはいいわよね。ノボルさんに何でも買ってもらえて』って言うんだけど、何言ってんのよ。うちはサラリーマンなんだからしょうがないじゃないの！

母は、明らかに祖母の発言にまったく同意できないという風でした。私自身が、祖母から同様の発言を聞いたことがあったのか、なかったのか、その記憶は曖昧です。ただ、ひょっとして祖母ならそういう発言をしたかもしれない、という気がします。

しかし、私は当時、「チエちゃん」が誰なのかを知りませんし、いわんや「ノボルさん」のことも知りません。その人は「サラリーマン」でないとすると、どこかの成功した会社の社長なのか？（ある意味で、本当にそうだ）、それとも有名な芸能人なのか？（これも、本当にそうだ）……

そして、なぜ母は祖母の発言にとても憤っていたのか？　当時、私は「チエちゃん」や「ノボルさん」のことについて何も具体的な説明はされなかった気がします（当然です）。それにもかかわらず、なぜ祖母が語ったこの発言を、私が後々まで覚えていたのかは不思議です。そこに得体の知れない何かを感じていたのでしょうか？

祖母が「チエちゃん」と親しそうに語ったのは、彼女が祖母の妹だったからです。祖母の父は山田興松《おきまつ》、母はカクと言います。二人には、それほど年の離れていない三人の姉妹がいました。長女が祖母で八重と言います。次女が花枝、三女が智恵です。おそらく父親の興松は、半ば遊び心で「ヤエ」「ハナエ」「チエ」と語尾を「エ」の音で揃え、異なる字を充てたのでしょう。そして語頭を「八」「花」「智」と並べます。この三人は仲が良かったらしく、記憶をたどれば、私は子どもの頃、二人の妹の名を祖母の口から度々聞いたことがありました。ちなみに世に出回っている本では、「チエ」は「千恵」になっていますが、本当の名は「智恵」です。どこで「智」が「千」になったかわかりませんが（「ノボルさん」の勘違い？）、興松の遊び心を想像すると、「花」の次は「千」ではなく「智」のほうが自然です。

それはともかく、祖母の妹、山田智恵は一九二五年、祖母一家が住んでいたのと同じ東大久保に住む安藤鈴吉の養子、栄次郎と結婚します。栄次郎は、横浜ゴムに勤めていた普通のサラリーマンでした。そして二人は翌二六年、一人の男の子を生むのです。その子は、鈴吉の命名で「昇」と名づけられます。「ノボルさん」、つまり安藤昇の誕生です。

おそらく年長の読者ならば、「安藤昇」の名を聞いたことのない人は少ないでしょう。戦後、闇市時代の東京を席巻した安藤組の組長で、やがてヤクザ映画の俳優ともなり、多くの作品に出演しました。つまり安藤昇は、戦後日本のヤクザ史、あるいは都市暴力の歴史のなかの「伝説」です。念のため言っておきますが、私は安藤昇に会ったことはありません。私からすれば、いとこ叔父に当るのでしょうが、祖母と「チエちゃん」の間の交流がずっとあったとしても、母はそうした親族から距離をとっていた気がします。また、安藤昇からすれば、祖母八重はかなりの数いた（智恵には七人の兄弟姉妹がいた）叔父叔母の一人に過ぎません。「ヤクザ」の道に入ってからは、安藤は父母の智恵や栄次郎、それに後述する叔父を除いては、「カタギ」の親族たちとはほとんど接してはいなかったと思われます。

ここまで来れば、母がなぜ祖母の発言に憤っていたかは明らかでしょう。しかし、母は決して「サラリーマン」家庭の価値を擁護するために「ヤクザ」に憤っていたのではありません。そうではなく、そうした両者の区別がまるでついていない祖母に憤っていたのです。逆に祖母は、両者の違いをあまり気にしていなかった可能性があります。彼女からすれば、「カタギ」でも「ヤクザ」でも、お金のある人、権力のある人が大きく、それのない人は小さいのです。

私が気になるのは、両者の価値感覚の違いです。母と祖母は異なる歴史的体験のなかで、異なる価値感覚を有していた気がします。祖母が生きた文化的背景は、現在の私たちからすれば異質です。他方、それはどこかで安藤らのそれに通じていたのかもしれません。本章では、このことを安藤昇の人生の側から考えてみたいと思います。

「死を背景にした暴力」としての安藤昇

安藤昇については、様々な神話的評価がつきまとってきました。安藤自身が、その膨大な著作や映画出演を通じ、また横井英樹襲撃事件をはじめとする暴力抗争を通じ、そうした神話を意識的に作り上げてきたとも言えます。そしてこの神話には、大衆意識の面でもメディア表象としてもかなりの吸引力があり、安藤自身が蒔いた種を、多くの大衆メディア、とりわけ戦後ヤクザ史を格好の素材としてきた週刊誌や任俠路線の映画が繰り返し増幅してきたと私は考えています。たとえば近年、この大衆的神話に乗じ、自らが強弁的に擁護してきた家父長的暴力主義を生き切った人物として安藤を描いたのは石原慎太郎です。

石原は、最晩年に書いた『あるヤクザの生涯――安藤昇伝』（幻冬舎）で、石原自身の政治的イデオロギーに重ねる仕方で「安藤昇」を偶像化しています。この本の本編は、これまで数多出版されてきた安藤の人生を語る出版物からのカット・アンド・ペーストで、率直なところ読むに値しません。しかし、興味深いのは石原が「長い後書き」と題した末尾で、そこでこの本の作者はなぜ、安藤のことが気になってきたのかを率直に語っています。

肉体派の私にとって死を背景にした暴力なるものは、目を背けることの出来ぬ人生の主題だった。人生の過程にはさまざまな戦いが待ち受けるが、それを克服するためには時には理不尽な力を行使しなくてはならない。それは理性の範疇《はんちゅう》を超越した行為によってのみ達成され、人はそれを理不尽な行為と見なし、暴挙とも呼ぶが、その行為によってしか達成されぬ事柄が、この世には横溢《おういつ》している。[1]

だからこそ石原は、「安藤昇という男の暴力に裏打ち彩られた生き様に、人生における人間にとっての暴力という誰しもが潜在的に嗜好する、否定しきれぬ極めて人間的な属性の意味合いを感じぬ訳にいかなかった」のだと続けていきます。[2] つまり、安藤が体現してきたのは「死を背景にした暴力」なのだと言うのです。石原はいわばここで、若い頃、彼が弟石原裕次郎に託した暴力性のイメージを、安藤昇のなかに浮上させているのです。

この「裕次郎＝安藤昇」のなかに象徴化される男性主義的暴力性を、おそらく映画『狂った果実』（一九五六年）ほど鮮烈に表現した作品はないと思います。映画のラストシーンで、弟役の津川雅彦の乗ったモーターボートは沖合に向かい、兄役の裕次郎と兄弟が奪い合う北原三枝の乗るヨットの周囲をぐるぐる廻りながら近づき、最後の瞬間、一気にヨットに向けて突進、三枝を引き裂き、ヨットを大破させ、さらに海の彼方に疾走していきます。これはとてつもなく衝撃的な場面で、一度観たら深く目に焼きつきます。この頃の石原作品には、若者たちの暴力が標的とし、またこれに随伴する「アメリカの影」（加藤典洋）が鋭利に書き込まれていました。私はかつて拙著で、このことを次のように書きました。

映画『太陽の季節』の前半では、早口で英語と日本語が混ざりあった会話をする英会話学校帰りの水着の女たちが登場する。彼女たちは英語のニックネームを持ち、「ガイジン」のように振舞っていた。『狂った果実』では、北原三枝の演じたヒロインは、米軍将校の「オンリー」という設定であった。裕次郎は、いわば占領軍の手から女を強奪するのだ。これらの映画の設定からは、湘南がまさしく米軍の土地であること、そこを闊歩する女たちの背後にいる「アメリカ」が透かし見えてくる。／そして、石原裕次郎がそのようななかで特権的な地位を獲得していくのには、まさしく彼自身の表層的な外人性――日本人離れした足の長さや顔やしぐさのバター臭さが大きく作用していた。いわば裕次郎は、この湘南のコロニアルな自己、占領者としての「アメリカ」の分身としての自己を、暴力と性、肉体において鏡像のように体現していたのである。[3]

ここに出てくる「石原裕次郎」を「安藤昇」に置き換えても、かなりの程度当てはまるでしょう。つまり、政治家になったあたりから石原慎太郎がしていくイデオロギー的単純化とは異なり、『狂った果実』や『太陽の季節』で「暴力」が置かれていたロケーションははるかに複雑で重層的です。そこで描かれた裕次郎的暴力も、また過剰なまでに自己劇化的な仕方で安藤昇が体現した暴力も、戦後日本を覆う「アメリカの影」と、その「アメリカ」を受肉しながら暴発していく若者たちの身体につながっています。つまり、これを裕次郎個人や安藤昇個人に偶像化し、個的なものに回収させてしまうことはできないはずです。

しかも、これらの暴力性には、歴史的な文脈ではジョルジュ・ソレルが語ったような革命的サンディカリズムに通じる直接的暴力性が含まれます。その最も美しくも危険な表現は、おそらくはアルベール・カミュが『異邦人』において描いた主人公ムルソーの突発的な暴力性でしょう。実際、このムルソーの不条理な暴力は、前述の映画『狂った果実』のラストシーンでの津川雅彦の突発的な暴力と通じます（ムルソーと暴力的な友人レエモンの関係は、津川の演じる弟と裕次郎が演じたより暴力的な兄の関係に重なります）。エドワード・サイードがこれを植民地主義に同化する主体性と見做したのはサイードにしてはあまりに迂闊な単純化で[4]、ここにはフランス的帝国主義であれアメリカ的帝国主義であれ、それらの帝国的へゲモニーと表面では結びながらそれらを切り裂いてしまう暴力性がたしかに露出していたと思われるのです。

東大久保という場所——不良から愚連隊へ

安藤昇が生まれ育ったのは、旧淀橋区の東大久保という土地です。彼は自伝で、自分が東大久保の西向天神《にしむきてんじん》の崖下の家で生まれたことを何度も強調しています。彼が生まれたのは、この西向天神の本祭りの前の宵宮《よいみや》の夕暮れ時でした。つまり、地域の誰しもが翌日から始まる祭りを心待ちにしていたまさにその時に、自分は生まれたのだというのが安藤の自己意識です。実際、安藤の実家では毎年、宵宮の日には「赤飯《せきはん》を炊き、煮しめをつくり、酒肴《しゅこう》をそろえて（天神を）参詣に来る親戚縁者に饗応《きょうおう》する習わし」でした。ところが、そのまさに宵宮に母親の陣痛が始まり、一家大騒ぎとなるなかで昇は生まれたのです。[5] 安藤の人生において、この東大久保の天神下という場所はとても重要な意味を持ちます。

彼は小学生になる頃、父親の勤め先の関係から一家で横浜・鶴見に引っ越します。小学生時代は、「三年生のときに六年生の番長とケンカして全校を仕切るなど、相変わらずワンパク盛りであったが、それでも一年生から六年生まで級長を務めた」と自伝でも書いていて、文武両道、勉強でも優秀さを発揮していました。[6] そしてやがて、神奈川県下の秀才たちの集まる進学校だった県立川崎中学校に進学するのです。ちなみに当時の中学は旧制ですから五年制で、そこに進学するのは比較的裕福な家庭の優秀層に限られていました。

鶴見も川崎も、一九三〇年代には東京のモダニティを象徴する空間でした。川崎の場合、一九一二年に日本鋼管が川崎製鉄所を建設したあたりから工業都市化が本格化し、一四年には後の味の素、一七年には浅野セメントの工場というように、近代的な大型工場が次々に建てられます。一九二〇年代に入ると京浜電気鉄道が住宅地造成を始め、二七年には川崎駅前に小美屋《こみや》デパートがオープン、東京周縁の農村地帯とはすっかり異なるモダン都市となっていました。当時、川崎や鶴見は、多数の工場が建ち並び、工員だけでなく中間的管理層も多く居住する場所でした。安藤は、そうした都市風景のなかで、大企業社員の父母の下で小学校時代を過ごしていたのです。安藤はこの頃にはまだ、後の「ヤクザ」の人生につながっていくものがあまり認められません。安藤はまだ、頭も良くケンカも強い一人の少年でした。

ですから、安藤が本格的に不良化するのは中学進学後です。彼が中学一年生を終わる頃、父親の栄次郎は奉天にできた支社に転勤します。当時、満州事変から数年が経ち、日本の産業界は続々と中国大陸に進出していました。他方、川崎中学がエリート校だったためか、両親は昇を東大久保の母方祖母、つまり私の曾祖母でもある山田カクのところに預け、そのまま川崎中学に通わせ続ける選択をします。奉天に旅立つ際、「さすがに母親は一抹の不安」から、「お母さんたちがいなくても、お婆ちゃんがちゃんと手紙で知らせてくれるんですから、言うことをよく聞いてしっかり勉強するんですよ」と、何度も念押しします。[7]

しかし、安藤に従えば、「古巣の東大久保へ帰った私のところへは、たちまちニキビ盛りの悪童たちが集まってきた。学校をさぼり、新宿のミルクホールや喫茶店にたむろして、一端《いっぱし》の不良少年を気取っ」た日々を過ごし始めます。[8] そして、「当時、川崎中学は県立の名門校だったこともあり、不良として磨きがかかるにつれ学校とも疎遠に」なりました。[9]

安藤の祖母カクの視点から見るならば、彼女は長女八重の離婚により、一九三七、三八年頃に私の母と伯父を預かっています。彼女たちが父親に引き取られてソウルに去った後、すぐに今度は三女の智恵夫婦が奉天に移動するので、三九年頃から昇を預かることになったわけです。この二つの出来事は相次いで起こりました。おそらくカクは、母や伯父を預かった経験から、昇を預かることがこんなに大変だとは予想していなかったでしょう。

しかも、一九四一年一二月七日、つまり真珠湾奇襲の前日に夫の興松が世を去ります。このとき安藤は中学三年生で、この頃までに彼の「不良」の度合いは手に負えなくなっていました。というのも、彼は中学二年の秋、窃盗の「濡れ衣」で投獄されます。安藤は、「満州にいる私の両親に知らせまいとして祖母が八方手を尽くし、おかげで私は出所するのだが、振り返れば、私のヤクザへの芽はこのとき発芽した」と回顧しています。[10] 但し、安藤自身の叙述では、興松がもう少し前に「脳溢血で倒れ、そのまま逝ってしまった」ことになっています。興松の死亡が一九四一年一二月七日とあるのは戸籍上の記録のことで、本当は安藤が述べるように興松の死はもう少し前だったのかもしれません。いずれにせよ、この興松の死により、「私の頭を抑える者は誰もいなくなった」と安藤は述べています。[11]

結局、カクは困り果て、事実を奉天の両親に伝えます。両親は彼を奉天に呼び寄せ、現地の名門中学に入学させるのですが、昇はそこもわずか七ヶ月、「女郎買い」が発覚して退学となってしまいます。こうなると周囲はもうお手上げで、昇は東京に戻され、中野区鍋屋横丁に住む智恵の弟の叔父のところに預けられます。その叔父が、彼を京王《けいおう》商業学校（現専修大学附属高校）に入学させるのですが、そこも三ヶ月で退学になりました。「私のグループ十三人が同時に退学になったり停学になったりで、学校始って以来のワルだという烙印《らくいん》」を押されます。[12] もう手がつけられませんね。預かった叔父も頭を抱えたでしょう。さらにその後に入った智山《ちさん》中学でも暴力事件を起こし、彼は多摩少年院に送られます。

そして出所後、安藤は海軍飛行予科練習生（予科練）に志願し、入隊するのです。すでに日米戦争は敗色濃厚な形勢で、追い詰められた日本軍は、一人でも多くの兵士を、とりわけ安藤のような荒くれ者を攻撃用の要員として必要としていました。安藤は特攻に志願し、潜水して敵艦に自爆攻撃をする「伏龍隊《ふくりゅうたい》」に配属されます。安藤としては、予科練志願のときから、「死んで、今までの汚名を晴らそう」という思いだったようです。[13]

2 愚連隊たちの東京――ヤクザというエートス

闇市東京と極道のアメリカニズム

しかし、安藤は出撃することなく終戦を迎え、いわば死に損ないます。戦後、復員した彼は、いったんは家族と藤沢郊外で暮らし始めますが、都会気分が恋しくなり、母の制止を振り切って新宿に舞い戻るのです。その新宿で、「私の足は、いつしか東大久保の生家に立っていた」と安藤は書いています。

「灰になっていた。／庭の灯籠《とうろう》と、築山《つきやま》の石がかすかにその名残をとどめているだけだった。

裏の天神様の森が鬱《うつ》そうと覆《おお》いかぶさり、初秋の冷たい夜風が空しく梢《こずえ》を揺らしている。私は飛行靴を鳴らして、暗く長い石段を踏みしめるようにして登った。／誕生を祝い、七・五・三を祝い、出征に滅私奉公を誓い、武運長久を祈願した氏神様の社殿は焼け落ち、粗末なバラック建てになっていた。眼下には、点在する掘立小屋の薄暗い灯が、遠く代々木あたりまで見渡せた[14]」

その後、安藤は新宿の闇市で昔の仲間と再会し、彼らと愚連隊を形成していきます。すでに新宿駅周辺には、尾津組や安田組、和田組が支配する闇市が広がっていました。安藤の弁によれば、

図8—1　さまざまな品物が並ぶ新宿のヤミ市（1945年11月撮影）毎日新聞社提供

「新宿駅の西口前から青梅街道までが安田組。テキ屋だね。焼け跡に『ラッキーストリート』というマーケットをつくって勢力を張っていた。東口は、やはりテキ屋の尾津組と野原組がそれぞれマーケットを持っていて、武蔵野館裏が和田組で組員百五、六十人。新宿二丁目界隈は博労会河野一家。ここは五十人ほどだったかな。さらに分家前田組とか、博徒小金井一家……。それから極東組もいた。

……これらヤクザに愚連隊、不良少年、さらに新興の外国人グループが混じるんだから、ヤクザ戦国時代」でした。[15]

安藤らは、その新宿を拠点に、銀座、渋谷にまで手を伸ばして勢力圏を広げていくのですが、その際の勢力拡大の鍵となったのは米軍人脈とのつながりです。当時、闇市を跳梁していたヤクザの主流は、博徒やテキ屋の流れをくむ人々で、彼らにはそれぞれ生活の糧を得る伝統的な「シノギ（＝生業）」がありました。ところが安藤たちのような新興勢力には、そうした「シノギ」らしきものがありません。そこで逆に何でもやってしまうというアナキーなことになるのですが、儲けの中核となったのは、米軍物資の横流しでした。安藤は、たまたま知り合ったヘンリー山田という日系二世が重要な役割を果たしたと述べています。

（ヘンリー山田が）ＰＸから食料品や酒、煙草、衣類なんかを買ってきて、それを二倍、三倍で売るんだが、これが飛ぶように売れた。何しろヘンリーはＰＸに勤務しているんだからさ。……ヘンリーに二世ＧＩ（米軍人）を五、六人集めさせてさ。三崎と野田が買い方、茂、藤原、西山らが売りさばいた。……（商品を買う軍票ドルは）五、六人の舎弟が渋谷、新宿、銀座の売春婦の元締めからバー、輪《りん》タク屋と毎日飛びまわって集めた。[16]

この横流しは大変儲かったようで、「最初は仕入れ金が少なかったので、売り上げは二、三百ドルくらいだったけど、たちまち千ドル、二千ドル、四千ドルと倍々ゲームで売れていった。だから、物資を運搬するクルマが必要になって、それで新車のシボレーを買ったんだ。ヘンリー名義にしたら輸入税も物品税もかからない。ガソリンだって、ドルで市価の十分の一。しかも進駐軍名義のクルマだから、警察の検問はフリーパス」でした。[17]

しかし安藤らの横流しは、やがて米軍内の犯罪捜査部（CID　Criminal Investigation Command）の目につくところとなり、ヘンリーは逮捕されて本国送還、安藤らも重い罰金を課せられて物資も没収されます。ところが、ぼろ儲けの資金源をこの程度のことで諦める安藤ではありません。彼らは銀座三丁目に「ハリウッド」という洋品店を開き、これを隠れ蓑に米軍物資の横流しを再開、儲けた資金で武器も米軍から購入していきます。安藤が語るところでは、「不良二世の軍属なんかを手なずけておいてさ。「出物」があると聞けば御殿場の米軍基地まで出かけたりもしたけど、拳銃だけは米軍用の45口径に統一した。同じ型なら弾倉も弾も融通しあえるからね。……あの時代、これだけ武装した組織はなかったんじゃないかな」との弁です。[18]

このように、戦後のドサクサのなかで安藤組を離陸させた燃料源は米軍です。安藤は、他にも様々に「アメリカ」を取り込みます。たとえば彼は、早々にポーカー賭博を始めます。伝統的な博奕からポーカーへの転換を発想したのは、「（ハワイ出身日系二世のスタンレー・アリタから）話を聞くうちに、ポーカー賭博をやったら面白いんじゃないかって閃《ひらめ》いた。戦後の日本は何でもかんでもアメリカ万歳でね。洋服も、音楽も、何でもアメリカをマネた。……ともかくそういう時代にあって、ポーカーは絶対にウケると思った」そうです。[19]

そこで安藤は、賭場を徹底的にアメリカ化していきます。なぜなら、「ポーカーだから、アメリカの匂いが大事なんだ。だから、仕掛けには凝った。ポーカーテーブルは、わざわざ桜材でつくらせ、青い羅紗《らしゃ》を張って誂えたし、ポーカー・チップも、わざわざモナコのカジノから取り寄せた。……部屋のライティングも本場のやつを調達してさ。当時の日本じゃ、ちょっと味わえない雰囲気で、こいつはウケた。しかも、ハワイにいたアリタの父親を日本に呼びよせて、ディーラーをさせた。もちろん英語だ。さっき言ったように、アリタの親父は筋金入りのギャンブラーだから、所作といい雰囲気といい、まさにアメリカ」であった。[20] つまり安藤組は、戦後闇市に跋《ばっ》扈《こ》したヤクザたちのなかで、最もアメリカンな連中でした。この極道のアメリカニズムが、占領期の混乱する東京で安藤を「カッコよさ」のシンボルとしていきます。

安藤において、この闇市的アメリカニズムの先にあったのは、日本企業と同様のビジネス化であり、国際化でした。占領期のドサクサで富を蓄えた安藤らは、渋谷に安藤組＝東《あずま》興業の事務所を構えます。それは「ヤクザの事務所というより、ちょいとしたオフィスの雰囲気だった。……（社長室の）床には緑の絨毯《じゅうたん》を敷きつめてね。ガラス張りの窓を背に、桜木製の社長机と書棚。応接セットの革の色は落ち着いた薄緑で、木の部分は桜。値の張るやつを奮発した。……定款に記載した業種は、不動産売買と興行だね。戦後復興ということを考えれば、これから必ず土地ブームが来ると確信していた」そうです。[21]

他方、彼らは興行の面でも、「表のシノギは歌謡ショーで、裏営業としてキャバレー、ナイトクラブなどの用心棒を引き受け」ていましたが、その表の顔では、人気のある歌手や俳優を脅しながら舞台に出演させ、いくつもの音楽イベントをプロデュースしていました。なかでも安藤が力を入れたのは、ロイ・ジェームスや森繁久彌、榎本健一、脱線トリオなど人気スター三八人が出演する「歌うスター桜まつり」（一九五六年）や、一九五〇年代後半のロカビリー旋風に乗って、平尾昌晃、小坂一也、山下敬二郎などの若者たちが熱狂するスターを揃えた「ロカビリー大会」（一九五八年）だったといいます。[22]つまり、戦後大衆文化のど真ん中にある音楽文化のアメリカニズムも、安藤らの感覚の近くにあるものだったのです。

ヤクザというエートス――丸山眞男の卓見

ところで、宮崎学はそのヤクザ社会学の総論ともいえる『ヤクザと日本――近代の無頼』（ちくま新書）の冒頭で、丸山眞男が古典『現代政治の思想と行動』（未來社）の中で、「無法者」についてのある理念型を提示していたことに注意を促しています。[23]この記述が登場するのは、よく知られた彼の論文「軍国支配者の精神形態」の補註です。論文本体は、私も学生の頃に読んだことがありますが、不覚にも補註は読み飛ばしていました。宮崎氏に教えられ、補註を読み直してみると、さすがの丸山、実に示唆に富んでいます。

丸山はこの補註で、「「無法者」は特定の社会の反逆者であると同時に寄生者であるという二重性格をもつており、一方ではその育つた環境や文化のちがいによつて、その生活態度や行動様式にはそれぞれ異つた特性があるけれども、他方ではそれを超えた著しい共通性が見られる」と述べ、「無法者」のエートスを構成する八つの要素を抽出しています。

（1）一定の職業に持続的に従事する意思と能力の欠如――つまり市民生活のルーティンに堪える力の著しい不足。
（2）もの（Sache）への没入よりも人的関係への関心。
（3）右の二点の裏側として、不断に非日常的な冒険、破天荒の「仕事」を追い求める。
（4）しかもその「仕事」の目的や意味よりも、その過程で惹起される紛争や波瀾それ自体に興奮と興味を感じる。
（5）私生活と公生活の区別がない。とくに公的な（あるいはザハリヒな）責任意識が欠け、その代りに（！）私的な、あるいは特定の人的な義務感（仁義）が異常に発達している。
（6）規則的な労働により定期的な収入をうることへの無関心もしくは軽蔑。その反面、生計を献金、たかり、ピンはねなど経済外的ルートからの不定期の収入もしくは麻薬密輸などの正常でない経済取引、によつて維持する習慣。
（7）非常もしくは最悪事態における思考様式やモラルが、ものごとを判断する日常的な規準になつている。

（8）性生活の放縦。[24]

このように丸山は「無法者」のエートスを要約しつつ、「無法者は原則として専門家に向かない」（徹底した状況主義！）のだが、あえて言えば、彼らは「ラスウェルのいわゆる「暴力のエキスパート」」であると指摘します。丸山が、この補註に示した注目すべき卓見を自身の主要な論文ではそれほど展開しなかったのは残念なことです。

後に苅部直《かるべただし》氏に教えてもらったのですが、丸山の母方伯父は『日本及日本人』の社主だった井上亀六《きろく》で、その家が愛住町《あいずみちょう》の丸山の家の近くにあり、その家には右翼系の無法者たちが頻繁に出入りしていて、丸山は子供のころからその現場に触れていたそうです。実際、丸山のこの無法者についての鮮やかな洞察は、決して本や資料からだけで得られるようなものではありません。彼自身がかなり身近なところで、これらの無法者たちの日々のふるまいに接する経験があったからこそ得られたものだと思われます。丸山眞男は、一般に思われているよりもはるかに深く、右翼やヤクザたちのハビトゥスや心理を実感としてよくわかっていたはずなのです。[25]

丸山の著書は一九六〇年代初頭に英訳され、国際的にも大きな影響力を発揮してきましたから、その議論がここで言われた「暴力のエキスパート」とどのような関係にあるのかも問われてきました。最近では、近代日本の政治と無法者の関係を論じたエイコ・マルコ・シナワの『悪党・ヤクザ・ナショナリスト』（朝日新聞出版）のような本も出されています。シナワは、幕末から一九六〇年代まで、一貫して近代日本においては、無法者たちの暴力行為が政治と深く関わり、「そのことは暴力が挿話的な現象ではなく、近代日本の政治的営み全体に深く根を張っていた」と述べます。[26] これはまったく正しい指摘なのですが、丸山眞男がそのことに、きわめて早くから気づいていたであろうことには注目していません。

シナワもヤクザたちを「暴力の専門家」として捉え、その政治機能を論じていますが、彼女の場合、この用語は社会学者のチャールズ・ティリーの用語と結びつけられており、かつて丸山が政治学者のハロルド・ラスウェルと結びつけて論じた「暴力の専門家」との関係がどうもはっきりしません。それで、丸山の前掲の著作に触れつつも、彼が日本ファシズム論において「暴力の問題を正面から取り上げることはほとんどなかった」となるのですが、しかしその丸山が、実はまったく同じ本のなかで、ヤクザの本質を見事に看破していたことをどう考えるべきか、これは結構深い問題です。

とはいえ、私がシナワに同意したいのは、近代日本の歴史全体が、暴力が折り重なり、複合した過程であるという認識です。たしかに戦後の近代化論者は、概して戦前期の日本の近代的、民主主義的側面を強調すべく、その暴力的側面を「脇に」置きました。他方、これと対抗的な位置にあったマルクス主義では、暴力の問題は概して階級闘争と重ねられてきました。しかし、一九七〇年代以降、社会史や民衆史はもちろん、植民地支配研究や軍事・監視に関する研究も含め、歴史と暴力の関係についての関心が浮上してきたように思います。当然、ヤクザから軍隊までの

「暴力の専門家」は、重要な対象となってきます。

すでに述べてきたように、明治の東京は、薩長軍による江戸の軍事占領とそれをめぐる暴力的なプロセスから始まったのであって、勝海舟が取り持った平和な権力移譲によって始まったのではありません。東京は暴力的に征服された首都であり、同時にそこからアジア各地を侵略し、多民族を征服していく帝都となります。この重層的な暴力性と、そこになお伏在する記憶や想像力の次元を、私は三度の「占領」として捉えてきました。こうした大きな見取図のなかで、近代性は暴力性と不可分に結びついたものとして把握されます。私は、丸山眞男はおそらく、そうした近代と暴力の関係に暗黙裡には気づいていたと思います。

万年東一と安藤昇——愚連隊を語る方法1

さて、宮崎学は前述の丸山の理念型が、戦中から戦後にかけての愚連隊の首領・万年東一《まんねんとういち》にぴったり当てはまると述べます。私は同じことが、安藤昇にも当てはまる気がします。おそらく、この一致は偶然ではありません。万年や安藤はヤクザのなかでも「愚連隊」と呼ばれますが、これは伝統的な「博徒」や「テキ屋」とははっきり異なる連中でした。

というのも、博徒は賭場の経営、テキ屋は祭礼などでの露店の仕切りという「シノギ」の基盤があるのに対し、愚連隊はそうした伝統的基盤が何もない街の不良や学生から形成された「暴力の専門家」で、伝統の拘束力が何もないので、頼まれればあらゆるタイプの暴力に手を出す傾向がありました。しかも、安藤は万年を敬愛し、安藤組＝「東興業」の「東」は万年東一の名から来たともされるように、万年を自分の人生のモデルとしていたからです。

万年東一を有名にしたのは、安部磯雄襲撃事件でした。安部は戦前期日本を代表するキリスト教社会主義の指導者で、初期の生活協同組合運動や初期フェミニズム、非戦論等とも関わりの深い人物ですが、一九三〇年代には社会大衆党の党首になっています。その安部を、一九三八年、万年は彼の配下に襲撃させたのです。この襲撃は、万年の右翼思想からのものというより、あえて議会開会中に実行されている点でも、右翼団体から依頼されて引き受けた売名的性格の強いものだったように見えます。

この万年による襲撃事件は、シナワが論じた暴力政治の典型的な事例です。襲撃の目的は、安部を殺すことよりも、安部に怪我を負わせ、それが大々的に報道されることで、暴力的右翼の襲撃に対する恐怖心を議会で煽ることでした。当然、政府はこうした暴徒を街中にのさばらせている責任を追及され、万年らは逮捕されて裁判にかけられますが、最終的には万年には執行猶予付きの刑しか科されていません。すべてが計算ずくです。

万年は山形県の小学校教頭の家に生まれています。その後、父親は上京して裁判所の書記官になっています。一家が住んだのは京王線沿線で、万年は神田三崎町の東洋商業学校（現東洋高等学校）に通い、東京高等工商学校（現芝浦工業大学）に進学、さらに明治大学に入学しています。しかし、万年は若い頃から新宿近辺の不良との喧嘩をくり返し、それが彼をその世界で有名にしました。学校でボクシング部に所属していた彼は、学校外にも不良仲間とボクシングジムを創設し、そこが愚連隊形成の温床となります。しかし時代は一九三〇年代、盛り場の風俗への締めつけが厳しくなり、愚連隊が溜まり場にしていた雀荘やバー、カフェが追い詰められていました。折しも万年は、父から金を借りて始めたタクシー会社が従業員に金を持ち逃げされて倒産、より深くヤクザへの道に踏み出していきます。

　昭和初期、万年らが関与した数々の暴力事件にここでは触れません。一九三九年頃、彼は上海特務機関の一員として上海に渡り、児玉誉士夫《こだまよしお》とも接触します。翌四〇年秋に帰京して新宿と銀座を拠点に愚連隊の活動を続けますが、四三年には徴兵となり、中国大陸の山西省に送られます。この出征姿を安藤昇は新宿で見送っていますが、二年後には戦争が終わり、帰京します。

　戦後、彼は再び愚連隊を率い、四六年七月に暴力団の落合一家と武田組、それに渋谷警察までと組んで在日華僑グループとの乱闘となった渋谷事件を起こします。さらに彼は、一九四七年の東宝争議でも組合弾圧に加担し、スト荒らしをしています。戦前期、勃興する労働運動に経営側が「アメ」として女工たちに「バレーボール」を推奨して対抗したことはすでに述べましたが、他方で「ムチ」は、争議の現場に「ヤクザ」を送り込むことでした。そしてこの両者は戦後も続き、一方は「東洋の魔女」の金メダルに結実します。他方、「ムチ」の流れは、三井三池炭鉱などの争議で労働組合潰しにヤクザが動員されていくことでした。愚連隊も、この種の使い勝手のいい「暴力の専門家」だったのです。

そして、戦中から戦後にかけての万年を、奇想天外の冒険譚として脚色したのが宮崎学の小説『万年東一』（角川文庫）です。右翼から左翼まで、数々の歴史上の人物が登場し、虚実が入り交じって展開される話で、さすがにこんなことはあり得ないだろうと思う場面も少なくありませんが、万年が安藤ら後輩たちからどう想像されていたのか、つまり偶像としての万年東一を描くことに宮崎の関心は向けられているように思えます。

この冒険譚で、宮崎が万年と対極に位置する存在として描くのが児玉誉士夫です。児玉は戦中、海軍航空本部嘱託となり、上海に「児玉機関」を設置して物資調達や宣撫工作に従事していました。その際、少なからぬヤクザや「暴力の専門家」を使った可能性が高く、万年もそうして児玉と関係を持った一人だったかもしれません。戦後、児玉はA級戦犯に指定されますが、戦中期に貯め込んだ軍の闇資金を私的に温存しており、釈放されるとその資金を鳩山一郎の自由党に提供、保守政治の黒幕となります。その後も彼は、数々の疑獄事件の裏で暗躍し、一九六〇年代末、米ロッキード社の秘密代理人としてエアバス選定に暗躍したことが、首相田中角栄を失脚させるロッキード事件となるわけです。

宮崎の小説では、万年はその児玉に我慢がならない、本能的に敵意を持ち続けた人物として描かれます。児玉は、極貧からのし上がり、金の力で権力と結び、戦時期は日本軍と、戦後は米軍と裏の関係を作りました。そうした児玉を万年は嫌悪し、事あるごとに彼の前に立ちはだかり、殺されかけます。積極的に権力と癒着し続けるフィクサーと、そんなことにまるで頓着しない愚連隊の対立です。

丸山が看破したように、万年の性生活は放縦で、彼には「一定の職業に持続的に従事する意思と能力」がなく、「不断に非日常的な冒険、破天荒の仕事を追い求め」ます。しかし彼は、まったく吝嗇ではなく、得たものはすべてその場で使ってしまう。その瞬間瞬間がすべてだという野生の感覚です。だから、「仕事の目的や意味よりも、その過程で惹起される紛争や波瀾それ自体に興奮と興味を感じる」のです。

この万年の背中を見ながら、やはり徹底して性的に放縦だった安藤にとって、児玉誉士夫と似た位置にいたのが横井英樹です。横井もまた極貧からのし上がった人物で、戦争末期、海軍に取り入って軍需産業の下請けで暴利を得ました。戦後は占領軍に取り入り、不動産業に進出、没落する皇族の土地を買い漁り、さらに巨利を得ます。日本軍にも米軍にも取り入り、相手が旧皇族でも足元を見て買い叩く。体制の崩壊期には、こうした非道な企業家たちが跋扈します。横井は最底辺を知っているが故におのれの非道さを気にしません。そしてその資金を使い、東急総帥の五島慶太を後ろ盾に老舗白木屋の乗っ取りを画策します。

万年は事もあろうに、一度は横井に頼まれ、この白木屋乗っ取りに加担しています。要するに、思想や行動に一貫性はないわけです。その後、彼は五島との相性が悪く、乗っ取りから手を引きますが、旧財界人と五島たちが真っ向から対立した白木屋事件では、双方がヤクザを動員して株主総会はヤクザたちの激闘の場となりました。ちなみに安藤は、ここでは白木屋側に動員され、

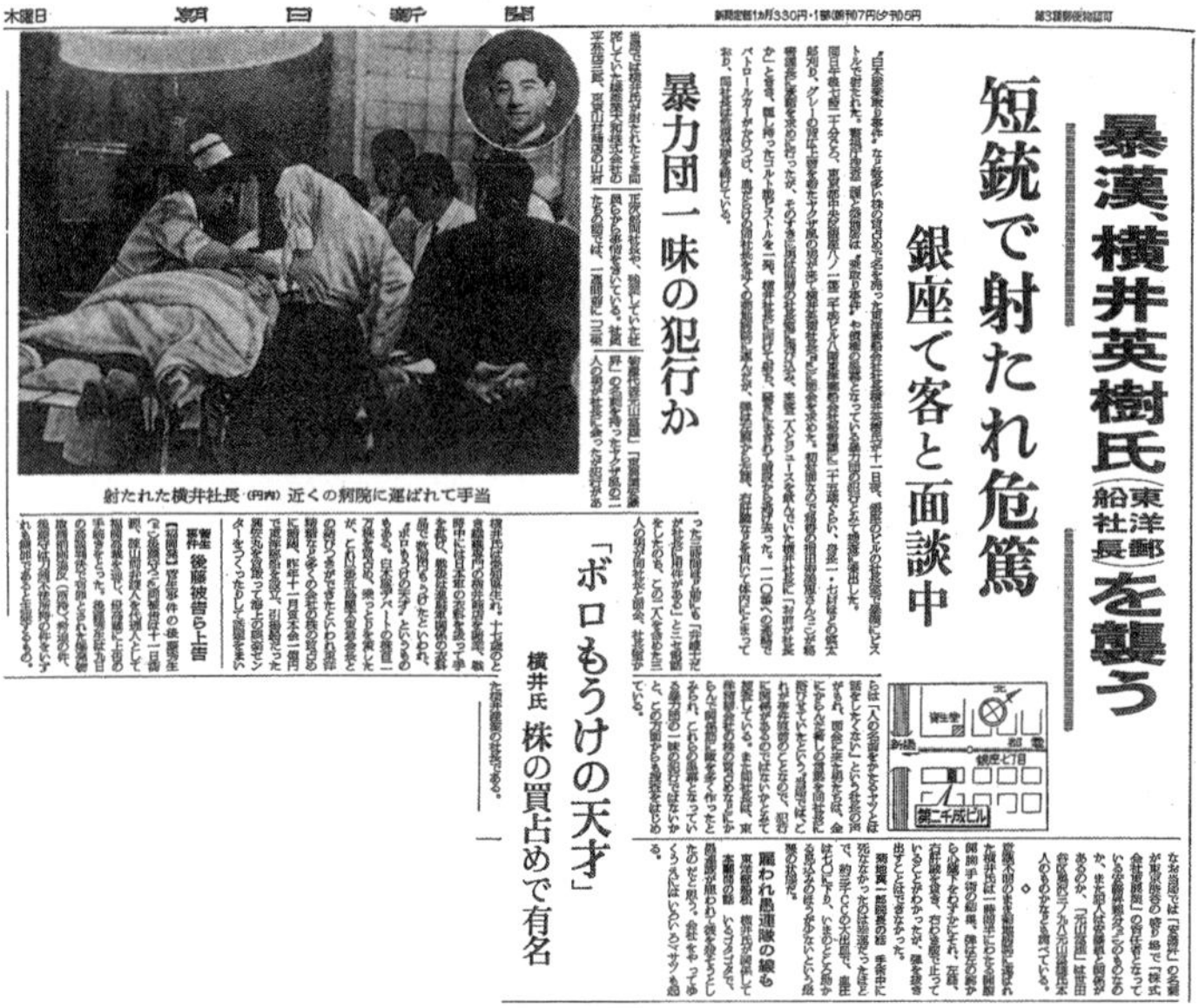
木曜日　朝日新聞
暴漢、横井英樹氏（東洋郵船社長）を襲う
短銃で射たれ危篤
銀座で客と面談中
暴力団一味の犯行か
射たれた横井社長（円内）近くの病院に運ばれて手当
「ボロもうけの天才」
横井氏 株の買占めで有名

図8—2　横井英樹襲撃事件の報道　（1958年6月12日付「朝日新聞」）

抗争に参加しています。戦後日本の資本主義は、暴力と紙一重で拡大してきたのです。結局、白木屋は東急に乗っ取られ、老舗は東急百貨店となりますが、人々に受け入れられることはなく閉店、現在は「コレド日本橋」となっています。

そして安藤昇は、この横井を銃撃し、獄に繋がれるのです。しかし万年が、一度は横井に協力しかけているように、万年＝安藤の生き方に一貫性があるわけではありません。彼らは状況次第で、相手が児玉や横井でも手を結びます。また、時にはそうした連中を殺そうともします。だから「愚連隊」なわけですが、どちらにでもなびく暴力性そのものです。

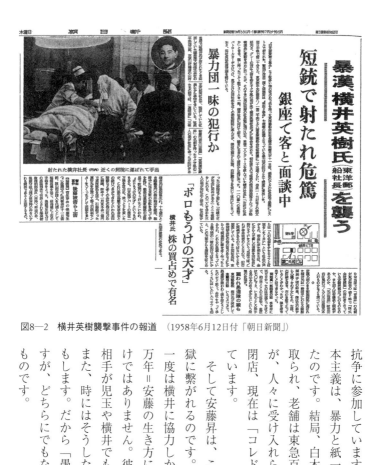

花形敬と安藤昇――愚連隊を語る方法2

さて、安藤昇を考えるのにもう一人避けて通れないのは、彼の舎弟だった花形敬《はながたけい》です。花形は、喧嘩は滅法強く、誰も対抗できないのですが、周囲との予定調和をかき乱すところがあり、他の舎弟たちにとっては扱いにくい存在でした。また、万年も安藤も決して貧困層の出身ではなく、万年の父は裁判所書記官、安藤の父は大企業ホワイトカラーというように、経済的に恵まれた家庭の出身だったわけですが、この点は花形にいっそう当てはまります。

花形は、東京・世田谷区船橋に広大な土地を持つ旧家の出身でした。両親は一九二〇年代半ばまでシアトル在住で、帰国後に彼らが経堂に建てた家もアメリカ式でした。そのような「モダン」に溢れる家で、花形は六人兄弟の末っ子として育ちます。アメリカ生まれの長兄は戦後、米国市民となり、次姉は日系二世と結ばれてロサンゼルスに移ります。英語が当り前のように交わされる国際的な家で、花形はヤクザになってからも、母の誕生日には銀のスプーンをプレゼントする習慣を続けていました。通念的なヤクザのイメージからはかけ離れていますが、安藤や万年と並べてみれば、まったく異質というわけではありません。ちなみに安藤も、既述のように後年まで母智恵に多くのプレゼントをしていたようです。

花形は、千歳中学、国士舘中学で実質的な退学処分を受け、その後は明治大学予科に入り、闇市時代の渋谷を徘徊、多くの喧嘩で相手を圧倒していました。彼は早くから不良仲間で有名でし

図8―3　『安藤組外伝　人斬り舎弟』（中島貞夫監督、東映、1974年）DVD

たが、国士舘以来のつきあいがあった石井福造の紹介で安藤の舎弟になります。

しかし、安藤が早くから経営に強い意欲を持っていたのに対し、花形はそうしたことにまるで無関心でした。安藤は、稼いだ金で渋谷宇田川町の店を買い取ってバーの経営を始めます。さらに彼は、円山町の旅館の女将といい仲になり、実質的にその旅館の経営も手にします。他方、花形は安藤の事業に無関心で、少数の子分と街で喧嘩を重ねていました。やがて彼は、安藤が服役中の一九六三年、暴力団との抗争で刺殺されてしまいます。

この花形を主人公に、東映任俠映画のなかでも実録路線の嚆矢ともなる『安藤組外伝　人斬り舎弟』が、一九七四年に中島貞夫監督により撮られています。原作は安藤昇自身で、安藤は映画でも安藤組組長として登場します。そして、映画では「日向健」という名の花形を演じたのは菅原文太です。彼と因縁の衝突をする石井福造（映画では「野田進二」）を演じたのは梅宮辰夫です。中島監督は、この七年前に異色の特攻隊映画『あゝ同期の桜』を撮っており、また一九七二年に『木枯し紋次郎』で渡世人の孤独を描いてもいます。おそらく彼は、深作欣二と同様、戦中・戦後の日本の暴力に内包される絶望に深く鋭敏でした。

しかし映画を観ると、安藤や花形の描かれ方が日本化されすぎています。菅原文太ですから、ドスの効いた暴力性はよく出ています。しかし、花形にはある弱さというか生きづらさの感覚と、それと表裏をなす優しさが危うく共存していました。中島監督と菅原ならば、そのへんの微妙なゆらぎを描けたのではないでしょうか。しかも花形は、日本のヤクザという以上に、アメリカのギャング映画に出てくるアウトローに近い存在だったと思います。安藤組は、日本の任俠映画よりもアメリカのフィルム・ノワールのほうが似合っています。

他方、この中島作品にも仄めかされる花形の孤独を、ノンフィクション作品として掘り下げたのが、本田靖春の『疵』（文春文庫）です。本田は、彼の卒業した中学校の二年先輩に花形がいたことを手がかりに、彼の兄と花形の近似に目を凝らします。本田の父は日本の軍需会社の京城支社にいて、一家はソウルで終戦を迎えました。一家の引揚は一九四五年九月、私の母たちと同じように釜山まで鉄道で行き、そこから興安丸で仙崎に渡り、九州にしばらく滞在します。

その後、一家は上京、京王線沿線に住むようになり、兄弟は花形と同じ千歳中学校に通い始めます。同じ頃、本田の兄は新宿の和田組マーケットにあった雀荘に入り浸るようになっていきました。やがて兄は家出し、和田組マーケット二階の天井裏に寝泊まりし始めます。彼の兄を賭け麻雀に誘った友人は、その後、ヤクザの世界に深く入っていきました。本田の兄は、結局は大学を卒業、「逮捕歴一つつくことなく、正業を営んで」いきますが、友人と兄の人生には、「襖一枚分の隔たり」しかなかったと、本田は述べます。[27]

この点について、私はかつて、ある雑誌の本田靖春追悼号での作家の佐野眞一さんとの対談でこう語ったことがあります。

あの時代は、花形でなくてもそこら中みんな不良だらけでした。花形みたいな道をたどった人間と、大手の新聞社や放送局に入ってそれなりに『真っ当な仕事』をして世間的な地位を築いていった人間の差は、ほんのわずか、たかだか一・五センチ。……この差は本当に偶然的な差なんだけれども、やがて歴史の中で差が出てくる、というかすごく差があるという意識が蔓延していくわけです。[28]

その一方で、本田がとりわけ目を凝らしていったのは、戦後ヤクザの世界における花形に象徴される安藤組の特異性でした。彼は、「安藤組はヤクザの世界の秩序を否定する、アウトローの中のアウトローであった。なかでも、花形のアウトサイダーぶりは際立っていた。彼には安藤組の構成メンバーという意識さえ希薄で、『花形敬』を一枚看板に世の中を押し渡っていたからである」と書いています。[29]花形は、安藤以上に愚連隊のエートスを実践していたのです。それは丸山眞男が日本の「無法者」のエートスとして抽出した理念型と重なりつつも一面で異なるものでした。花形のふるまいは、手のつけられないほど凶暴でしたが、彼は「喧嘩の際に、ピストルはおろか刃物さえも、凶器は一切用いたことがない。いつの場合も素手であった。その一点に私は惹かれる」と本田は書いています。[30]

安藤には、万年をモデルに自分を「暴力」と「性」の体現者として演出するところがありましたが、花形はより直截に暴力そのものでした。彼の顔には多くの疵があり、そのなかには自分で切った疵もあったようです。自傷です。つまり安藤にとって暴力がカブキ者的なものであったとすれば、花形にとって暴力は、他者にも自己にも向かう実存的なものだったとも言えます。安藤は鋭くそこを見抜いており、花形は喧嘩が「強いったらどうしようもないね。いたずらっぽい悪いことはやるけど、道にはずれたことはしないし、正義感が強いんだね。／あれで、柄に似合わない繊細な字を書く。丁寧で正確で印刷されたようなうまい字だよ。こまかい神経があるんだろうな。／太い神経と繊細さが交錯していて、そのバランスがときどき崩れるんだけど」と語っていました。[31]安藤が闇市で膨張する組を率い、後に華麗に映画俳優に転身できたのは、こうした周囲への観察眼の鋭さによったのでしょう。

清水次郎長からの反復と転位

さてここで、幕末維新期、江戸＝東京の周辺で、無宿人の増大を基盤に博徒の力が急拡大していたことを思い出してみましょう。東海道筋の清水次郎長や甲州街道筋の黒駒勝蔵《くろこまのかつぞう》をはじめとして、江戸に向かう街道筋に大親分が跋扈し、幕府軍も薩長軍もそれらの大親分を味方につけようと画策します。維新以降も、この博徒の大勢力は、秩父事件の田代栄助のように、薩長政権を相手に武装蜂起すら辞さなかったのです。つまり、それまで揺らがないと思われていた体制が一気に崩壊に向かう幕末維新期は、博徒の大繁栄期でした。

他方、日中戦争が本格化する一九三〇年代後半から敗戦、占領期を経て五〇年代までの近代日本の崩壊期も、万年や安藤、花形が盛り場をのし歩いたヤクザ全盛期です。新宿をはじめ、銀座・新橋、渋谷などの東京の盛り場を裏で支配していたのは、テキ屋や博徒、愚連隊、そして戦後は在日朝鮮人や中国人も加え、互いに抗争する暴力集団でした。

すでに明らかなように、この二つの全盛期は偶然生じたのではありません。いずれの「繁栄」も、都市の占領（及び被占領）と連動しています。幕末維新期の博徒集団は、黒船来航以降、徳川幕藩体制の牢固たる統制が急速に崩壊するなかで、おのれの暴力と瞬間的な才覚を頼りとする巨大なエネルギーが解放されたことを背景に勢力を拡大しました。戦時期からポスト占領期にかけてのヤクザたちも、まさしく万年や安藤が体現したように、おのれの暴力と瞬間的な才覚でのし上がっていきました。そして、維新の動乱の中でも冷静さを失わなかった清水次郎長と同じではありませんが、安藤もまた一九六〇年代初め、こうしたヤクザ全盛の時代が終わったことを見越し、安藤組をさっぱりと解散しています。

そもそもカブキ者としての原ヤクザが誕生したのも戦国から徳川にかけての最初の江戸占領期であったわけですが、都市占領は文字通りの暴力行為であり、そのような占領が生じる周辺では無数の暴力が渦巻いてきたと考えられます。それらの渦巻く暴力は、占領者の到来とともにすぐに鎮まるようなものではなかったはずです。体制の崩壊は、それまで周縁化されていた草莽《そうもう》たるエネルギーを解放し、その解放は、言葉による以前に草の根の暴力の形態をしばしば纏います。やがて、占領が完成期に差し掛かると、それらの暴力は鎮圧され、管理されていくことになるのです。博徒や愚連隊の盛衰は、この過程を象徴的に示しています。

もちろん、次郎長のような博徒と安藤らの愚連隊の間には決定的な断層もありました。やくざの歴史の通史的な探究を重ねてきた猪野《いの》健治《けんじ》によれば、政府に真っ向から挑戦した秩父事件や群馬事件の後、博徒の「大狩込み」が行なわれ、この過程で博徒のあり方も変質していきます[32]。博徒勢力は日本の経済発展に対応して、日清・日露戦争期に息を吹き返しますが、その頃までに幕末維新期とは根底から違う姿になっていました。そもそも稼業は従来の賭博中心ではなく、花柳界や興行界、土建業、炭鉱業等と結びつき、花柳界では廓経営や用心棒、遊女の逃亡監視、興行界では縄張りからの「挨拶料」徴収や興行プロデュース、土建や炭鉱の現場では、人夫供給と逃亡監視、現場監督や飯場の経営など多岐にわたっていきます。

そして、これらの多角的業務を巧みにこなす親分のなかから、近代ヤクザの元祖ともいえる吉《よし》田《だ》磯吉《いそきち》のような大親分が出てくるのです。博徒からヤクザへの転換です。

このように戦中・戦後期のヤクザはもはや、実業的な資本主義の仕組みから逃れることはできなくなっています。それでも一匹狼的な万年や花形は、個人や少人数での喧嘩が多く、あまり企業的活動に興味を示していません。他方、安藤は積極的に企業家になろうと画策していました。

ある意味で、だからこそ彼は、本当は最も冷静だったはずなのに、強欲な企業家の横井英樹に我慢がならず、銃撃事件を起こして組を解散に追い込まれることになったのです。

しかし、この安藤の企業家精神は、ひょっとすると彼の原風景的な経験と無関係ではなかったかもしれません。万年も花形も、育ったのは東京西の郊外で、その中産階級的な風景からそれぞれ逸脱していきます。安藤も含め、新宿・渋谷が彼らの「不良化」の舞台となったのはよく似ています。ところが安藤の場合、彼が生まれ育ったのは、すでに述べたように私の曾祖父一家が住んでいた淀橋区東大久保です。その東大久保の家の主だった安藤の祖父、私からすれば曾祖父の山田興松は、実は驚くべき発明家で、企業家でもありました。サラリーマン的な文化というよりも、幕末の起業家的な文化がそこには濃厚に渦巻いていたように思えるのです。この文化は、私の祖母にも、また安藤にも、何らかの影響を及ぼしてはいなかったでしょうか?

第9章

「造花」の女学校と水中花の謎

——山田興松とアメリカ進出

曾祖父・山田興松とは誰か？

前章の冒頭に紹介した「チエちゃん」と「ノボルさん」の話に加え、もう一つ、私が幼い頃から、こちらは何度もよく聞かされた話があります。

　あなたのひいおじいちゃんはね、水中花を発明して、それを売って歩いていたのよ。

そうか、曾祖父は「フーテンの寅さん」だったんだ、というのがこれを聞いて私が抱いていた印象でした。フーテンの寅さんの曾孫《ひまご》というのはなかなか楽しい感じで、私はこの話が気に入っていました。もちろん私は「水中花」が何かを知っていましたが、そんなものを自分の曾祖父が発明したというのは俄かに信じ難く、たぶん商売でその種の商品を扱っていたのだろうと考えたのです。縁日の露台に水中花が並ぶイメージです。

この想像が根本的に間違っている、つまり祖母や母が話していたのは本当らしいと気づかされたのは、国立国会図書館の「近代デジタルライブラリー」（現「デジタルコレクション」）のおかげです。母が世を去り、戸籍謄本を集めた際、当然、「ひいおじいちゃん」の実名もわかったので、私は何気なく曾祖父の名を国会図書館の検索システムに入力してみました。すると、驚くべきことに曾祖父の明治期の著書が二冊もヒットしたのです！　しかも、二冊は水中花とも関連が深い著作でした。曾祖父は、なんと明治日本を代表する造花術や細工物のエキスパートだったのです。母や祖母の話に一挙に信憑性が増してきました。

私の曾祖父の名は、山田《やまだ》興松《おきまつ》と言います。彼の著作は二冊とも明治の大手名門出版社だった博文館から出ていて、一冊目の『実用造花術指南』の出版は明治三七（一九〇四）年です。この本の冒頭で興松は、「造花技術には未《いま》だ一定せる方式なるものあることなし／是《こ》れ畢竟《ひっきょう》斯術《しじゅつ》が未だ充分完全に発達隆昌せざるに因《よ》るものなるべし／依《よっ》て本書には余が十数年来の実験に依《よ》りて得たる方法」を開陳すると宣言します。[1]つまり、「技術」としての造花は発展途上にあり、彼は十数年にわたりこの分野で技術開発の実験を重ねてきたとの主張です。加えて彼は、これまで造花術について書かれてきたものは、技術の持ち主と紹介者が別人で、そのため「理法実際に適合せず／読者をして隔靴掻痒の感あらしむる」ばかりだったが、本書は著者自身が技術の開発者でもあるから、そうした心配はないとします。[2]

本編でも、興松は造花が「技術＝美術」であることを強調し続けます。植物の花は「天然に発《はっ》蕾《らい》開花するもの」ですが、造花は「此《この》天然に模するの技術」で、自然が複雑に成り立つのと同じように、この人工の自然も「複雑多趣なる亦当然」です。一本の花でも「枝あり子枝あり葉あり蕾あり花あり」で複雑極まりなく、「百花千草之《こ》れを手術の智能に訴へて製出《せいしゅつ》せんとす複雑多端測り知るべからざるなり」というのです。[3]つまり、造花というのは人工的自然（アーティフィシャル・ネーチャー）の製作術なのであって、自然が無限に複雑であるように、この技術も途方もなく複雑なものとなるというのが彼の主張です。
この人工的自然の製造で、興松《おきまつ》が最も重視したのは「自然の写実」です。この観点は、興松の造花論を貫いていきます。彼は、市街に掲げられるペンキ塗りの広告看板を「美術」と称すべきかを問い、これを否定します。同じように、「紙にて無意味なる花を造り蕊《しべ》もなく萼《がく》もなき物」や「葬儀用の蓮花瓣葉《はすはなべんよう》」を「造花」に加えることを興松は拒絶します。もちろん、彼は「花蕊萼《かずいがく》花《か》冠等總《かんとうあら》ゆる花葉の諸組織を具備」したものだけが「造花」だとは言っているのではありません。造花術では、「勉めて緻密なる研究工夫を以て外観をして一見実物と其眞《そのしん》を争ふ程の観感《かんかん》を起さしむるの妙趣に至らざれば巧妙の技《ぎ》と称するを得ざる」のであって、それには「写生研究」の徹底しかないのです。なぜならば、「実物は眞の良師なり／実物と其眞偽を争ふに至りて始めて造花の妙を達」することになるからです。[4]
つまり、興松の立場からするならば、後に鶴見俊輔が提案する「限界芸術」や石子順造《いしこじゅんぞう》が論じた「キッチュ」は「芸術」や「美術」であってはならず、「造花」はあくまで「美術」や「技術」、すなわち近代的な規範の側に位置づけられるべきものだったわけです。
このような前作のモチーフに対し、二冊目の『摘《つま》み細工《ざいく》指《し》南《なん》』で、興松は女性の細工的な技芸が近代の市場でどう販路を拡大ができるかを考えています。この本の出版は明治四二（一九〇九）年で、前著の五年後です。この間に日露戦争があり、戦後、日本はアジアの植民地帝国への道を歩み始めていました。そうした中、興松は女性の職業領域と結びつけて彼の造花術を大衆化する方法を模索します。もともと「摘み細工」は江戸時代から発達していた手芸です。細かい布地を摘《つま》んで貼り合わせ、簪《かんざし》や櫛の多色の装飾を作り上げるもので、興松は、これを同時代の女性たちを作り手とする産業に育て直そうとするのです。

彼は『摘み細工指南』の冒頭、この日本固有の「高尚にして興味多き手芸」が「従来世人の注意を惹か」なかったのは、「多く姑息なる手段方法を用ひ居たると又一《またひとつ》は細工の範囲を其れ程に多くの方面に応用しなかつた」からだと批判します。ここで興松が「姑息なる手段方法」と断じたのは、摘み細工の専門業者が「各自その工夫をしたる細工の要處は秘して」きたことを指します。[5] 印刷革命以前、技芸は家伝的に秘匿されてきたわけですが、この仕組みは近代社会には適合しません。知識は公開され、より広く普及し、改良されていくのです。

他方、彼が細工の範囲を「多くの方面に応用しなかつた」と言うのは、摘み細工の用途を簪や櫛などの伝統的な小物に限定してきたため、「折角の細工も一部の専業者のみのものとして世に捨てられ」たという批判です。[6] 興松は、旧来の専門業者の閉鎖性を批判し、この技術の新しいマーケットと新しいタイプの生産者を育成しようとしていたのです。

こうした観点からすると、摘み細工には大いに可能性があると興松は論じます。摘み細工は平面も立体も対応可能で、色彩的にも艶やかなので、時代の風潮とマッチします。何よりも、摘み細工は「学習の年月も多く費やさずしてその一通りは熟達の域に達する」うえ、「道具も多く買《か》集《あつ》むるの要もなく、材料も僅少《わずか》にて緻密のものなる随分高価のものを造ることが出来」るので、入口のハードルが低いのです。しかもその応用は、実用品では「簪、両差《りょうざし》、根懸《ねがけ》、写真立《しゃしんだて》、花櫛、針打《はりうち》、其他《そのた》種々《しゅじゅ》範囲多くその他装飾品としては殆んど数へつくし難き程多方面」に渡ります。したがって、摘み細工は元手の資本がなくても始められる「女子の仕事としてはまず造花よりも却て適当」と考えられるのです。[7]

女子教育と手芸としての「造花」

この興松が出版した二冊の本には、顕著な共通点があります。それは、二冊とも独学を含めた学習用の教科書だということです。これらの本の読者は、これから造花や摘み細工の技術を習得しようとする学習者で、本には学びを容易にする参考書的工夫がふんだんになされています。

実際、興松もはっきり「初歩者の独習用の一書」としてこれらの本を出版したのだと述べていました。『摘み細工指南』の冒頭では彼は、「初学の指南として実際の上に於ける技芸の順序と諸般の応用法を前提として入門の用意を示し、且つ初学者の為にその易きより難きに進むの順序を明らかにし、仮令《たとえ》此技《このぎ》を見聞せざる程の初心者にも容易に理解しうべく、其の仕事の方法並に器具の持ち方等に至るまで之を図解し、又実物の標本たるべきは一々其の作り上げたるものを写し生じて其《その》誤りなきを示した」と宣言しています。[8]

造花や摘み細工を学ぶ標準的な教科書を書く。――この興松の情熱はどこから来ていたのでしょうか？　答えは、『実用造花術指南』の冒頭の例言末尾に書かれています。彼は例言を、「質問せらるの士は『東京市神田区西小川町二丁目二番地造花技術校』宛照会せらるべし」という一文で締めくくっています。そして、出版にあわせて新聞掲載された広告も、興松の造花術が「老熟の域に達し、目下校舎を開て生徒を教授するの傍ら其教科書に充ん為め本書を編述」（読売新聞、一九〇四年四月七日）したと謳っていました。広告に掲げられた著者の肩書は「造花技術校長」です。興松は、神田小川町にあった造花技術校の校長でした。

なんと、私の曾祖父は、「フーテンの寅さん」ではなく、著述家であり発明家であったばかりか、教育者であり学校経営者でもあったのです！　私は、そんな話は母からも祖母からも聞いていません。曾祖父は水中花を発明し、売り歩いていたという話だけです。その話から私が想像していた姿と、実際に国会図書館や新聞社のデジタルアーカイブを探索することで浮かび上がってきた曾祖父の実像は大きく異なります。しかも曾祖父が専門としていた「造花」は、明治期の女子職業と深く結びついていました。つまり、興松が指導的立場で関わっていた活動は、第6章で論じた女工たちの労働をめぐる問題系に重なるのです。

曾祖父は何者であったのか？　明治の東京という文脈でこの問いを深めるには、当時、「造花」が置かれていた現在とは大きく異なる位置を確認しておく必要があります。ジェンダー論的視座から日本近代美術史を研究している山崎《やまさき》明子は、「手芸」というカテゴリーが明治国家の権力－ジェンダー編制のなかでいかに浮上してきたかを検討しました。そして、そこでの「手芸」概念が現在とは大きく異なり、「裁縫」や「編物」と同程度の重みをもって「造花」や「機織」

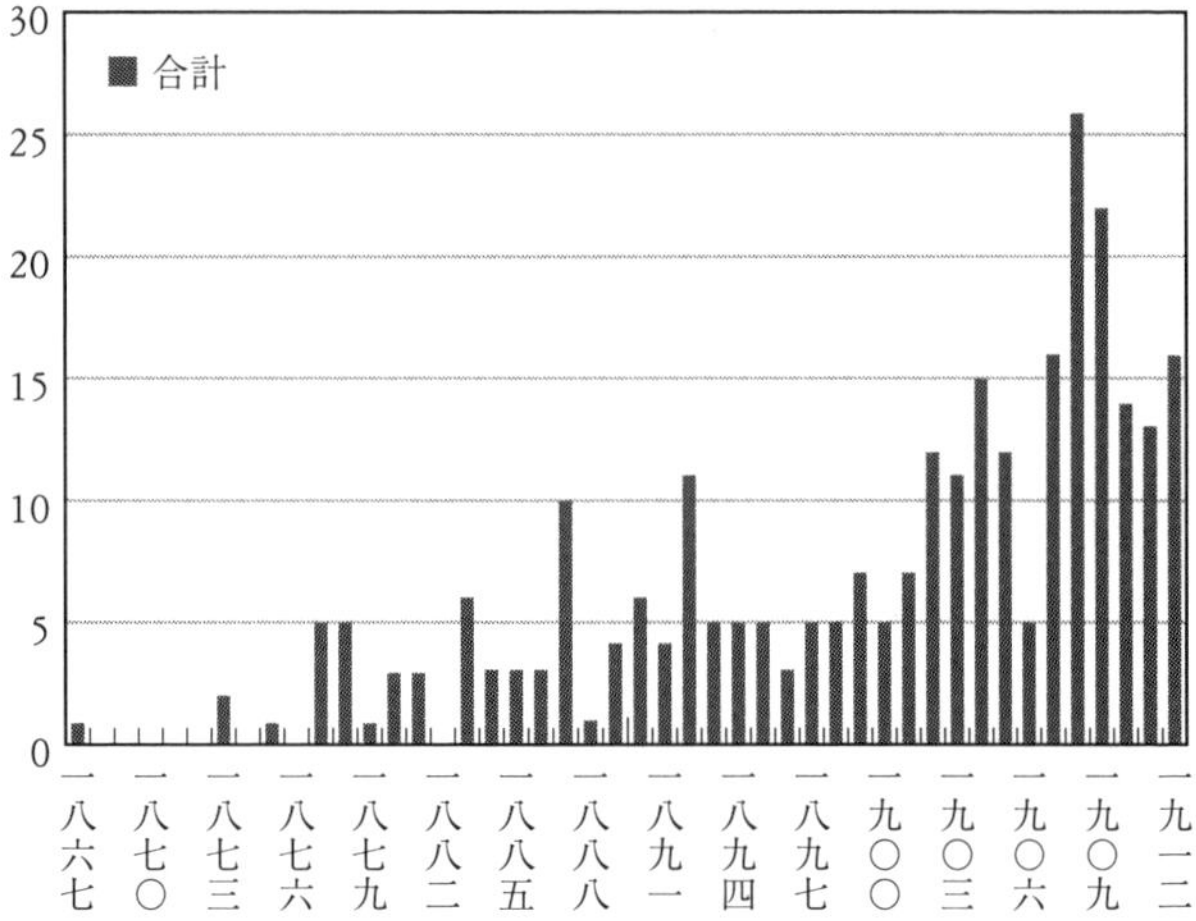

図9—1　明治年間の手芸テキスト出版の推移　山崎明子『近代日本の「手芸」とジェンダー』（世織書房、2005年）

を含んでいたことを明らかにしています。山崎は、明治期に実に多くの手芸本が出版されていたことに注目し、二八〇冊以上に及ぶテキストの量的分析を進めました。

その分析によれば、「手芸」に関する出版は「一八七〇年代末から徐々に増加し続け、明治四〇年代にピークに達し」ます。絶頂期の「一九〇八年には、年間で二六冊もの手芸テキストが出版」されていました。全体の六割以上は「裁縫」のテキストだったのですが、続いて多かったのが「造花」「機織」「編物」で、これらの特徴は、「生活の糧となる可能性があること」、つまり「家庭内における趣味としてではなく、収入を得るための手段、特に内職」と結びついていたことです。実際、「造花」などの単科のテキストが激増するのは一九〇〇年代半ば以降です。この頃、単に女性の手仕事を総称する「手芸」ではなく、資本主義経済に組み込まれた女性労働＝内職としての「手芸」が確立するわけで、「造花」はその中核でした。[9]興松の二冊の著書も、この手芸ブームに乗って出版されたものだったのです。

山田興松の日本美術女学校

こんなわけで、興松は『摘み細工指南』で、造花をはじめとする手芸が「近時に至りては諸方の学校に於て之を別科として教授するに至りたるは此の技芸の必要が次第に世間に知られ来たから」だと意を強くしていました。この強気の認識からか、やがて興松は、造花技術校の名を「日本美術女学校」と改称します。

これは随分と派手に見得を切ったものです。そもそも岡倉天心が後に東京藝術大学となる東京美術学校を設立したのは一八八九年です。その後、内紛から岡倉は職を辞し、上野谷中に日本美術院を開設します。「日本美術女学校」を名乗るというのは、その岡倉の挑戦の女性版を主張するようなもので、いくらなんでも興松の大風呂敷も度が過ぎます。当時、後に女子美術大学となる「女子美術学校」が横井玉子《たまこ》（横井小楠の義娘）らにより本郷に設立され、また同じ本郷に「東京女子手芸学校」も設立されており、美術・技芸系の女学校が設立ブームでした。興松は、そうした流れのなかで自校を大きく見せようとしたのでしょう。

つまり、山崎の研究について池田忍が論じたように、「手芸」はこの時期、中産階級以上の子女から女子初等教育、そしてより下層の女性たちの職業教育までを含め、「女性の国民化」を推進するフーコー的な意味での近代化の身体技術として急速にその裾野を拡大させていたのです。そして私の曾祖父は、そのような時代の流れに目敏く乗ろうと、その経営する「日本美術女学校」の価値をメディアに喧伝していたのでした。[10]

しかし、名は必ずしも実を伴うとは限りません。調べると明治期の新聞で、興松の日本美術女学校についていくつかの記事があります。なかでも詳しいのは、一九〇六年四月一三日に読売新聞に掲載された記事で、興松の学校についての詳しいリポートとなっています。これはなかなか辛辣な記事で、私立学校がひしめき合う神田・本郷一帯では、表向きは「教育」を標榜していても、実際には「営利」を目的としている女学校が目につくとして、興松の日本美術女学校をそうした「営利」目的の学校の例として挙げています。

この学校のカリキュラムは、学科が「読書」「修身」「作文」「習字」しかなく、「裁縫」「造花」「袋物」「刺繡」「編物」「壜細工」等に大部分の時間が割かれていました。つまり、実質的には実技しか教えていないのです。そもそもの教育の質に問題があったわけですが、生徒もたった三二人です。記事は、「校長山田興松（三七歳）、同氏妻《さい》かく子（三〇歳）との間に長男侚三（一三歳）、次男統（三歳）、長女すみ（一三歳）、次女八重（六歳）、三女花（五歳）の二男三女ある外山田氏の実父里治（六七歳）と云ふ老人を合せて一家族八名」（正確には、すみは里治の子、八重は長女）の学校長家族が授業料だけで生活していけるのかを細かく計算します。その結果、「八人の親子は食ふ事も衣《き》ることも出来なくなる」はずと予想するのです（読売新聞、一九〇六年四月一三日)。
驚くべきことに、この新聞記事にはなんと、まだ子供の頃の私の祖母の生活の様子が出ていたわけです。女学校は、家族ぐるみの経営でした。安藤昇の母親となる興松三女の智恵は、長女の八重とは六歳違いでしたから、この記事の時点では生まれていないか、生まれたばかりのところであったはずです。曾祖母のカクは記事では「かく子」となっていますが、すでに四人、五人の子を抱え、子育てで精一杯だったでしょう。結局、女学校は興松のかなり強い個性でワンマン経営だったであろうことが想像できます。

そして、こうしてまで記事が興松の学校経営の内幕を暴露したのは、この女学校が実は授業料以外の収入で成り立っているのを立証するためです。記事によれば、「五名の女学生は無料にて同校に寄宿して専ら編物、造花、刺繍其の他の製造に従事して/是れを市中の商店に販売して実際の利益を図る外/毎月《まいげつ》短期の講習会を開きて生徒を収容し/更に又地方なる女学生を的《あ》てに通信教授をなし/時に商店よりして一時に多くの美術品の注文ありて漸く前記の欠損を補ひ」得ていたのです(同前)。興松は、実質的には造花製造の工房のような施設に、「美術女学校」という衣裳を纏わせていたのです。

しかしながら、この曾孫(=著者)による断定は、興松には酷すぎるかもしれません。実は、生徒たちに作品を製作させて市中の商店で販売し、学費減免等の措置を取っていたのは日本美術女学校だけではありません。当時、たとえば横井玉子らの女子美術学校にしても、生徒は二五名しかおらず、生徒には「学校より材料を與て其の製作物を買上ぐるの設《もうけ》あれば更に学費を減じ或は全く学費を」免除する措置を取っていました（読売新聞、一九〇一年一〇月一五日）。同様の女子職業教育から出発し、やがて高等教育機関として大きく発展していく共立女子職業学校（現・共立女子大学）でも、生徒たちの製作物の注文販売が行なわれています。

他方、興松は彼の女学校に何人かの有力な講師を招聘してもいました。たとえば彼は、呉服店からデパートメントストアへの転換を遂げつつあった三越呉服店とも連携していたようで、ちょうど日比翁助《ひびおうすけ》の率いる同店が「デパートメントストア宣言」を出した直後の一九〇五年、裁縫主任だった加藤嘉兵衛を招いて「実用的裁縫及び造花刺繡」等を教授させています（読売新聞、一九〇五年九月二日）。時代の流れをかなりよく読んでいます。

さらに興松の学校は、何人かの才能ある造花の作り手を輩出してもいました。たとえば、「福島県生れの池田とく子と云へる卒業生舊蠟中（昨年十二月）米国桑港（サンフランシスコ）に渡り同市ゲリー街四百二十四番に独立商店を開き旁々日本式造花術を米国の少女に伝へつつあるが、同地在留の日本人等は大に是れを賛し興に倶に日本造花の極妙を弘めんと盡力せる」と報道されています（読売新聞、一九〇五年一月二五日）。今風に言えば、グローバルに活躍する女性起業家が興松門下から育っていたのです。

ですから、興松がもうちょっと辛抱強く女子職業教育にこだわっていたら、彼の学校は技能系の私立女子大学として発展していたかもしれないのです。ちなみに同校は通信部を設け、「本校独特の通信教授」を早くから実施していました。専門学校の通信教育は、すでに一八八〇年代から法律系の私立学校で始まっていましたが、手芸系の専門学校では興松の学校が最も早かったのではないかと思います。戦後、通信制の大学教育を発展させるのは慶應義塾大学と法政大学ですが、興松の目のつけ処が抜群に早かったのは間違いありません。

対米進出と「造花」という輸出産業

そして、興松のこうした多面的な才や野心と水中花とのミッシング・リンクをつなぐ糸を教えてくれるのは、前章で取り上げた私のいとこ叔父の安藤昇です。興松は安藤からすれば祖父なのですが、この祖父について安藤は著書のなかで何度も言及しています。

　母方の姓は山田で、信州上諏訪の出身である。曾祖父は、上諏訪の遊郭の一人娘と東京へ駆け落ちして、祖父・興松を生んだ。／興松は、渋沢栄一と同窓の寺子屋に学んだ学問好きで、さまざまな物を発明考案している。水を張ったグラスに入れる「水中花」をご存じだと思うが、あれは興松の発明で、これが大当たりして財をなし、ニューヨークにまで支店を出した。／しかし、この祖父がまた相当な道楽者で、神楽坂や四谷荒木町あたりの花柳界では、大変な顔であったという。[11]

なんと安藤昇は、私が幼い頃からしばしば聞かされていたのとまったく同じ話を自伝に書いていたのです！　しかも、安藤の叙述からは興松の人生と祖母たちの人生を繋ぐ意外な補助線も見えてきます。但し、ここで安藤が述べている興松が若い頃に渋沢栄一と同窓で学んだとの説は、興松が生まれたのが一八七〇年、渋沢は四〇年で三〇歳も年上ですからあり得ません。単純な安藤の思い込みです。他方、その発明の才や女子教育への情熱からして、興松が相当に勉強熱心だったのは本当でしょう。しかし、彼の教育者としての側面には安藤は関心がなかったのか、まったく語られません。安藤はむしろ、興松が「相当な道楽者で、神楽坂や四谷荒木町あたりの花柳界では、大変な顔であった」という、自分と重なる面を強調しています。これは、安藤昇が祖父・山田興松に悪い感情を懐いていなかったこと、それどころかむしろ敬愛の念すら懐いていたらしいことを示唆しています。

この安藤の述懐でハッとさせられるのは、彼が水中花は「興松の発明で、これが大当たりして財をなし、ニューヨークにまで支店を出した」と断言していることです。思い出していただきたいのですが、私の母は大恐慌只中の一九三〇年二月にニューヨークで生まれています。これは、私の祖父母、つまり興松の長女だった祖母八重とその夫が数年前にニューヨークで事業を始めたからなのですが、その事業の中身はわかっていません。祖父は後にソウルで酒類販売の店を始めていることから、かなり山っ気のある人で、一攫千金を狙って祖母と新婚早々、渡米したのだろうと私は考えてきました。しかし、もし興松が水中花販売で「ニューヨークにまで支店を出し」

ていたのなら、私の祖父母はその支店の経営のためにニューヨークに赴いた可能性が大きくなります。祖父は義父の興松に言われ、水中花販売のために渡米したというわけです。祖母は長女でしたから、その可能性を見込んで祖父と結婚したのかもしれません。

それでは曾祖父は、いかにして水中花を発明し、ニューヨークに支店を出すまでに事業を発展させたのでしょうか。このプロセスの精密な検証は困難ですが、まず確認しておくべきなのは、しばしば「水中花」と混同される江戸時代から伝わる「酒中花《しゅちゅうか》」が、水中花とは別物であることです。この酒中花は、細かい木片を彩色して圧縮した細工物で、それを酒の盃に浮かべると泡を出しながら花鳥や人形の姿になって水面に浮かぶ仕掛けでした。「花」はモチーフの一つにすぎなかったこと、文字通りの水中というよりも水面に浮かんだことなど、水中花とは特徴が異なります。中国由来で、一七世紀末頃から日本でも宴席の遊びとして流行し、井原西鶴も作中でこの「酒中花」について言及しているそうです。

これに対して水中花は、文字通り茎が水中で直立し、花を開かせます。鳥や魚、人がモチーフになることはまずありません。それは造花のカテゴリーで、中国由来の宴席の遊びから派生したものとは異なります。とはいえ、「相当な道楽者で、神楽坂や四谷荒木町あたりの花柳界では、大変な顔」だった興松が、宴席でこの酒中花を楽しんだ可能性は十分にあります。当然、彼の頭の中は「造花」のことでいっぱいでしたから、「酒中花」の発想を「造花」に応用しようと考えたでしょう。これは、彼にとって挑戦に値するテーマだったはずです。

このアイデアを実現するには技術が必要でしたが、興松は薬品化学に詳しかったと思われます。実際、彼は一九〇五年頃に「朝顔の花でも蓮の花でも其他何の花茎も自由に其儘花の色葉の色を変ないで固まらす」植物凅製法を開発し、特許を取得しています（読売新聞、一九〇五年七月三〇日）。この技法が水中花の製造に使われたのか、またどう使われたのかはわかりませんが、少なくとも彼が造花技術を究めるために様々な薬品の実験をしていたことは確かです。そのため興松は、「豊多摩郡東大久保村百五十六番地に造花術研究所を置き、熱心に之が改良作法に心を砕いていきます（同、一九〇八年二月一九日）。つまり、祖父母の離婚後、私の母と伯父が数年間預けられ、またその後、安藤昇も預けられて不良化に歯止めがきかなくなった東大久保の山田家は、実はこの「造花術研究所」、ないしはそれに隣接していたと想像されるのです。

そして、水中花を発明した興松が目指したのは、日本国内よりも米国市場でした。すでにアメリカでは、二〇世紀初頭から前述の酒中花らしき玩具がパーティ用に売れ始めていました。たとえば、ワシントンの『イブニング・スター』紙の一九〇一年一一月二三日の記事は、水面に落とされると一気に広がって花や他の形が現れる「日本の水中花（Japanese Water Flowers）」を話題にしています。一九一二年四月一九日、カンサス州の『トペカ・ステート・ジャーナル』も、彩色された木片が水面で花や他の形になる玩具として「水中花」を紹介しています。記述内容から、これらは旧来の酒中花だった可能性が高そうです。

ところが、一九一六年四月一七日の『ワシントン・タイムズ』に出てくる「水中花」は少し様

図9―2　戦後初期、米国で販売されていたMade in Occupied Japanの水中花の広告
Worth Pintのサイトより

子が異なります。そこでは一箱五セントの小さな箱に入った水中花が紹介され、「水の中に落とされると美しい姿に膨張していく」花は、日々の入浴の際の気晴らしになるとされています。これらの記事を読んでいくと、旧来のパーティ用玩具の「水中花」に、どこかで造花的工夫が入り込んだのではないかと推察されます。

そして、日本製品が出回るのが困難だった戦中期を挟み、戦後、多数の「メイド・イン・オキュパイドジャパン」の水中花がアメリカで出回るのです。その水中花は、戦前から興松らがニューヨークに支店を出して広めようとしていた造花風水中花でした。この時点では、興松はもう死んでおり、自らの発明権を主張できてはいません。とはいえ興松の挑戦は、ソニーの盛田昭夫らがトランジスタラジオを携えて米国市場で売り歩く少し前のことでした。

しかし、総じてみると、山田興松の数々の革新的な挑戦は、一つも後世に継承されていません。彼は若くして博文館からの二冊の本の著者となり、造花術の専門家としてそれなりに名の知れた人物となりましたが、やがてその著書は忘れられます。そして、若い頃の彼が全力で取り組んだはずの神田の造花女学校も、たとえば共立女子大学や女子美術大学のような仕方で本格的な女子高等教育機関に発展はしません。彼はおそらく水中花を発明し、アメリカ市場への輸出を成功させてニューヨークに支所を設けるまでになりますが、しかし大恐慌と日米戦争への流れのなかで事業は破綻し、やがて戦後になるとそもそもの発明者が誰であったのかもすっかり忘れられます。水中花には、すでに世を去っていた興松の願いとは正反対に、メイド・イン・オキュパイドジャパンの粗悪な二流品といったイメージがつきまとうようになっていきました。

そして彼は、やがて彼の曾孫にも、彼が試みていたことはすっかり忘れられ、そのへんの縁日の屋台で水中花をはじめとする玩具を売りさばいていた「フーテンの寅さん」の一人だったに違いないと思われるようになっていたのです。

第10章

原風景の向こう側——『都市のドラマトゥルギー』再考

再び、都市のドラマトゥルギーへ

私が私自身のファミリーヒストリーに興味を持ち始めたのは、母の死後です。戸籍謄本を取り寄せたのがきっかけで、曾祖父の名がわかり、国立国会図書館や新聞社のデジタルアーカイブにより驚きの発見がありました。その途上で、私はいとこ叔父の安藤昇について、以前よりも深く知るようになったわけです。子どもの頃に母や祖母から聞いていた話が、アーカイブ資料によって実証されていくのを自ら経験しました。これは、一九九〇年代までならば不可能だった経験で、二〇〇〇年代以降のデジタルアーカイブの進展によって実現したものです。同様のことは、この本の読者の皆さんにも必ず生じているはずです。

第Ⅲ部を終える前に、これらの発見を、私の社会学者としての原点に結びつけてみたいと思います。私の処女作は、一九八七年に弘文堂から出した『都市のドラマトゥルギー』です。今では河出文庫で入手可能ですが、私はこの八〇年代半ばの本で、戦前の浅草と銀座、戦後の新宿と渋谷という東京の四つの代表的な「盛り場」の比較分析を試みました。私はなぜ盛り場、とりわけ新宿や渋谷の分析に惹かれていったのでしょうか?

私が生まれ育ったのは田園調布という町です。この町は、戦前から中産階級的な文化が純化された地域として知られてきました。私が小学校一年生だった一九六四年に東京五輪が開催されます。当時の東京は、五輪を機とした大改造の最中にあり、この時に造られた施設の一つが駒沢オリンピック公園で、子どもの頃、私はこの公園によく遊びに行きました。そして、当時の私にとって、建設途上の環状八号線はもう一つの遊び場でした。工事現場に土管などがあって、そこでよく遊んでいたのです。同じ頃、地下鉄・日比谷線の工事も急ピッチで進められ、一九六四年八月に全線開通します。同年一〇月、世田谷区上野毛と横浜市保土ケ谷を結ぶ第三京浜高速道も開通します。六〇年代前半に東京の高速化は一気に進んだのです。東京五輪を契機に東京は大発展し、中産階級的な価値観が全域化していきます。

このような東京の変化に対し、大学生の私は疑問を抱いていました。その疑念は、『都市のドラマトゥルギー』に集約されていきます。この本の「あとがき」では、まだ二〇代の私が、東京という都市とどう対していたかが率直に綴られています。

わたしは昭和三十二年、東京の山の手に住む平均的なサラリーマン家庭の子として生まれた。／このことはおそらく、二重の意味で重要である。第一に、わたしが少年時代を過ごした山の手の住宅地は、すでに路地や原っぱといった原風景的な空間を喪失しており、子どもの頃の遊び場として記憶に残るのは、近くの公園や友だちの家の庭、あるいは工事中の環状八号線のアスファルトの上やその資材置場でしかあり得なかったこと。第二に、七〇年代半ばに青年期を迎えたわたしの前にあったのは、「闇市」から「安保」を経て「紛争」に至る広い意味での「戦後的なるもの」を消失した時代状況であり、それ以前の世代ならば好むと好まざるとにかかわらず体験したであろう時代のドラマを、わたしたちは何ら世代として共有し得なかったこと。つまりそうしたいずれの意味においても、わたしは原風景的なものを欠落させたまま、二十数年間の人生を送ってしまったこと。[1]

ここで私は、敗戦直後の「闇市」から六八年の大学紛争に至る「戦後的なるもの」は七〇年代初頭には失われており、自分の原点は、そうした何もなくなった時代状況の中で青年期を迎えたことにあると位置づけています。この「あとがき」の後半では、そこから、どのように問いを立てるかを語っています。

これはあくまで出発点にすぎない。世代として、何らかの原風景を保持することができた人びとと、何らそうしたものを持たない人びとの間には、たしかに大きな差があろう。しかしだからといって、原風景の欠落が、わたしたちの世代の表現を正当化する根拠となるわけではないのは、安保世代や全共闘世代にとって、彼らの闘争体験そのものが何らその表現を正当化しないのと全く同様である。……／必要なのは、時代のなかでの自らの無力さについて語ることでも、おのれへの問いを「学問的」な言説のなかで脱意味化することでも、「わたし」の存在の不確かさを時代の表層との戯れのなかで忘却することでもなく、無力さの由来を明らかにし、われわれが生きることの根拠を、たんなる「時代」や「世代」を超えた関係の深みのなかに構想していくことなのだ。そのためにはまず、現在の「わたし」をつくり上げることになる歴史的過程と、その周縁に展開された諸事象について、もう一度学問的に検証していかなければならない。「わたし」は、たんに高度成長のなかで育てられたというだけでなく、明治以来の日本の近代化のひとつの帰結なのではないか。……都市は、そうした間身体的な存在様式の再編を媒介する主要なメディアとなったのではないか[2]——。

これは、今から三五年以上前の私の文章です。自分は原風景の不在を嘆くのではなく、不在自体を歴史の中で問い返すのだという宣言でした。しかし、三五年以上を経たいま、この原点に立ち戻ってみると、「原風景」は本当に失われていたのか？　という素朴な問いが頭をもたげてきます。私が「いま・ここ」に存在することの背後には、「原風景」と呼べるかはともかく、当時の私には見えていなかった向こう側の地景が存在したのではないか？　この問いを考えようと、私はこれまで自分のファミリーヒストリーを辿ってきました。

渋谷裏街としての神泉・円山町

『都市のドラマトゥルギー』を書いていた頃、私は大学院生でしたが、渋谷の神泉・円山町の、ラブホテル街の際にある古びたアパートを借りて暮らしていました。何しろ近くに怪しげな建物がいろいろありましたから、夜にはそれらのネオンサインで私の部屋はピンクや黄色、実に彩り豊かなことになります。隣には日蓮宗の寺もあり、毎夕、太鼓を叩く音も聞こえてきました。私はこの花街の辺縁がかなり気に入っていました。坂を下ると渋谷駅、坂を上ると東大の駒場キャンパスで便利です。今は、私が住んでいたあたりは「裏渋谷」と呼ばれ、かなりオシャレな界隈となっていますが、当時はそんな華やかさはなく、まだ芸者見番が残り、時折、お座敷に向かう着物姿の芸者さんとすれ違うこともありました。

しかし、私が住み着くよりも三〇年前、闇市がそこここに残る渋谷を席巻していたのは安藤組でした。一九五二年に安藤らが東興業の事務所を開いたのは渋谷・宇田川町です。今ではこのあたりは「奥渋谷」と呼ばれているようで、「裏」と「奥」、要するにいずれも渋谷の周縁ということです。彼の『昭和風雲録』によれば、その場所はだいたい東急ハンズのあたりです。今はNHKになっている場所は、当時はまだ米軍のワシントンハイツで、事務所からハイツまでは歩いて五分程度、目と鼻の先でした。他方、渋谷駅までも一〇分以内の距離で、安藤は渋谷の闇市と米軍基地の中間地点に事務所を構えたように見えます。

この宇田川町から現在の東急本店通りを横切って坂を上れば円山町です。ラブホテル街の細い道を突っ切っていくと、神泉を貫く「三業通り」（現在は「裏渋谷通り」）に出ます。「三業」とは、芸妓屋、待合、料理店から成り、これらが営業可能な地区が限定されていました。もともと「三業」は遊郭の貸座敷、引手茶屋、娼妓屋から成っていたそうですが、やがて遊郭と花柳界が分かれ、花柳界の営業区域が「三業地」と呼ばれていきます。神泉・円山町は「三業地」として戦前は大いに賑わいました。その境界を貫く細長い道が「三業通り」で、一九八〇年代でも道玄坂からの通りの入口には堂々と「三業通り」の看板が掲げられていました。私のアパートはこの通りからわずかに小路を入ったところにありました。

やがて戦後、高度成長期に花柳界が衰退し、待合はラブホテルへと転業していきます。昔の花街の雰囲気は失われましたが、それでも小路を歩くと道端に古いお地蔵さんがスッと立ち、石碑があり、洒落た小料理屋があり、歴史の地層がしっかり顔をのぞかせている街でした。まだ学生の私は、そんな小料理屋に入る金は持ち合わせていませんでしたが、この一帯に道ならざる抜け道が多くあるのを発見し、そんな裏路地をよく歩いていました。

安藤組が渋谷を席巻していたのは高度成長期よりも前です。ですから神泉・円山町の花街もまだ勢いを完全には失っていなかったでしょうし、何しろ花柳界が大好きな安藤のこと、宇田川町の事務所は米軍基地や闇市からだけでなく、花街からもかなり近かったことには意味がありました。つまり、東京オリンピックの大改造以前の渋谷を考えた場合、私が住んだ神泉・円山町と安藤が事務所を構えた宇田川町、米軍基地の代々木、かつて陸軍の広大な演習場のあった駒場などの一円には、今日の渋谷とは異なる繋がりがあったのです。

その繋がりの中核に何があったのか。私にはそれは軍隊だったように思えます。大正以降の神泉・円山町の花街の繁栄も、渋谷一帯での学校の多さも、後にＮＨＫや代々木公園となる米軍ワシントンハイツも、闇市時代の安藤組の威勢の良さも、すべて渋谷がかつて軍都であったことと関係します。吉田律人《りつと》は、戦前の渋谷について、「東京の軍事施設は相対的に東京市の西郊部に集中する傾向にあり、ちょうど大山街道の谷間に位置する渋谷は多くの軍事施設に取り囲まれる」配置となっていたと論じています。[3] 拙著『親米と反米』（岩波新書）で詳論したように、戦後、つまり第三の占領後はこの「軍都・東京」が「アメリカンシティ・東京」へと引き継がれ、やがて「基地の街」は「若者の街」に変身していくのです。

かつて渋谷の北、明治神宮の手前に代々木練兵場があり、その手前の宇田川町には東京衛戍監獄がありました。西の駒場や駒沢には騎兵や砲兵の兵営が集中的に配置され、南方向には目黒火薬製造所や白金弾薬庫、軍需工場や倉庫が散在していました。東方には、青山練兵場や陸軍大学校、第一師団司令部、近衛兵営や歩兵営など陸軍中枢部が存在したのです。ですから、これらの施設に囲まれた渋谷は、吉田が引用するように「軍人日夜此処を交通し、随って休憩飲宴し送迎往来する者多き」（『東京近郊名所図会』）状態だったのです。[4] 渋谷という街の最大の特徴は、私鉄ターミナル以前にまず軍都として発達したことです。

こうしてみると、神泉・円山町、宇田川町、原宿・青山などの結びつきが、私鉄ターミナルとしての渋谷駅を中心に考えるのとは異なる相貌をもって浮上します。戦前、軍都とそれに伴う教育や遊興の場として拡大していた渋谷・原宿一帯は、戦後は米軍の街、大学の街、ターミナルと百貨店の街、そしてオリンピックの街となっていきました。さらに一九七〇年代以降、渋谷はかつて私が拙著『都市のドラマトゥルギー』で書いたように「パルコ」とセゾン文化の街となります。しかし、これらは表面の様相の変化で、都市には異なる歴史的時間が折り重なるように作用する積層的トポロジーが存在するように思われます。

たとえば、私は東大の学部生だった頃にも、安藤昇とすれ違っています。その頃、私は演劇に入れ込んでいたので、駒場寮裏の倉庫のような「劇場」で多くの時間を過ごしていました。そこは東大駒場キャンパスから山手通りに出る裏門に近く、裏門を出てすぐ左に、ちょうど東大の縁にへばりつくように「三叉路」という喫茶店がありました。便利で気安い喫茶店で、昼を食べるのによく利用していました。当時はしかし、その店のマスターが、安藤の元舎弟だったとは知りませんでした。彼の話は実は有名で、本人も過去を隠してはいなかったようです。

その後、私は神泉・円山町に住み始めますが、そこから山手通りを越えて裏門まではすぐです。駒場東大前駅と大学正門を「表」とすれば、これらはすべて「裏」側にあります。他方、渋谷駅から公園通りや東急本店通りまでを「表」とすれば、神泉・円山町や宇田川町も「裏」です。渋谷からも駒場からも「裏」に当たる広い領域で、細かい人々の動きや施設に、「表」の変化が覆い尽くせない歴史が積層してきたのです。

要するに、都市は本質的に多面性、重層性を内包しており、過去が未来によって塗り替えられることはないのです。その都市の過去のトポロジーは、切断や入れ替え、機能転換を経ながらも残存し続け、未来におけるその都市での私たちの行動に影響を及ぼし続けます。これを「地霊《ゲニウス・ロキ》」と呼ぶ人もいますが、私はもっと歴史的なものだと思います。戦後、安藤昇がなぜ宇田

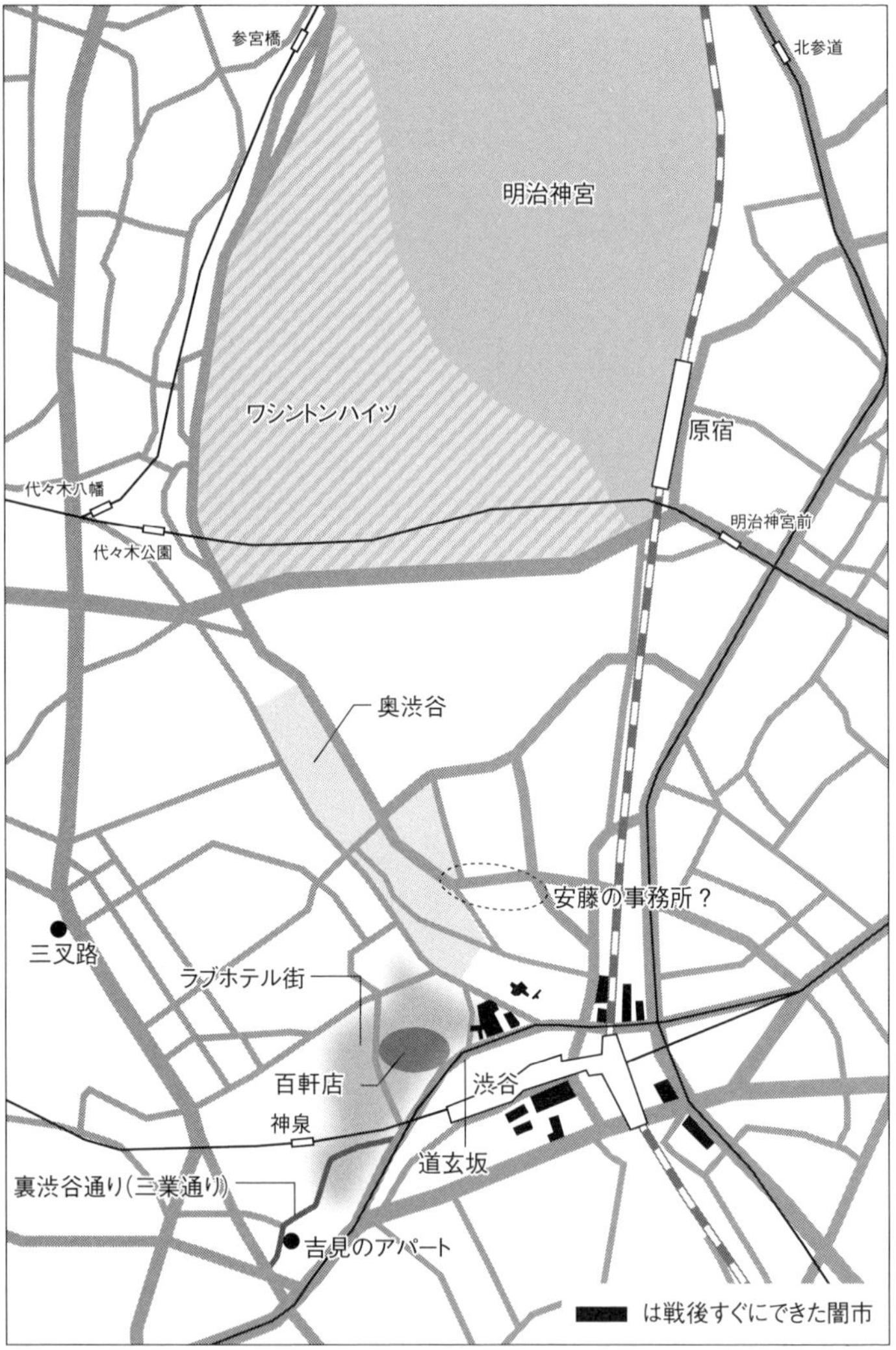

図10―1　渋谷マップ　戦後すぐにできた闇市の分布は、橋本健二、初田香成編著『盛り場はヤミ市から生まれた』（青弓社、2013年）を参照して作成

川町に事務所を構えたのか、私がなぜ神泉・円山町のアパートに住んだのか、それぞれはその時々の状況判断によるのですが、その決定がなされる舞台としての都市は、個々の歴史的時間が空間として折り重なることで形成された重層的地景として作用し続けてきたのです。

新宿裏街としての東大久保

ファミリーヒストリーに話を戻すと、私の母や祖母、いとこ叔父、曾祖父の話で度々登場していたのが旧淀橋区の東大久保です。ここは今では新宿区新宿五・六丁目となっており、その中心部は大規模再開発がなされ、「新宿イーストサイドスクエア」という超高層巨大複合施設になっています。もともとこの地区は、一九六〇年代末、読売新聞社主の正力松太郎が高さ五五〇メートルの「正力タワー」を建てようとしていた場所でした。正力は、東京タワーを建設した大阪の新聞王前田久吉《ひさきち》（産経新聞創立者）に強烈な対抗意識を持っていましたから、日本テレビを東京タワーからの電波送信に参加させませんでした。それで、芝公園の三三〇メートルの東京タワーに、東大久保の五五〇メートルの正力タワーを対抗させようとしていたのです。

紆余曲折あってこの計画は実現しませんが、その跡地処理として副都心線開通を契機に大規模再開発となったわけです。このイーストサイドスクエアの横には新宿文化センターがあり、それに接して新宿区立天神小学校と新宿中学校が建っています。

しかし、これらはすべて戦後の話です。山田興松やその長女だった私の祖母、三女の智恵と息子の安藤昇、それに私の母や伯父がここの辺りに住んでいた頃、この地域のランドマークは、安藤の自伝に度々登場するように、今も小高い丘になっている西向天神社でした。創建は一三世紀、江戸時代は大久保天満宮と呼ばれ、湯島天神や亀戸天神と共に江戸の七天神に数えられていたほどでした。この天神を中心に、大久保村が広がっていたのです。

その大久保村は、東大久保だけでなく、現在の歌舞伎町、西大久保（現在の大久保）、さらに山手線を挟んで西側の百人町までを含んでいました。明治までは、これらが江戸近郊の一つの村だったのです。大久保の「久保」は、もともとは「窪」だったと思われます。ですから、「大きな窪」という意味で、江戸の微地形《びちけい》のなかでこのあたりには窪地が広がっており、そこが集落化していたのです。この村は、甲州街道最初の宿場町となる内藤新宿のちょうど北でしたから、江戸のボーダー的諸機能も帯びていきます。ですから村と言っても完全な農村ではなく、百人町にいたのは徳川軍の鉄砲隊を構成する下級武士たちでした。村には、下級武士と農民、それに宿場町の影響で博徒などだったと想像します。

この大久保村が、近代東京の近郊市街に変貌していくのは、甲武《こうぶ》鉄道（現在の総武線）の開通以降です。甲武鉄道は立川と新宿を結んでいましたが、一八九五年には大久保にも停車場ができます。同じ頃、大久保の北に位置した広大な旧尾張藩下屋敷は陸軍戸山学校となり、その西一帯も陸軍省用地となります。新宿もまた、軍都の様相を帯びていたのです。やがてこの近辺にはコレラ患者用の避病院や浄水場など、防疫上の施設も建設されます。

これらの公共インフラが整備されるなかで、大久保は明治東京最初の近郊住宅地となっていきます。稲葉佳子によれば、明治から大正にかけて、大久保近辺に住まいを構えるようになっていった知識人には、小泉八雲、徳田秋声、国木田独歩、戸川秋骨、正宗得三郎、幸徳秋水、堺利彦、管野すが、山川均、荒畑寒村、大杉栄、内村鑑三などがいました。社会主義者やキリスト者が多いですね。つまり、大久保は明治末から大正にかけて、農村の伝統主義よりも、都会の自由主義が結びついていたように見えます。百人町には外国人も多く、亡命時代の孫文も、一九一三年から三年間、大久保百人町に暮らしていたそうです。大きく言えば、新宿・大久保は現代中国革命とも深い結びつきをもった場所なのです。

このような東京の変化のなかで、新しいものが大好きだった山田興松が、明治末に造花術の研究所を東大久保に開設したのは十分に想像できることです。彼としては、甲武鉄道によって御茶ノ水と大久保が直結しましたから、小川町の日本美術女学校に通うのも大久保からなら便利と考えたかもしれません。学校は繁華な小川町に置き、家と研究所は大久保に置くというのは、田園志向というよりも、徹底した都会主義だった可能性があります。

それにもかかわらず、この都会主義はモダニズムと必ずしも一体化しません。たとえば安藤昇の自伝からは、彼にとって東大久保は西向天神の氏子の町であり、自身をどこか天神の祭りと重ねていたことがうかがわれます。戦後闇市を占領軍と結託して席巻し、日本のヤクザの伝統というよりもアメリカのギャングに近い暴力集団を形成した安藤にしてからがそうなのです。山田興松の造花や水中花も、伝統的な技芸と女性の職業教育を新時代にあわせて結びつける努力のなかで生み出されたものでした。私の祖母にしても、東大久保－ニューヨーク－東大久保－銀座－青山－田園調布というのが彼女の住まいの足どりですが、私の記憶に残る祖母はいつも和服を着て三味線を奏で、念仏を唱えていました。モダニティと伝統、アメリカと日本もまた二者択一ではなく、幾重にも重層して結びついてきたのです。

モザイク都市としての新宿

そして新宿が、こうしたハイブリッドでモザイク状に重層する東京を象徴する場所であったことは間違いありません。東大久保の南には、かつての新宿遊郭、戦後は新宿の赤線地帯として繁栄を極め、今はゲイタウンとして知られる新宿二丁目があり、明治通りを挟んで西には歌舞伎町の大歓楽街があります。西北には新大久保のコリアンタウンが続いており、セクシュアリティやエスニシティの面で、日本で最も「熱い」一帯が戦後、東大久保に隣接して形成されていくわけです。もちろん、ゲイタウンやコリアンタウンは比較的最近の現象ですが、この一帯がそうした方向に向かう素地は戦前からあったと考えられます。

この街の基底をなすのは宿場町時代の遊女屋です。これが四谷大木戸から新宿追分まで、つまり新宿御苑の北側を東端から西端まで続く細長い妓楼街に発展していきました。現在の伊勢丹百貨店も、もともとは大美濃、池美濃という遊女屋が移転した跡地に建てられたもので、新宿は全体が性文化の街であったと言えなくもないのです。やがて、大正中期にそれらの妓楼が二丁目の新宿遊郭に囲い込まれ、戦後は赤線地帯となりました。

新宿遊郭は東大久保よりも南でしたが、新宿駅寄りにはカフェやバー、ダンスホールなどのモダン文化が花開いていました。新宿二丁目のゲイ文化について厚い人類学的記述をした砂《す》川《がわ》秀樹は、新宿のカフェ文化の背後で遊郭の存在が影響を及ぼし続けていたと言います。たとえば震災後、「三越裏や遊郭に隣接する東海横町にはカフェー街が誕生し、街をいっそう賑やかにするが、それらの隆盛と遊郭は関係が深い」[6]。一般のカフェは閉店時間を夜一二時と決められていましたが、三越裏のカフェは遊郭に近いことから午前二時まで営業できました。新宿では、遊郭の存在がモダン文化に固有の性的傾向を与えていたのです。

この傾向は、安藤昇の不良化に刻印を残します。なにしろ彼は、両親と鶴見に住んでいた頃は県下随一の進学校に通っていたのに、両親から離れ、「古巣の東大久保へ帰った私のところへは、たちまちニキビ盛りの悪童たちが集まってきた。学校をさぼり、新宿のミルクホールや喫茶店にたむろ」し、筋金入りの「不良」となっていったのです。

遡って山田興松の時代には、まだ内藤新宿の細長い妓楼街が健在でした。東大久保を中心に円を描けば、東南にちょっと歩けば四谷荒木町、東北にもう少し歩けば神楽坂で、いずれも有名な花街でした。南にはもっと至近で妓楼街があったのです。安藤昇が「相当な道楽者で、神楽坂や四谷荒木町あたりの花柳界では、大変な顔」だったと語った興松の行状はわかりませんが、東大久保からこれらの花街や妓楼街へは簡単に歩けました。

砂川は、新宿はその端緒から「交通性を土台にしながら、長らく性に動かされつづけてきた街」だと言います。[7] 交通性を支えたのが街道や市電、甲武鉄道だったのに対し、都市はセクシュアリティの地形も内包しています。つまり、遊郭や花街、モダンガールの闊歩する空間は、都市のトポグラフィーと結合しています。その性的地形において、しばしば谷間や川が流れ込む市街地の辺縁に花街や妓楼街、赤線や青線が形成されてきました。安藤や興松、私の祖母の人生には、どこかそうした東京に伏在するセクシュアリティの地形との反響が感じられます。

ここまで述べてきて、最後に「原風景」の話に立ち戻りましょう。私は若い頃、自分が生まれ育ってきた均質的で脱色された中産階級的な郊外の風景に反発し、花街の辺縁にあった神泉・円山町のアパートに住まい、盛り場論を始めました。しかし、後年、自分のファミリーヒストリーが明らかになってみると、曾祖父の興松は花柳界と女子教育の中間地点にいたような人で、小川町の学校と東大久保の「研究所」の間と行き来していました。祖母の旅館があったのは、銀座・三吉橋です。そしてもちろん、いとこ叔父は、文字通り戦後の闇市と花街、アンダーグラウンドの東京を駆け抜けたような人です。

ですから、実は私は、そんな親族たちの軌跡のパターンを模擬的に反復していただけのような気もします。原風景の不在の向こう側に何かより根源的な原風景があるわけではなく、都市はそもそもいくつかの文化的地景の歴史を通じた重層としてあり、その地景の間の移動には、いくつかのパターンがあるのです。過去の層は、現在を生きる人間の主観を超えて作動し続けています。その都市の表面を消費者としてなぞるだけならば、原風景どころか、そこに重層している無数の過去の痕跡やそこでの近しい者たちの軌跡も見えてこないのですが、街の風景の隅々に分け入り、様々な資料を読み込んでいけば、その都市、たとえば東京は、驚くほど複数的な歴史の層の連なりを抱え込んだハイブリッドな場の集積として現れるのです。

終章

敗者としての東京とは何か――ポストコロニアル的思考

1　敗者への意志——山口昌男と鶴見俊輔

「判官贔屓」と敗者への想像力

「判官贔屓《はんがんびいき》」とは、もちろん源義経の悲劇的運命に対して長く日本人が抱いてきた同情的心情のことを指します。平家の大軍を打ち破り、滅亡させていった最大の功労者でありながら頼朝に拒絶され、奥州に逃れ、最後は自害に追い込まれていく彼の人生ほど、古来、歴史物語のなかで語り継がれ、同情を集めてきた伝説はありません。そうして表出され続けた集合的感情には、室町時代以降、「判官贔屓」の名が与えられてきました。今日では、「判官贔屓」は拡大解釈され、弱い立場に置かれた者への無原則な同情を指すとされます。

しかし、「判官贔屓」を日本人に特徴的な感情の構造とすることには、当然ながらいくつもの疑問が生じます。明らかに、義経の物語は古代ギリシャ劇から近世英国のシェイクスピア劇まで、世界各地で広く演じられてきた悲劇と同じ構造を内包しています。英雄的な活躍をした人物が、あまりに高きところまで登ろうとすることで、あるいはオイディプス王のように共同体の掟を破ることで、悲劇的な結末を迎えるのです。そのような悲劇的結末への同情がカタルシス効果を生むことは、古典的演劇論が繰り返し示してきたところです。

日本では、この悲劇の基本構造は「貴種流離譚《きしゅりゅうりたん》」と呼ばれ、多くの民俗学的考察が加えられてきました。義経伝説が貴種流離譚の一種なのは明白ですが、他にも平将門伝説から小栗判官伝説まで、室町時代以降、多くの貴種流離譚が物語化されてきました。ですから「判官贔屓」は、日本人固有の心情というよりも、こうした歴史的文脈のなかで演じられてきたナラティブとそれに結びつく感情の普遍的構造としてまず理解しておく必要があります。

このような前提を踏まえた上で、日本におけるこのナラティブの特徴として注目されるのは、物語の根本に社会的差別（「愛宕若」など）や身体的障害に対する差別（「俊徳丸」など）、さらには中央と地方の従属的関係についての認識が埋め込まれていることです。とりわけ本書が関心を向ける中央と地方の関係では、義経伝説も、将門伝説も、小栗判官伝説も、すべて中心＝京に対する周縁＝東国の従属的な関係が前提となり、主人公がそのような中心と結びつく貴種性を帯びながらも、周縁たる奥州や関東から中央に叛逆し、最後は殺害されて神話的な存在となっていく過程を語っています。義経も将門も小栗も、歴史のなかでは敗者ですが、その敗者の〈敗者性〉を条件づけているのは、東国の都＝京に対する従属性です。彼らはこの従属的構造に抗い、戦い、敗れ、そうであるが故に伝説化されたのです。

判官贔屓はしたがって、それを含む貴種流離譚とともに、ある種の地政学的思考を内包した敗者への想像力です。そのような想像力は、とりわけ室町期以降、移動する宗教者や芸能民を担い手として列島全域に広がっていったと考えられます。すでに本書では、そのような想像力の基盤に、熊野信仰のネットワークが関係していたであろうことを指摘しました。

そして、その敗者への想像力の由来をたどるなら、古代末期、すなわち奈良時代末期から平安時代にかけての御霊《ごりょう》信仰の広がりにまで遡ることができるでしょう。天災や疫病を、非業の死を遂げた者たちの怨霊の仕業と見なして畏怖する感覚が、古代末期の日本社会に広がります。菅原道真や平将門、後白河天皇との抗争に敗れた崇徳《すとく》上皇がそうした怨霊《おんりょう》の代表となっていくのですが、これらの怨霊登場の根底には、奈良時代末期から平安時代にかけて、律令国家体制が崩壊していくなかで天変地異や疫病が続き、それらの危機を怨霊の祟りとして感覚する意識が浸透していた背景がありました。平安時代を通じ、怨霊を鎮めるための祭儀が催され、祇園、北野、天神、紫野、今宮といった怨霊鎮めのための神社が造営され続けました。平安の日本は、敗者への畏れを秩序維持の大きなモメントとしていたのです。

余談ながら、義経はそうした怨霊になる条件を十分に有していたはずですが、彼があまり怨霊としては語られないのは、彼の死が頼朝＝鎌倉との対立の結果であり、直接的には都＝朝廷との対立の結果では必ずしもなかったことに理由があるでしょう。義経の悲劇では、京と東国という対立構造が捻じれています。東国の武士政権は、必ずしも京の公家社会が取り憑かれていたほどには、敗者への惧れの感覚に支配されていなかったとも言えます。

他方で、古代には菅原道真をはじめ、藤原広嗣《ふじわらのひろつぐ》、井上内親王、他戸《おさべ》親王、早良《さわら》親王といった皇族や宮廷人が怨霊の代表格であったわけですが、中世以降の悲劇のナラティブでは、将門や小栗、義経のような武将たちが主役を演じていきますので、同じ敗者への想像力＝惧れの感覚でも、古代と中世以降がまったく同じ構造の連続だったのではありません。

いずれにせよ、何段階かの構造転換を経ながらも、非業の最期を遂げた敗者への集団的想像力は、古代の怨霊から現代における「怨霊としてのゴジラ」まで、歴史を貫いて人々の集合意識のなかに横たわり続けてきました。そうした想像力の成り立ちを突き詰めていくことが、戦後の高度成長の果てですっかり方向性を見失ってしまった現代日本の傲慢と無知を問い返す不可避の方途であることに、これまでも多くの論者が気づいてきました。

早くも一九九〇年代初め、それまで「中心と周縁」や「道化」を論じて同時代に大きな影響を与えてきた山口昌男が「敗者学」を提唱します。しかし、「敗者」からの想像力へのこだわりでは、山口よりも鶴見俊輔がはるかに先んじていたとも言えるでしょう。彼の限界芸術論から漫才論にいたる思考にその敗者論のエッセンスがあったと見ることは可能だと思います。そして、とりわけ鶴見の敗者論を引き継ぐような仕方で、二〇一〇年代には、加藤典洋《のりひろ》が彼の「敗戦」をめぐる探究を「敗者の想像力」の問題として捉え返していきます。同じ頃、映画論では中村秀之が、テレビドラマ論では長谷正人が、メディア文化における敗者の身ぶりを焦点化しています。さらに言えば、二〇世紀後半から二一世紀にかけて、「敗者」の思考や想像力が、海外でも文学や人類学、社会学の諸分野で議論されてきました。

この終章では、本書のいう「敗者としての東京」の「敗者」とは何者であるのかを示すために、これら現代の敗者論を概観していくところから総括的な議論を始めたいと思います。

日本近代と敗者の精神史――山口昌男の敗者論

山口昌男の敗者論は、一九九五年に出版された『「敗者」の精神史』に集約されます。もともとこの本は、九〇年代初頭に雑誌『へるめす』に連載されていたもので、八〇年代末以降の彼の関心の変化を象徴的に示しています。つけ加えれば、彼は『「敗者」の精神史』の前哨となる『「挫折」の昭和史』を一九八八年から同じ『へるめす』に連載していますから、日本近代史への関心は八〇年代半ばには本格化していたはずです。

山口昌男は一九七〇年代半ばに『道化の民俗学』と『文化の両義性』という二冊を出し、八〇年代には時代の知的トリックスターとして大活躍していました。この山口の道化論や両義性論についてはすでに人類学や民俗学、記号学などで数多く論じられてきましたし、本書の中心的なテーマではないのでここでは論及しません。ところがその山口が、なぜある時期から敗者論に向かったのか、道化論と敗者論の関係は、前記の二冊ほどには議論されてこなかったようです。

ただし、山口が連載の最初から自覚的に「敗者」に照準していたのかは微妙です。『「挫折」の昭和史』も、もともと「知の即興空間」と題する連載として始められたものでした。やがて焦点が「昭和モダニズム」の人脈になっていったので、「挫折の昭和史」という標題に固まったわけです。『「敗者」の精神史』にしても、最初の何章かのテーマは明治のモダニズムです。大槻如電《おおつきにょでん》や山本覚馬《かくま》ら戊辰戦争の敗者たちの維新後の人生を論じた第五章以降で、ようやく敗者論が表明されていくのです。ですから山口は、最初から敗者論を標榜したのではなく、だんだん「敗者」を中心的テーマとして見出したのではないか思われます。

山口がそこで何をどう見出したのかは、二〇〇〇年に出された『敗者学のすすめ』に書かれています。この本の冒頭で彼は、「日本がバブル経済の崩壊の後に改めて自らを見つめ直すことの必要性が痛感される今日、負け方の研究がこれからの課題として浮かび上がって来ている。日本の近代史のパラダイムは無意識のうちに勝者を中心に作りあげられ、敗者の役割りを見つめ直す視点はあまり見当たらない」と述べます。[1] 山口はこの時点では、日本人がその後、「小泉劇場」に熱狂し、「アベノミクス」にすら易々と乗せられ、「失われた三〇年」を経験していくことを知りません。当時、すでに彼が気づいていたのは、二一世紀の日本にもしも希望があるとすれば、「敗者」を生き抜く創造性にこそあるということです。

山口は、その明治における先例を、旧幕臣知識人に見出していました。というのも、明治維新における「敗者の側の旧幕臣というのは、日本人を捨てる、というか薩長が作った日本＝日本人というようなものを捨てるつもりで生きていた、と言えるでしょう。これはつまり『脱日本』を遂げようとしていた」のです。だから彼らは、どれほど有能でも「出世街道を上ってゆくよりも、むしろ自然の中に放浪するほうを選ぶという、明治以降の一般的な日本人的発想とは違う」道を選んだのです。[2] ここに、山口は可能性を感じていました。

つまり、山口昌男の敗者論では「敗者」が「脱日本」に接続されます。戦前、戦後を貫通して、近現代日本社会を支配してきたのは垂直統合の原理で、これが戦後は「系列」で組織された企業体制や労働組合、中央と地方の関係、さらには東大や京大を頂点とする学歴ピラミッドとして浸透してきました。その結果、人々はそれぞれの組織の殻に閉じこもり、その組織の「常識」に適応し、縦割りを超えた横断的なつながりのなかで思考することを見失いました。これは左右共に、つまり政治的立場にかかわらず日本社会全体、トップからボトムまであらゆる層で起きていったことです。まさにこの垂直統合への呪縛が、水平統合を基本原理とする一九九〇年代以降のグローバル化に不適応を起こし、長い日本の衰亡を運命づけてきたのです。

　山口昌男が探し求めたのは、この垂直的なピラミッドへの自閉から抜け出す横断的な自由闊達さでした。かつて彼は、原理的なレベルでその可能性を「道化＝トリックスター」に見出していたわけですが、近代日本では「敗者」にこそそうした方向での様々な動きがあったと考えたのです。彼は、「明治から大正にかけて、薩長藩閥政府がつくりあげたピラミッドの外に出るための手段として、自分たちがもっている莫大な知識に、道楽という積極的な意味を与えていった人たちがたくさん」いたと述べます。[3]

　そしてこの「道楽者」たちと、戊辰戦争の「敗者」たちがしばしば重なりました。山口は、「考古学から民俗へと関心を移していった山中共古《やまなかきょうこ》ですとか国学や考古学の根岸武香《ねぎしたけか》、評論や小説でも知られる内田魯庵、井原西鶴の偉大さを『発掘』した淡島寒月など、みな父親がかつて幕臣であったような人ばかり」だと指摘します。なぜ、敗者がそうした越境的な知の担い手になるのかといえば、彼らは垂直的な方向での栄達を諦めているからです。そのため、彼らは垂直的に組織された社会の仕切りをあまり気にせず、自由に越境を重ねることができたのです。

山口昌男は、そうした戊辰の敗者たちの多くの群像を描いています。大月如電や山本覚馬はその代表格です。如電の場合、仙台藩士だった父磐渓《ばんけい》の下で「戊辰戦争の時は、京阪にあって、仙台藩の武器調達に当った。降伏後は京都に逃れた。如電は、新政府の父磐渓に対する苛酷な仕打ちを肝に銘じ」、一時は文部省に仕えるものの、わずか三年で弟に家督を譲って隠居します。そして、その後は半世紀、市井の文人として過ごすのです。

しかし、山口からすると、隠居後の如電は実に創造的な営みを重ねていきます。彼は「学和漢洋に通じ、和魂洋才のはしりのような人物であった。『日本地誌要略』『駅路通』『小学日本文典』『日本洋学年表』などの他、特に日本音楽歌曲に通じ『舞楽図説』『俗曲の由来』などの書を遺している。江戸期の軟文学全集の編集にも携わり、世に奇人変人として受け入れられ、体制化した明治大正の学問の世界に匕首を突きつけるような存在であった。もちろん大学教授になって学問権力機構の片棒をかつぐようなことはしなかった」と山口は書きます[4]。如電は、意志的に敗者であり続けることで、近代日本を裏返して眼差す地平を手に入れていったのです。

他方、山本覚馬の人生は、綾瀬はるかが彼の妹の山本八重を演じた二〇一三年のＮＨＫ大河ドラマ『八重の桜』以降、比較的知られるようになりました。会津藩士として群を抜く才能を発揮していた覚馬は、蛤御門の変で洋式銃砲隊を率いて大活躍しますが、やがて失明し、鳥羽伏見の戦で捕えられ薩摩屋敷に幽閉されます。この時に口述筆記で書き上げた『管見』が、議事院、製鉄法、貨幣、条約、暦法等から救民、女学校、造酒法、官医等々まで、「ほとんど二百年の先」までを見通す「立憲民主」制の構想で、維新期の未来構想としては圧倒的に先駆的なものでした。覚馬の才能は新政府にも貴重で、釈放後、彼は京都復興や産業振興、府立病院や図書館、印刷所の設置、さらに八重やその夫新島襄と共に同志社英学校設立に貢献していきました。[5] 覚馬は如電とは異なり、日本近代化の先導的なリーダーです。

如電と覚馬では、その方向は対極的ですが、それでも日本近代の知的な幅と奥行きは、決して権力を握った薩長によってではなく、むしろ彼らのような敗者となった佐幕派の志士たちによって導かれたものだったことを証明しています。新しい知的創造は、いつもピラミッドの頂点から垂直軸で生まれてくるものではなく、様々なタテ割りを打ち破る横断的な越境から生まれます。この横断的な越境、つまり自足的な意味体系や規範秩序を攪乱し、異なる記号を混淆させ、そこから新たな意味を生成していく触媒的機能こそ、道化の役割であったわけですが、敗者たちは勝者となることを諦めることで、そうした道化的な自由さ、時には新しい秩序をリードする自由意志を発揮していました。山口は、「敗者の身の処し方は勝者と異なって、自然・人間・文化に対して、もうひとつの視点を形づくっていくというところにある」と述べています。[6]

こうした越境的な視点の萌芽が、幕末維新期のキリスト教、とりわけ東方正教会と結びついていたことにも山口は言及しています。山本覚馬や八重と共に同志社英学校を設立した新島襄が渡米する契機の一つは、彼の函館潜伏時に出会ったニコライ神父でした。ニコライは、やがて函館から仙台、東京へと活動拠点を移し、ロシアからの寄付を基に神田駿河台にニコライ堂を建設します。その際にも仙台藩との関係は重要で、山口は大槻磐渓がロシアと東方正教会に強い興味を持っていたと言います。地政学的に、維新期の武士たちは、アメリカのプロテスタントやロシアの東方正教会、西欧のカトリックに目配りし、キリスト教を受容していたのです。すでに本書では、磐城平藩士の子天田愚庵が、戊辰戦争の混乱の中で父母や妹を見失った後、駿河台のニコライ神学校に入ったことに触れましたが、同様の例が東北諸藩の藩士やその子弟に多くあったと想像されます。つまり、東方正教会が戊辰の敗者たちのキリスト教として機能した可能性です。

「敗者」への壮大な意志としての鶴見俊輔

山口昌男以上に、戦後日本の敗者論の基軸をなすのは鶴見俊輔です。彼の巨大な知的軌跡を貫いたのは、自分は絶対に敗者であり続ける、決して勝者にならないという壮絶な意志だったと思われます。実際、晩年の鶴見俊輔には、あるトラウマのような思考の回路がありました。どんな話も、それが親族に関わる話だと、必ず父親、鶴見祐輔の辛辣な悪口になるという回路です。

いうまでもなく俊輔の父鶴見祐輔は、東京帝大法科のエリートとして新渡戸稲造の薫陶を受け、後藤新平が総裁を務める鉄道院に入り、後藤の娘婿となりました。鉄道官僚であると同時に後藤や新渡戸に付き添って海外視察を重ねて著名人となり、多くの本を執筆するとともに国会議員にもなります。そのような父を、俊輔は明らかに嫌っていました。晩年の鶴見俊輔氏に、私はある会で、彼と彼のいとこの鶴見良行とのアメリカをめぐる立ち位置の違いについて質問したことがあります。俊輔氏は、良行がいかに遠くまで（思想的実践として）歩かれたかを話し始めたかと思いきや、すぐに延々と父親の悪口に移行してしまいました。[7]

　事実としては、鶴見俊輔は父祐輔に、何か苛酷な仕打ちを受けたのではありません。むしろ、祐輔は俊輔をいろいろな意味で保護していたように見えます。しかし、晩年の鶴見俊輔は父親を露骨に嫌っていた。そこで考えられる一つの仮説は、俊輔は父祐輔のなかに、勝者の影を見ていたのではないかということです。権力を握る者に媚びていく心性、機会があれば自分が権力者になろうとする意欲を、俊輔は祐輔に感じていた。さらに言えば、ひょっとすると俊輔は、そうやって父親の悪口を言いながら、その彼方に祖父である後藤新平を見ていたのではないかという気もします。言うまでもなく、後藤新平は大正期日本の中枢を担った権力者です。台湾統治から帝都復興まで、後藤にははっきりとした帝国のヴィジョンがありました。その孫である俊輔は、生涯、祖父とは正反対の道を歩もうとし続けたのです。

　鶴見俊輔氏が亡くなられたとき、『思想』（岩波書店）で見田宗介先生と栗原彬先生、それに私で鶴見俊輔氏を追悼する鼎談をしたことがありました。そのなかで鶴見氏を直接よく知る見田先生が、思想の科学研究会などでの鶴見氏の振る舞いが、「自分が勝者にならないこと」への強迫的なまでのこだわりに貫かれていたと、具体例を挙げながらお話しされていたことが深く記憶に残っています[8]。まさに大日本帝国の中枢にいた後藤新平の孫であった鶴見俊輔にとって、自分は絶対に後藤新平にはならないこと、そのような「勝者」への道を徹底して拒絶することは、人生の根本的な事柄であったはずです。だから彼は、後藤新平的なものを追い求めた父祐輔を拒否し続けたのではないか。戦後日本の思想家たちのなかで、鶴見俊輔ほど徹底して「敗者」になり続けようとした人はいなかったかもしれません。彼にとって、「敗者」であり続けることは人生を賭す積極的な意味を持っていました。

このような視点から、鶴見俊輔の大衆文化に関する数多の仕事を読み返す必要があると思います。俊輔自身は、当時はそこに「敗者論」という名を付しませんでしたが、限界芸術論にしても、日常の想像力の問題であると同時に敗者の想像力の問題でもあったのではないでしょうか。実際、彼の死後、加藤典洋により編まれた鶴見の「自選の最後の文集」は、ずばり『敗北力』と名づけられています[9]。鶴見俊輔という人の生き様を、間近で見続けてきた加藤典洋氏だからこそ、この人に最もぴったりの言葉を選ばれたのだと思います。

ところが、限界芸術論についてはよく、この絶大な影響力をもった議論の要点が芸術表現を「純粋芸術」「大衆芸術」「限界芸術」という三つに区分したことにあるという解釈がなされてきました。たしかにこの三つの範疇は示されますが、しかしそこにこの論のポイントがあるのではありません。むしろ鶴見は、この三つの範疇への分裂が、近代化や大衆化を通じて決定的なものとなったことを問題視しており、だからこそ、現代において「急激に進んできた純粋芸術・大衆芸術の分裂は、それじしんとしては五千年前とあまり変わりばえのしない状態に停滞している限界芸術を、新しい状況の脈絡の中におく」と考えたのです。[10]

もちろん、「あまり変わりばえのしない状態」なのかについては異論もあるでしょうが、要点は三つのカテゴリーの関係が歴史的、力動的に捉えられていたことです。ですから彼は、日本における「芸術」という概念が、「西欧文明の歴史のうえで権威づけられた作品の系列（権威の問題）を、先進国の名人によって複製してもらって（模倣性と受動性の問題）、日本の中心的都市である東京で少数の文化人がきく（地方文化にたいする東京中心文化の問題）、という三重の事柄」、つまり権力をめぐる構造的かつ複合的な問いを含むと論じたのです。[11]

実際、限界芸術論の実践例として俊輔が取り上げたのは、柳田国男と柳宗悦と宮沢賢治の三人ですが、それらはいずれも近代化や植民地主義、資本主義的搾取と対抗的な関係にありました。たとえば柳田の場合、鶴見は「柳田国男が、限界芸術の諸様式を、民謡とか、盆踊りとかにきりはなさずに、それらを一つの体系として理解」していたこと、つまり限界芸術を「たのしい記号」の生成的な体系として捉えたと考えていました。そのような記号論的レベルで捉えるならば、「限界芸術の諸様式のどの一つをとりあげても、そこから別の様式にぬけてゆく共通地下道のようなものを同様に見つけてゆく」ことができ、その共通地下道は、「日本人が各地各時代にもった具体的な集団生活の様式」となるのです。[12]

この柳田の方法論的立場を受け入れた上で、鶴見が論じたのは柳宗悦の批評的ポジショニングでした。鶴見は、柳の活動が「朝鮮の首府京城の王宮の光化門が日本総督府の命令でとりこわされることになったことをきいて、門をいたむ文章を書いたこと」を原点とすることを重視しました。つまり、「日韓併合以後、朝鮮文化の自律性を日本の官僚が破壊してゆく作業に反撥して、柳の民俗芸術にたいする関心が芽生えた」わけです。柳の場合、これは単純に日本の帝国主義への批判に向かったのではなく、むしろ朝鮮半島の陶工たちの技芸への関心に開かれていき、「高い伝統に支えられる職人たちの無意識の手仕事は、個人的天才の仕事をはるかにこえるという理念」に結晶化されていきます。[13] つまり、列強が領土拡張を目指す帝国主義がぶつかり合った一九世紀の国際政治では、朝鮮半島は周縁的な敗者ですが、その「具体的な集団生活の様式」に、柳は伝統に基づいて深く洗練された高度な技芸の集団的想像力を発見していったのです。

さらに宮沢賢治の場合、彼がその限界芸術の担い手として考えたのは、『気のいい火山弾』に登場する「ベゴという丸い石」であり、『オッペルと象』に登場する「働きもののチエなしの白象」であり、詩『雨ニモ負ケズ』で語られる「デクノボー」であり、それらのイメージが集約されていった「微塵」です。資本の絶えざる価値増殖という近代産業システムに組み込まれ、その生命力を徹底的に搾取されていく丸石や象、デクノボーは、「白象を助ける革命的な象仲間」、つまり労働運動や大衆的な革命によって救われることもあるでしょうが、賢治の目論見は、「チエなしの白象」自身が限界芸術の創造者となっていくような社会の形成にありました。つまり賢治は、「小さな塵の一点の中に、他の塵によっては到底理解しつくされない独自の魂がひそみ、その独自の魂は世界に背をむけ、世界から孤立していることをにくみ、のろっている」、そのような塵たちの自己解放を芸術と考えていたのでした[14]。

このように鶴見俊輔の限界芸術論は、単に芸術のカテゴリーを純粋芸術、大衆芸術、限界芸術という三つのカテゴリーに分けたものではありません。またそれは、限界芸術という概念を提起することで、庶民の日常的な実践が内包する創造性に目を向けたというだけのものでもありません。この概念には、西洋と日本、東京と地方、帝国と植民地、資本家とプロレタリアート、マジョリティーとマイノリティーといった様々な差別や支配の構造のなかで、決して勝者の側には立たないという決意、勝者から排除された者や周縁的な立場の者たちの中に入り込み、その内側に広がる深さや伝統、心のうごめきを解放していく政治として、限界芸術を際立たせようとする意志が内包されていました。つまり、本書のカテゴリーでいうならば、鶴見は最も広い意味での敗者の想像力を限界芸術と考えていたわけです。

こうした限界芸術論を貫く敗者への意志がはっきり表明されていたのが、彼の漫才論でした。鶴見にとって、漫才の小屋は「日本社会のまんなかにおかれた一つの大きな穴で、吹きよせられてきてそこにあつまった人びとが、穴の中から、大日本をながめるというしくみ」です[15]。彼が若い頃に通った京都の場末の寄席では、漫才師が「話の種がつきて、自分の思い出話をいくつかまぜてゆくうちに、出てくる商売がいろいろあって、この人たちが、かつては他の商売に志して失敗して漫才師になったということがわかった」と言います。彼らには、「人生のミスキャストというか、そのミスキャストされたなかに体をねじるようにおいて、そこから世の中を見てゆく」姿勢がありました[16]。この位置取りは重要で、「脱落者の位置にいてはじめて、日本の社会の行事をひっぺがして見せる資格が生じる」のです[17]。

鶴見はまた、「忠臣蔵」と「漫才」を、日本人の思考の二つの異なる極として対比します。「忠臣蔵」が示すのは、「ある一つの目的をたてて、それにむかって集団がさまざまの困難をのりこえて進む」態度です。他方、「漫才」では、「ゴールに入るまでの、その不一致」が見どころとなっていくのです。つまり、「『忠臣蔵』は一致を見る。メムバーの智恵も独創性も、集団目標への疑いにむけられることはなく、目標の変更はゆるされない。漫才は、仲間の不一致を表に出し、それが進行をあまり能率的なものにせず、ゴールの前ですわりこんでしまったり、ゴールそのものをわらいとばしたりする」[18]。漫才は、勝者となることを裏切る演技ですが、それを可能にするのは、敗者にとどまろうとする、無理をすまいとする漫才師たちの姿勢です。

2 敗者としての戦後——加藤典洋・中村秀之・長谷正人

戦後日本と敗者の想像力——加藤典洋の敗者論

さて、山口昌男が日本近代の、とりわけ明治維新の敗者たちに注目し、鶴見俊輔がより広く近代世界において勝者にならないことにこだわったのに対し、加藤典洋が問い続けたのはアジア太平洋戦争において敗者であり続けることでした。

加藤は、彼が敗者論を書こうと考えたとき、彼の「脳裏にあったのは、一方の極に吉本隆明、鶴見俊輔、中野重治、江藤淳らによって代表される「敗戦後」の思想的営為――戦後思想――があり、他方の極に山口昌男、松岡正剛、片岡義男、植草甚一らのいわば「脱領域」的かつ無重力（脱力）的なリゾーム状の「知」的営為――ポストモダン文化言説――があるといった、紡錘形をした世界図」だったと言います。[19]彼によれば、「敗者の想像力とは、敗者が敗者であり続けているうちに、彼のなかに生まれてくるだろう想像力のこと」です。ですから彼は、一九四五年以降、「日本の敗戦国としての七〇余年の経験が育んだ感性、感受性、考え方」を、その地下水脈的な深みから「敗者の想像力」として捉え返そうとしたのです。[20]

言うまでもなく、加藤の敗者論は鶴見俊輔の敗者へのこだわりを引き継いでいます。加藤は、鶴見（と吉本隆明）の思想的な力が、「人から見える「塔の高さ」（人に働きかける力）によりも人からは見えない、「井戸の深さ」（ひとりで苦しむ力）にあった」と言います。その彼らの「深さ」をかたちづくったのは、「戦争に敗れ、人びとが反省し、勝者の新しい世界に深く学ぼうとしたときに、彼らはそれとは逆に敗者であるとはどのようなことかを見きわめようとした」ことだったと続けるのです。さらに加藤は、「彼らのうちには、世界の奴隷たろうとする覚悟があった。奴隷になるとは、勝者の奴隷になることだが、同時に、勝者と敗者を含む、もっと広い世界の奴隷となることでもありうる」とも論じています。[21]

これはどういうことかと言えば、要するに勝者よりも敗者のほうが、遠くまで世界が見えるのです。加藤は、「敗者として新たに経験する世界が、勝者として新たに経験する世界よりも、広くて深いことが、ありうる」と主張します。しかしその場合、敗者は「自分が「敗けた」ことを受けとめるのでないといけない。いくらでもそれを打ち消す道はあるからだ。そこでは「屈辱」(の受け止め)が敗者を敗北につなぎとめる」。

敗者はその先で、「「敗けた」ことによって新たに彼の前に拡がる経験の領域を全身で生きる」。つまり、彼は「何が「敗けない」では手に入らない経験であるのかを見きわめ、身体でそれを知る感受性を養う」必要があります。[22]そのように「敗者」であることに止まり、そこからの世界を感受し続けるならば、敗者は勝者をはるかに超える遠大な視界を獲得するのです。

このように敗者の意識の奥底に止まり続けた代表例として、加藤は大江健三郎の初期作品を挙げています。大江はそれらの作品で、「同時代の日本を、米国の圧迫のもと、抵抗一つできない閉塞状況にあると見た。そしてそれを、今度はフィクションとして、五年前の占領状態に移し替えて、描いてい」きます。日本人の大多数にとっては、「さして愉快でもない」占領期の記憶はすみやかに忘れ去られました。「多くの日本人が、この場所を黙って通り過ぎようとし、七年であっというまに終わった占領は、すみやかに好ましくない記憶として戦後復興のかけ声のもと、彼らの間に拡散していった。そういうとき、大江は、残存して消えない対米従属の事実を文学的に表現すべく、逆にこの占領をフィクションとしていわば「廃物利用」したのです。[23]

つまり、「自分たちが敗者である。その自覚の底に下りていく。そしてそこから世界をもう一度見上げてみる」[24]。そのような「敗者の想像力」の原型的なかたちを、加藤は大江の初期作品のなかに見出していました。

しかし加藤は、敗者の想像力が一九四五年の敗戦だけでなく、日本の地政学的位置からも繰り返し芽生えてきたとも論じています。「海の向こうに優れた、先進の文物と思潮がある。広い意味では戦う前に、勝負はついていた。そこでは相手が優れており、こちらは劣っている。相手が優者（勝者）であり、こちらは劣者（敗者）である。こういう関係が、この「極東」の列島では古代から続いていた」と彼は述べます[25]。日本列島は、朝鮮半島やインドシナ半島などと同様、敗者の想像力を幾重にも蓄積してきたのです。

加藤の仮説では、この長い歴史的経験は日本人の身ぶりに刷り込まれています。私たちは人の目をしっかりと見て話すのが苦手です。相手をしっかり見て話すのは、どちらかというと勝者の身ぶりで、敗者は「曖昧に笑ったり、にやけたり、ちょっと伏し目にしたり、猫背気味に背をかがめて歩いたり」します。そのような身ぶりの国は、「だいたいは、他の強国に攻め入られた歴史をもっていたり、他の先進国の植民地にされた歴史を背後に抱えていたりする」。近世までの日本は、中国の強大な力に対して自らを周縁と位置づけていましたし、明治維新では、本書で触れた旧幕臣が「敗者」の眼差しを深めます。

実は、この敗者性は、欧米列強をモデルとする勝者の普遍性よりも、はるかに深い普遍性に通じていたと、加藤は考えています。というのも、この場合の「勝者の普遍性」とは要するに近代的諸価値の普遍性ですが、この普遍性は歴史的に植民地主義と表裏であり、その意味で帝国の普遍性でもあるわけです。それらの帝国によって植民地化された人々は、その植民地化のプロセスで、やがてポストコロニアル批評が浮上させていくもう一つの普遍性を潜在させていきます。明治維新の敗者たちの眼差しは、実はそれらの敗者の普遍性にも通じるものでしたが、近代化を達成した日本人は、維新の敗者の眼差しの「背後に控えているのが世界の大半の人びとにつながる、こうした非勝利者の眼差しであること」には目がいかなくなります。[26]

ポスト占領期の映画における敗者

山口昌男と鶴見俊輔、加藤典洋という日本近代に異なる視座から迫った思想家たちが、いずれも「敗者」を考えることに行き着いた、あるいはそこから出発していたのは偶然ではありません。加藤がその敗者論の基盤としたのはもちろん文学ですが、文学以外のメディア研究でも、映画研究やテレビドラマ研究で敗者を論じた好著があります。まず映画では、中村秀之の『敗者の身ぶり』が、アジア太平洋戦争の敗者たちの表象を論じました。

中村は、占領・ポスト占領期を通じ、大日本帝国の〈前線－銃後〉の構造が何重にも変形・転換していったと考えます。すなわちまず、「復員兵や引揚げ者の経験や記憶、戦死者や未帰還兵とその遺族との関係などに、かつての〈前線－銃後〉が亡霊のようにとりついて」います。第二に、戦時期には敵兵だったアメリカ人と生活の場が直接的な相互交渉を持つようになり、米兵相手の売春のように、かつての「銃後」が「占領－被占領」の関係において再編されます。第三に、朝鮮戦争特需や国内と沖縄の米軍基地のように、冷戦体制下で日本そのものが米軍の「銃後」として位置づけ直されます。中村のいう「敗者の身ぶり」とは、これらの少なくとも三重のポスト「前線－銃後」の権力関係のなかで、それらの重層的な関係に「従属している身体が〔映画の〕画面上に現われる様態」を指します。[27]

中村がこだわるのは、敗者たちがこの重層的な権力関係に従属しながら茫然と振舞っていく諸身体のうごめきが、映画館の暗闇の中でこそ、そのくっきりとした輪郭を露わにすることです。彼はここで、歴史の昼と夜という分析軸を導入しています。すなわち、歴史の昼とは、「言論や行動、必要や目的が支配する領域」です。これに対して歴史の夜とは、「言論や行動によって表わされることもなく、必要や目的から解き放たれ、その前提としての直線的な時間とは異質な時に満たされて、さまざまな同一性が解体される、ほとんど伝達不能な領域」です。ですから、「歴史の昼が人々を大きく覆ったり固く繋いだりするのとは違い、歴史の夜はそれぞれに異質な無数の断片のように生まれては消えてゆく」のです。[28]

中村の定義によれば、映画とは「歴史の夜を群れ集って体験する特異な手段」なのです。映画の表象は、集合的な暗闇に浮かび上がるという技術的前提の上に、「とらえがたい歴史の夜を取り集めて未知の世界を創り出す」潜在的な力をしばしば発揮していきます。それはいわば「歴史の薄明」の表象とも言え、その薄明において敗者たちの身ぶりが、「幾重にも意味を担った未知の思考の運動」として生起していくことになるのです。[29]

中村の著書は、ポスト占領期映画におけるそうした「敗者の身ぶり」を、個々の映画作品に即して分析していますが、なかでもここで述べた論点が明瞭に示されているのは、谷口千吉監督の『赤線基地』（一九五三年）の分析です。この映画の舞台は静岡県の東富士演習場付近で、日露戦争後の一九〇六年、この地域が旧日本陸軍の実弾演習地に指定されたことで農民たちは祖先伝来の土地を失います。敗戦で一旦は農地が返還されますが、四六年、今度は米軍演習場として使用するため再び土地は取り上げられました。つまり彼らは、旧日本軍と米軍に二重に占領されたわけです。講和条約発効以降、米軍演習場はやがて自衛隊演習に移行しますから、農地の占領は三度に及んだとも言えます。

『赤線基地』は、そうした農地接収と米軍駐留によって引き起こされていった地域の解体、麻薬や売春、売春婦への農家の間貸し、歓楽街と学校の隣接といった、当時の米軍占領地で頻繁に見られ、沖縄では後々まで続く状況を、三国連太郎が演じた帰還兵の眼から描きました。

この抑圧的な占領状態で最も多重的に敗者となることを強いられたのは、占領軍相手の売春婦となった若い女たちでしたが、映画は主人公に、かつての恋人がまさにそうした女になっていることを目の当たりにさせます。中村が言うように、「『赤線基地』は主人公が故郷の変化を見る映画である。しかしその変化は、ある同一性から別の同一性への転換というよりも、主人公にとってはおよそ同一性なるものの崩壊として経験」されたのです。[30]ここでは敗者は敗者としての同一性を獲得するよりも、あらゆる同一性を剝奪されます。

実を言えば、もう三〇年近く前になりますが、私はこの本の著者の中村さんとあるコミュニティカレッジで映画を題材としながら共同で教えていたことがあります。その際にも、中村さんの提案でこの『赤線基地』を取り上げ、ここにおける敗戦の表象が、いかに数年後の『ゴジラ』につながっていくかを議論しました。実際、『赤線基地』で監督の谷口やプロデューサーの田中友幸が発揮した映画的な、つまり歴史の薄明の批判意識は、直接的な表現から隠喩的な表現に方法論を転換することで、「敗者の身ぶり」としてはおそらく戦後日本、それどころか戦後世界最大のアイコンともなるゴジラを生み出していくのです。

というのも、プロデューサーの田中からすると、『赤線基地』は意欲作であったにもかかわらず、その「反米性」を問題視するアメリカからの圧力で一旦は公開中止となり、数カ月後に公開されたものの期待したほどの興行成績を上げられなかったことが大きなダメージでした。その結果、彼は日本の敗戦をテーマにする映画では、「多様な解釈を喚起しつつそれらを宙吊りにしてしまうような高度の寓意性」が必要なことを学んだのでした。つまり中村の解釈では、『赤線基地』の興行的な限界を突破する答えが『ゴジラ』で、戦後日本の大衆は、基地の街の売春や地域の解体といった現実を直視するよりも、敗戦を寓意として、あり得ないような巨大怪獣のイメージに仮託されたフィクションとして消費することを熱望していたのです。

中村はここで、「「ゴジラとは何か」というおびただしい解釈自体が、対象の同一化不能＝正体不明（unidentified）ゆえに何らかの同一性を付与したいという欲望の所産」なのではないかと問います。敗戦と占領により、故郷が取り返しのつかないほど破壊されてしまったのを見た『赤線基地』の主人公の同一性は徹底的に失われました。中村は、その同一性の崩壊を「さらに突きつめた存在がゴジラ」なのではないかとするのです。つまり、米軍占領下に置かれた富士山麓の村を去った帰還兵が、「映画に固有の夜の奥で、戦後日本の国土を破壊する怪獣に生まれ変わって再び還って来た」というイメージです。[31]

これは中村自身が映画のスクリーンの薄明に幻視した「帰還兵＝ゴジラ」の再生譚ですが、この再来のイメージは、加藤典洋が論じてきたゴジラ像に比較的近いように思われます。

山田太一のテレビドラマにおける敗者

さて、映画作品の分析を通じた中村秀之の敗者論が、文学作品の分析を通じた加藤典洋の敗者論に通じるとするならば、山田太一のテレビドラマを分析した長谷正人《まさと》の『敗者たちの想像力』は、むしろ鶴見俊輔の敗者であり続けることへの意志に通じています。

長谷は山田の一九八〇年代初めの作品である『ふぞろいの林檎たち』（ＴＢＳ）が、「「敗者」が「敗者」であるのは自らを「勝者」の視点において見てしまうから」であって、そうではなく、つまり「「敗者」が「勝者」に成りあがろうとすることなく、「敗者」のままで自らに誇りを持って生きるとはどんな事なのか」を描いていたと論じます。[32] つまりこの作品でテーマとされていたのは、敗者たちの勝者による視点の呪縛からの解放でした。

この解放は、日本近代そのものからの解放の根幹をなすものです。このことを明瞭に表明していたのは一九七七年の『岸辺のアルバム』（ＴＢＳ）で、「戦後日本の経済成長と私生活主義化が生み落とした郊外中流家族の矛盾と崩壊」を描き、「それまでテレビのホームドラマが描いてきた幸福な家族イメージ」に疑問符を投げかけた作品として、これまでも広く論じられてきました。しかし長谷は、このドラマが「ただ家族の崩壊を描いただけではなく、むしろ登場人物たちが崩壊という出来事の後で、その「崩壊」（敗北）をどのように自分のなかで受け入れていくかという経過を時間をかけて丁寧に描いている」ことに注目します。

山田の眼差しはあくまで敗者であり続けることの可能性にあるのであって、勝者の虚構性を暴くことにあるのではありません。ドラマの主人公たちは、「再び「勝者」に復帰できるかもしれないという未来の希望においてではなく、「敗者」であることを受け入れることがそのまま幸福であり得るという現在の可能性」において〈未来〉を獲得するのです。[33]

『岸辺のアルバム』で最も印象深いのは、多摩川の氾濫で家を失った主人公一家が、下流の岸辺に自分たちの家の屋根だけが流れ着いているのを発見し、その屋根の上で静かに語り合う場面です。長谷が要約するように、「戦後日本の核家族が、自分の城として一軒家を購入し、その家屋の中に幸福の証拠としてさまざまな家電製品を買い込むことに精を出し、その所有物を守ることを人生の「勝者」になることだと信じて汲々としてきたとするなら、いま彼らが川原の吹きさらしに「敗者」として何も所有しないでいることは、もはや受験とか出世とか自立とかいった勝利の探求の束縛から解き放たれて、人間が生きることの根源的な自由を満喫している」ことです。[34]だからこそ、彼らはそこで「さっぱりしていいじゃないか」と一様に語るのです。

長谷はさらに、この岸辺の光景が「戦後日本の焼け跡までも連想」させると言います。かつて焼け野原に「投げ出されていた「敗者」としての日本人」も、「戦時全体主義下の「勝利」のための束縛から解放されて、「敗者」でいることの自由と幸福を感じ」ていたはずなのです。[35]

つまり、山田太一のテレビドラマには、高度成長のなかで「勝者」になろうとする強迫からの解放という意味での「敗者」と、アジア太平洋戦争で瓦礫の中に取り残された「敗者」の二つの次元が交差していたとも言えるわけです。長谷はこの後者の次元を、一九七六年から八二年まで放映された山田の『男たちの旅路』（ＮＨＫ）で、「日本の「敗戦」という過去の事実にこだわり続けたために戦後社会の主流からは弾き出された「敗者」」としてのガードマンの姿にも認めています。このガードマンを演じたのは鶴田浩二で、かつて特攻隊員だった彼は、若いガードマンが暴徒に立ち向かって殺されてしまったのを前に、「本当に強いということは、自分が大勢の敵を前にしては「無力」であることを認め、他人に弱虫といわれることを恐れることなく堂々と逃げること」だと切々と語りました。[36]

これは、「反戦」というよりも「非戦」の思想です。無論、二一世紀初頭のロシアの軍事侵略に対してウクライナの人々が自国を守るために戦うのは正義です。だから彼らが最初から「敗者」であることを受け入れて、ロシアの非道な独裁者に国を明け渡すのが正しいとは言えません。しかし他方で、世界のどこの地域であろうと、「敗者」であることを堂々と受け入れ、自分たちの「無力」に自覚的であり続けることのできる精神も強靭なのです。

3　近代と敗者の思考——シヴェルブシュとワシュテル

敗者におけるパターンの反復——ヴォルフガング・シヴェルブシュの敗者論

以上の現代日本における敗者論のいくつかの試みに、海外での敗者論の試みを対置させてみましょう。まず、その筆頭に挙げなければならないのは、ドイツの文化社会学者であるヴォルフガング・シヴェルブシュの敗者論です。シヴェルブシュは、鉄道を近代的な眼差しのメディアとして捉えた『鉄道旅行の歴史』（原著一九七七年）から、モダニティとしての光、つまりガス灯や電気照明の社会史に関心を向け（『闇を照らす光』原著一九八三年）、やがて「敗者の思考」について考えていきました（『敗北の文化』原著二〇〇一年）。関心の移行の仕方に本書の著者とも重なりがありますが、この軌跡が示すように、近代的な眼差しの拡張と敗者の想像力の間には、紛れもなく長い歴史を通じた表裏の関係があるのです。

シヴェルブシュは、「敗者の思考」におけるパターンの反復に注目し、いわば「敗北」の比較社会学とでも呼ぶべき地平を構想します。彼は、「敗戦の経験は国ごとに違っている。だが、敗戦に対する反応には――心理的、文化的、あるいは政治的なものであれ――時代や国境を越えて繰り返し現れるいくつかのパターン、あるいは原型のようなものが認められる」と論じます。[37] シヴェルブシュが取り上げたのは、一八六五年に南北戦争で敗北した南軍、七〇年初めに普仏戦争で敗北したフランス、第一次世界大戦で敗北したドイツの三つですが、そこから彼が抽出した「敗者の思考」の共通パターンは、本書で扱ってきた一八六八年の戊辰戦争での徳川幕府の敗北や第二次世界大戦での日本の敗北の場合にも、はっきりと当てはまるように思えます。

シヴェルブシュは、「敗北の思考」には二つのタイプがあると言います。一つは敗北の「当事者」の自己省察で、もう一つは「無関心な」第三者による省察です。「敗者」の思考ということならば、前者だけが当てはまるのかもしれません。彼はこれを段階論的に考えていて、多くの場合、敗者の経験はまず「夢の国」から始まるのだと、ハッとさせられるような指摘をします。様々な敗北の経験を並べてみると、「敗戦の沈鬱がしばしば短期間しか続かず、奇妙な陶酔感に逆転する」現象が共通して観察されます。この「陶酔」をもたらすのは、「軍事的破局に続いて起こる国内の革命状態」です。多くの大衆的敗者には、「旧体制の廃絶と〔旧支配者の〕敗戦の責任を負う贖罪の山羊への転落は、一種独特の勝利として体験」されます。

このとき、敗者たちにとって「かつての敵はもはや敵ではなく、ほとんど同盟者であって、その支援によって旧体制の権力者と暴君は追放されたのである。人類博愛の精神に満たされて、大衆は自信をもって将来を見つめる」のです。[38] ここでシヴェルブシュが念頭に置いているのは一八七一年以後のフランスや一九一九年以後のドイツの大衆のことですが、一九四五年以後の日本の大衆についてもまったく同じことが当てはまります。

ところがその後、戦勝国が専制主義からの解放者として敗戦国の大衆に歓呼されるだけでは満足せず、敗戦国民を「無実の犠牲者としてではなく、戦争の責任者、賠償義務のある主体として扱うとき、この雰囲気は一転する。暫定的に和解していた敵愾心が、戦争勃発と変わらぬ姿で、あるいはまたもや欺かれたという感情によって強化されて現れてくる」とシヴェルブシュは言います。敗者の思考の第二段階です。戦後日本の場合、敗北が東西冷戦の激化というマクロな時代状況に接続されたため、こうした「陶酔」から「憤激」への転換は「逆コース」批判として言説化され、共産党などの左派系勢力に先導されていきました。逆に言えば、東西冷戦に対応する仕方で国内社会は分断され、昭和天皇も戦争責任の追及を免れましたので、多数派はその後も七〇年以上にわたり「夢の国」にとどまり続けることになったのです。

しかし、敗者の思考は「精神的な勝利」の段階に移行することもあります。敗者が、戦勝国の「勝利は真の勝利ではなく、不当（偽り、不純、詐欺、強奪）であり、したがって承認しえないという確信から、敗北を純粋で崇高な対蹠物へと昇華させる」のです。ここには、「犠牲と殉教というキリスト教的なイメージとそのような古典的美学との結びつき」があるとシヴェルブシュは指摘します。[39] もう少し広げるなら、この思考の基底にあるのは、「勝者よりも洞察と知識において一歩先んじている、あるいは運命の輪の半回転ほど先を読んでいる」という敗者の確信です。そしてそれが、歴史をより長期的に見通していこうとする関心を呼び起こします。彼らからは、「一度限り敗者に強制された経験を経て、長期的に見てより妥当な、より大きな説明力を有する見解が生じる」。つまり「歴史は――短期的には――勝者によって作られるかもしれないが、歴史的な認識は――長期的には――敗者から生じる」ことに気づいていきます。[40]

私たちは本書で、明治維新期に旧幕臣の人々が、「夢の国」から「憤激」への反転を経験することなどほぼなく、絶望的な敗北経験から一気にこの「精神的な勝利」に向かっていったことを確認しました。会津戦争を戦い、敗者として京都に流れた山本覚馬・八重兄妹は、やがて京都復興に大いに貢献するとともに、キリスト教を基礎に同志社大学創立で中心的な役割を果たします。慶應義塾大学を創立した福沢諭吉も幕臣でしたし、東京や九州の帝国大学の総長を歴任した山川健次郎も会津藩士、しかも白虎隊の生き残りでした。明らかに、明治日本の学問や言論は、明治政府の中枢をなした薩長派ではなく、旧幕臣や佐幕派によって基礎が築かれたのです。

シヴェルブシュが教えてくれるのは、これが近代日本固有の現象だったのではなく、むしろ「敗北の文化」一般に広く見られる共通的な現象だったことです。

シヴェルブシュは、敗者の思考が行き着く他のパターンにも言及しています。たとえば、敗者の思考は勝者に対する「報復と復讐」に向かうこともあります。アメリカとイスラム、あるいは長年敵対してきた二国の衝突では、相手の姿がはっきりしているので、負けた側が勝った側に

「報復」や「復讐」を仕掛けることがしばしばです。

しかし、勝者が単一の国ではなく連合軍の場合、敵の姿を絞り込むのが難しくなりますし、勝敗に圧倒的な差がある場合も、「報復」の意志はしばしば挫折を余儀なくされます。このように報復が実質的に不可能な場合、「それとは別の心理的補償の可能性が開かれている」とシヴェルブシュは言います。すなわち、「敗戦国は、勝利した連合軍側の最強国と同等の国であると考える」のです。こうして敗戦国は、なんとか二つのことを達成しようとします。すなわち、一つには、「連合軍の他の国を漁夫の利を得た者として矮小化」し、もう一つには「力の序列において主戦勝国に次ぐ地位、少なくとも他国よりは上位の地位を確保する」のです。[41] シヴェルブシュがここで論じているのは、あくまでフランスやドイツの敗戦についてですが、これが一九四五年以降の日本の対米姿勢にぴったり当てはまることは言うまでもありません。

以上のように、シヴェルブシュが示したのは、敗者をその固有性ではなく、普遍性において論じる方向です。取り上げられた事例は三つですが、多くの点で一九四五年の敗戦後の日本にも、また一八六八年の敗戦後の旧幕府方にも当てはまります。逆に言えば、私たちが日本の近現代史に固有の出来事として語ってきた敗者の経験は、シヴェルブシュ的に言うならば決してそのようなことはなく、比較社会学的にパターン化できる「敗北の文化」の一部なのです。

そしてこのように普遍化して考えるなら、本書を枠づける東京の三度の「征服」も、長い歴史のなかで数多の都市に繰り返し起きてきた征服の諸パターンの一部であることになります。世界各地の都市にはそうした「征服」の刻印が幾重にも残されており、それらの断層で生じていた数々の敗者の経験や思考、想像力を浮かび上がらせ、その都市に対する勝者からの眼差しを相対化していくことは、〈都市〉を思考する者にとって共通テーマです。

大征服時代と敗者の想像力

そして、このような歴史を通じて繰り返されてきた征服のなかでも、間違いなく最も残酷で壮絶だったのが、一六世紀に生じたスペイン人による中南米先住民文明の征服であったことは疑いようがありません。天然痘パンデミックから数々の殺戮へ、莫大な富の収奪と王都の徹底的な破壊へと続いたこの征服により、アメリカ大陸の先住民人口は激減し、文字通りの文明とその記憶の崩壊が生じました。ナタン・ワシュテルは『敗者の想像力――インディオのみた新世界征服』(原著一九七一年)で、先住民たちがこの残虐をどう生き抜き、それをどう解釈し、数世紀にわたり想起し続けたのかという問いを提起しました。先住民の言葉で辛うじて残された記録や民俗的な祭りを分析しながら、大航海時代に「新大陸」で起きたことについての「裏返し」のエスノヒストリーを記述することを試みたのです。

このときアステカやマヤ、インカの人々に生じた大量死や侵略者による莫大な富の略奪以上に重大なことは、彼らの存在を支えてきた神々の死だったとワシュテルは言います。

征服された人々にとって、敗北は、宗教や宇宙観にまで影響を及ぼした。それは、古い神々がその超自然的な力を失ったことを意味した。アステカ人たちは、戦争を司る太陽神ウィッィポチトリの選民であると自負し、メキシコをめぐる四方の民族すべてを、その掟に従わせることをもって使命としていた。それゆえ、都メキシコの陥落は、たんなる軍事的敗北以上のはるかに大きな意味を持っていた。都の陥落とともに太陽の支配も終り、地上の生活もまた、それ以後まったく価値を失った。そして、神々が死んだ以上、インディオもまた死を待つ以外になかった。[42]

先住民たちにとって最悪だったのは、征服後、宣教師たちが熱心に進めた布教です。ヨーロッパからの征服者たちは、「まことの神の知識をもたらしたいと望み、神殿、神像を破壊したが、なんの罰もあたらなかった。そして、征服された人々にむかって、これまで拝んでいたのは偽りの偶像にほかならない、と言明した。突如として、アステカ文化のいっさいが空しいものとなってしまった」のです。だから、アステカの人々は、もうこうなったら「われわれが死んでもとめないでくれ、滅びさるがままにしてくれ、われわれの神々が死に絶えたからには」と絶望の叫びをあげることしかできませんでした。[43]

したがって、スペインの支配下、インカ人は「殉教者のような、また孤独な生活を送った。アタワルパの死を悼む哀歌では、悲しみ、錯乱し、だれに頼ればいいのか分からずにいる彼らの姿が歌われている。彼らを庇護していた大木が倒れたので、なにものもいやすことのできない空しさにとらわれたのである。じぶんたちを導く父親も失ったため、異邦人にないがしろにされて、彼らはそれ以後放浪と漂泊の毎日を送った。彼らは文字どおり、迫害された孤児でしかなく、愁傷と挫折感のとりこになっていた」と、ワシュテルは書きます。他方、マヤ人は、「追憶の中で、古代文明の時代をほんとうの黄金期と見なし、エスパニャ人の支配がはじまると、諸悪がはびこった、と考えた。白い人の時代は、先祖の時代とはまったく逆のもの」だったのです。[44]

スペイン人たちによる征服でアメリカ先住民にもたらされた深い傷は、その後も数百年にわたって癒えることはありませんでしたし、それは今も続いています。近代史を通じ、やがてこの残虐に、数々の帝国列強の残虐が続いていくことになります。征服の歴史は、もちろん古代から繰り返されてきましたが、これら近代の帝国主義的征服は、キリスト教を背景とした進歩史観と表裏をなす人種差別主義が、征服を宗教的ないしはイデオロギー的に正当化し、その分だけ敗者たちの精神世界までを支配し尽くそうとする点で、それ以前の征服とは異なっていました。

たとえば古代ローマ帝国は、それこそ征服行為を重ねたチャンピオンのような存在ですが、征服された民族の信仰を変えることにはまったく興味を示していません。彼らはただ、異民族の神々をローマの神々に加え、異民族の人々も「文明化＝ローマ化」されたならばローマ市民に加えていきました。近代に比べれば、人種差別主義はずっと弱かったのです。

しかし、スペイン人によるアステカやマヤ、インカの破壊がこれほどまでに苛烈であったにもかかわらず、先住民は、「部分的には外来文化に反応しながらも、伝統にたいして度しがたいまでに忠誠を示した」とワシュテルは論じます。[45] 彼がこの本を書いたのは一九七〇年代、つまりグローバル化の大波が世界を席巻する以前ですが、ペルーでは（インカ帝国の最後の皇帝となった）「アタワルパの処刑とともに国家的な祭祀は消滅したものの、アンデスの（各地方のワカの信仰や星・雷の崇拝に基盤をおいた）古い宗教は、数世紀を経た現在もなお生きつづけ」ました。[46]

つまり、敗者たちは勝者の宗教や文化を部分的に取り入れていったのですが、最も根幹的な精神世界をすっかり変えてしまうことはなかったのです。たしかに征服後の数百年の歴史を通じ、先住民系とスペイン系の混血化が進み、物質面では外来の要素が採り入れられていきました。しかし精神面では、「インディオは伝統に忠実であった。エスパニャ人宣教師の布教にもかかわらず、キリスト教とアンデスの宗教は共存しつづけた」のです。[47]

それは、いかにして可能であったのか。第一の方法は、宗教的抵抗です。ワシュテルが言及する一七世紀の記録文書には、先住民による告解で「インディオの中に本物の神官がいて、伝統的な儀礼をこっそり伝え、キリスト教の普及に反対している」ことが語られます。別の「祭司」は、大流行していた天然痘を「免れるために十字架や聖像というキリスト教のシンボルを捨てるようインディオに呼びかけて」いたそうです。[48] つまり、征服から一世紀近く経っても、先住民社会の神官＝呪術師たちは、キリスト教の宣教師たちが彼らの精神世界をすっかり取り込んでしまうことに執拗に抵抗していたわけです。

第二の方法は、宗教的折衷ないしはカモフラージュです。たとえば、「インカ時代の太陽の祭りと聖体節の日付が偶然にも一致したことがあらゆる種類の混乱の原因であった。一方、この混乱はエスパニャ人自身がひき起したものでもあった。というのは、エスパニャ人は土着の神聖な場所に、教会や十字架をわざわざ建てているからである。逆に、インディオは、じぶんたちの偶像と儀礼をキリスト教でカモフラージュしていた」とワシュテルは書いています。[49]

これはいわば、江戸時代に隠れキリシタンたちが聖母マリア像を観音像として拝んでいたようなもので、先住民は様々な意匠で伝統的な宗教にキリスト教の仮面を被せ、征服者は伝統的な宗教を奪用しながらキリスト教を広めていました。ワシュテルは、「伝統的なアンデスの宗教とキリスト教との間には表面的な折衷がしばしば生じたが、その際伝統的な信仰がキリスト教を実は圧倒していた」と書いています。[50] つまり、表裏をなす征服者の奪用戦略と先住民のカモフラージュ戦略では、後者のほうが常に優位だったのです。

ワシュテルは、こうした文化折衝の結果が、先住民社会内部の階層構造とも結びついていたことに注意を促します。旧インカ社会の支配層は、敗者となるとコカの消費や一夫多妻のような象徴的特権を失いますが、その失われた威信を、スペイン人の生活様式を真似ることで補おうとしました。勝者の模倣により失われたものを補償していこうとするこの種の振る舞いは、戦後日本のアメリカ化でも多々見られたことです。シヴェルブシュの敗者論でも、敗者は勝者に復讐することもあれば、勝者に最も近い者として自己の立場を再定義することもあると指摘されていました。インカ社会の旧支配層がスペイン人に征服された後、あっけらかんと勝者を模倣しようとしたのは、この後者の類型に含まれます。

しかし、ワシュテルが論じた敗者の想像力で最も印象的なのは、このようにスペイン文化の模倣を試みた旧支配層ではなく、征服後に移入されたキリスト教的時間意識を奪用しながら、過去の本源的な時間が未来に再現されることを想像していった人々です。その一例、先住民の一人ポマ・デ・アヤラが一六一四年頃に書いた『新年代記』に彼は注目します。

ワシュテルによれば、征服後の先住民社会の悲惨を許容できなかったポマは「本来の状態に復帰することを望んだ。本来の状態とは、昔から定められている場所に人も物も留まることである。つまり、各人が生れた村で暮らし、カシケ〔インディオ社会の支配層〕はカシケとして尊敬され、インディオは真面目な納税者として働くのである。あきらかにポマの意図は保守的であるが、エスパニャ人の植民地支配の正統性を完全に否定している点できわめて破壊的」でした[51]。つまりポマは、「土着の空間・時間的な体系という視点から植民地世界をとらえ、彼のイデオロギーによれば、原初の状態への復帰は正しいこと」でした[52]。

過去およそ四〇〇年間、中南米社会の敗者たちは、この本源的な原初への復帰という未来イメージを深く抱え込みながら、ある時にはスペインを後ろ盾とする支配層に、またある時はアメリカの資本家に支えられたグローバル資本主義に、絶望的な叛乱を繰り返してきました。

私は一九九〇年代初め、メキシコに約一年間滞在し、メキシコ中心部で新自由主義的なグローバル化の波が社会を変えていくのを目の当たりにしました。しかし、それでも南部辺境のチアパス州では、副司令官マルコスに率いられた先住民叛乱が、先住民伝来の記憶とインターネットを結びつけながら、グローバル資本主義に対する根底的な問いを突きつけ、世論の大きな流れを変化させます。[53]ポマが確信した本源的な過去＝未来は、一六世紀から二〇世紀末まで、なんと四〇〇年以上にわたり何度も想起され続けてきたのです。

ですからワシュテルは、中南米では「多岐にわたる苛酷な衝撃を受けたにもかかわらず、土着文化の驚くべき持続性が、インディオのエスパニャ人支配にたいする抵抗として現われている。帝国の総体性は解体したとしても、いわば部分的、地域的な総体性は持続し、ときには強められた場合もある」と語ったのです。先住民社会の伝統的な成り立ちや記憶は、とりわけ王都から離れた地域において根強く残ったようです。そうした広がりで考えるなら、「土着社会に実際に起った構造の崩壊と平行して、インカ時代の古い構造も部分的には命をながらえた。この持続性は、またべつな型の実践があったことを証明」していたのです。[54]

4　東京における敗者の想像力とは何か

コンタクトゾーンとしての都市

これまでの議論を通じ、「敗者としての東京とは何か?」という問いへの答えを導き出すことができます。まず、現代日本で〈敗者〉が論じられる際、そこには少なくとも三つの敗者の地平が交差します。第一の次元は、アジア太平洋戦争の、つまり一九四五年の敗者です。戦後日本の想像力は、この次元での敗者の経験と切り離せません。だからこそ加藤典洋はこの問題にこだわり続け、中村秀之の敗者論もこの次元の映画表現に照準しました。

しかし、そのような戦後的地平を超えて、私たちの世界には〈近代〉の敗者が無数にいて、彼らの想像力は近代という地平を根底から掘り返す地下水脈を形成してきました。近代の征服者の最初の犠牲となったのは、南北アメリカ大陸の先住民たちでした。しかしこの犠牲の系譜は、欧米列強の帝国主義が世界を席巻するなかで、その流れに必死に追いつこうとした明治維新によって圧殺された者たち、つまり戊辰の敗者たちまで続きます。

さらに第三の次元では、敗者が日常的に存在します。鶴見俊輔は勝者になることを拒否し続け、長谷正人が分析した山田太一のドラマでは、登場人物たちは敗者であることを受け入れた状態に達することで勝者の呪縛から解放されていきます。そうした敗者への意志は、一九四五年の敗戦や、近代国家や帝国主義による征服という経験の射程を超えて、〈敗者〉であることの認識そのものが可能にする自由の契機を開いていくのです。

次に、〈敗者〉について論じてきた多くの議論は、彼らが勝者に服属させられ、その強い影響下に置かれながらも、勝者に一方的に同化するのではなく、むしろ勝者の影響を利用して自分たちのアイデンティティを再創造していたことを証明してきました。人類史上最も苛烈な勝者による敗者の抹殺が試みられたのはスペインによるアステカやマヤ、インカ帝国の征服ですが、そうした苛烈さにもかかわらず、ワシュテルはインディオたちが「伝統にたいして度しがたいまでに忠誠を示した」ことを強調していました。敗者たちは、勝者の文化を部分的に取り入れつつ、その根幹的な精神世界を密かに保持し続けたのです。そしてこの伝統的なアイデンティティの保持は、とりわけ彼らの原初的な時間への意識に顕著に示されていました。中南米の先住民社会とは異なる仕方ですが、日本でも、明治維新の敗者たちが決して薩長政権に文化的に服属したわけではないことは、すでに論じてきた通りです。

最後に、敗者の思考は、長い歴史のなかで繰り返し現れてきたものであり、その出現の様態をいくつかのパターンとして分析することが可能です。つまり、歴史は唯一的、一方向的なものではなく、むしろ反復的、螺旋的なものです。同じ構造の下では、似たことが何度でも起こりますし（資本主義体制下での恐慌の反復）、ある構造から別の構造への転位は、長い歴史の中で理解すべきことです。敗者の思考も、敗北に至る仕方がそれぞれ大きく異なるとしても、敗者がその敗北をどう受けとめ、いかなる認識を導き出すかについては一定のパターンが存在します。

とりわけシヴェルブシュの考察が気づかせてくれるのは、敗者は自分たちが「敗者」であることをどれほど認めようとしないかです。彼らは、時には「勝者」への同一化を欲望し、時には精神的な「勝利」を主張する。あるいは絶望的な「報復」を試み、敗北の責任を誰かに転嫁する。実に様々な方法で、敗者は「敗者」であることを否認します。しかし、鶴見や加藤、長谷が論じたように、敗者は自らが「敗者」であることを受け入れるときに初めて、新たな認識を獲得できます。〈敗者の思考〉について私たちは、シヴェルブシュが語らないより深い次元まで掘り下げていくべきなのです。

では、以上のような敗者をめぐる次元の交差や敗北への諸反応を、どのような方法で分析していけばいいのでしょうか。山口昌男の場合、その敗者論の骨格をなすのは「人脈」でした。敗者がいかなる人間関係の中にいたのかを浮かび上がらせ、それぞれの活動の広がりや思考の結びつきを解釈します。他方、鶴見俊輔が限界芸術の営みを捉える方法として柳田国男のなかに見たのはより記号論的なアプローチで、異なるジャンルを横断して作動する記号体系を捉えようとします。柳宗悦の場合、残された陶磁器などの工芸品に示される技芸に目が向けられます。さらに、加藤典洋や中村秀之、長谷正人のアプローチはテクスト論的なもので、文学や映画、テレビドラマの作品＝テクストそのものが対象ということになります。

要するに、敗者の思考を浮かび上がらせる方法は多様なのですが、この方法の問題がとりわけ尖鋭化するのは、アメリカ先住民における〈敗者の思考〉のように、私たちがアプローチできる資料がきわめて限られている場合です。ワシュテルは、残された記録文書の他、地域で受け継がれてきた儀礼もまた〈敗者の想像力〉を捉える貴重な糸口としていました。

結局、歴史のなかの敗者をめぐる以上の考察が浮かび上がらせるのは、〈敗者〉が、直接的に敗れ去り、殺され、権力から排除されていった人々というだけでなく、〈勝者〉によって導かれ、構築されていく様々な戦後世界の自明性に亀裂を入れる、孔のようなトポスでもあることです。このことは、歴史上、実に多くの戦争や抑圧と排除、殺戮の歴史のなかで生じてきたことです。敗者たちは敗北し、征服され、破壊され、排除されながらも、勝者たちの世界がこの地上のすべての風景を覆ってしまうのを密かに阻止します。ある時は地下に逃れ、ある時は谷間にじっと身を潜めながら、またある時はスパイのように偽装し、さらにある時は抵抗の叫びを上げながら、勝者の自明性に裂け目を生じさせてきたのです。そしてまさにこの「孔」に、人類学者のメアリー・ルイーズ・プラットは「コンタクトゾーン」という示唆に富む名を与えました。[55]

コンタクトゾーンとは、勝者と敗者、征服者と被征服者、帝国と植民地、中央と地方、西洋とオリエント等々の不均等な関係性のなかで、劣位に置かれた敗者が勝者との間に開いていく文化折衝の場です。それは基本的には言説的な場で、征服された人々が征服者に送る手紙や使節団の身ぶり、植民地統治者の前で披露される芸能や儀礼、そうした植民地の人々の語りが帝国の言語に翻訳されていくプロセスを含みます。つまりコンタクトゾーンで起こるのは、一方的な記憶の抹消や文化的同化、監視的な可視化ではなく、そうした中心からの暴力や眼差しに晒された敗者たちが勝者との関係において自己を意味づけ直し、自分たちを語り、様々な交渉を繰り広げていく過程です。この言葉は、近代のあらゆるタイプのコロニアリズムに対し、多様に展開されるポストコロニアル・モーメントを包摂します。[56]

そして、都市はそうした孔のようなトポス、コンタクトゾーンに溢れているのです。アステカの帝都テノチティトランの例を持ち出すまでもなく、長い歴史の中で都市ほど占領や征服が繰り返されきた場所はありません。それらで敗者となった者たちの痕跡は、今日の都市にしばしば残されています。たとえば今日、メキシコシティの街角を歩くなら、表面上はすっかりアメリカ的な消費文化で覆われ、せいぜいスペイン風のコロニアルな風景があちらこちらに現れるだけなのですが、もう少し街の奥に分け入っていけば、容易に先住民文化の伝統が残る路地を発見できますし、都心で考古学調査をすれば、カトリック教会の地盤の下には、かつて征服者たちによって破壊されたアステカ寺院の瓦礫が出土します。

つまり、現代都市の風景には、異なる時代の敗者たちの記憶の層が幾重にも積み重なっており、そうした重層性に目を凝らすなら、都市の隙間やくぼみ、場末のちょっとした場所にいくつもの歴史の孔、敗者の想像力とのコンタクトゾーンが伏在していることに気づきます。

東京のポストコロニアリズムは可能か？

そしてもちろん、東京は、そのような都市です。長い歴史を経てきた世界の多くの都市と同様、東京も何度かの占領と征服を経てきました。その最も重要なものが、すでに本書で何度も触れてきた三度の占領、すなわち一五九〇年の徳川家康による占領と一八六八年の薩長による占領、そして一九四五年の米軍による占領です。もちろん、一六世紀末に徳川軍が江戸を占領し、ここに大改造を加える以前にも、古代には朝鮮半島から渡来人たちが入植して大陸の文明を伝えましたし、中世には古来の秩父平氏を大田道灌が滅ぼしたように、新旧の攻防が繰り返されましたから、厳密には占領は三回だけではないとも言えます。しかし、今日の東京の基礎をなす仕方で征服者たちがこの都市の成り立ちを変えていったのは、基本的にはこの三度の占領だったと言えるでしょう。「敗者としての東京」を語ることは、この三度の占領で敗者となった者たちの眼差しから東京を裏返してみることです。

私はこのような知的作業が、ポストコロニアリズムの東京版であると考えてきました。一般的には、ポストコロニアリズムは、朝鮮半島や台湾、フィリピン、ベトナム、インドネシアなどをはじめ、旧植民地の歴史と現在を結ぶ考察に適しています。都市でも、ソウルや台北、青島や大連、長春（新京）のような都市の記憶と現在を結ぼうとするならば、ポストコロニアルな視点は欠かせません。これに対し、大日本帝国の帝都から日米安保体制を背景にオリンピックシティへと変身した東京は、「ポスト－インペリアル」ではあっても、「ポスト－コロニアル」とはなかなか見做しにくいようにも見えます。その東京に、あえてポストコロニアル的な思考を導入することーーそのためには、何よりも東京を〈敗者〉として捉え返していく視座が必要でした。それはつまり、三度の占領を通じ、占領された側がこの都市をどのように生き抜いていったのかを、可能な限りたどり直してみる視座です。

最初の占領、つまり一六世紀末に徳川軍に占領される以前の江戸一帯で暮らしていた先住者の姿を精密に再現するのは困難です。しかし古代まで遡るなら、当時はそのすべてが東京湾に流れ込んでいた利根川や墨田川（＝荒川）、多摩川などの河川流域に、朝鮮半島からの渡来人を祖とする秩父平氏が根を張っていました。彼らは平将門のように、時には京の朝廷権力に挑戦するほどの勢力を誇りました。ですから源頼朝から太田道灌までの外来の征服者たちは、絶えずそうした古代からの地元勢力と緊張関係にあり、この緊張は太田道灌が秩父平氏の流れをくむ豊島氏を滅亡させ、さらに戦国時代を戦い抜いた家康が、それまでとはスケールが異なる圧倒的な大軍団と土木技術で地域秩序全体をすっかり変えてしまうまで解消されることはありませんでした。そしてその後も、この地の先住者たちの痕跡は、「豊島」や「渋谷」「葛西」等々の、今も私たちに馴染みのある地名に残されます。

第二の占領における敗者の群像は、第一の占領の敗者の群像に比べれば、はるかに鮮明です。それは幕末、江戸開城の後も上野に立て籠もって憤死した彰義隊の若者たちであり、江戸が易々と薩長の田舎侍に乗っ取られることがどうしても納得できなかった小栗上野介や榎本武揚、あるいは福沢諭吉のような幕臣たちでした。小栗は斬殺され、榎本は後に福沢が痛烈に批判したようになんとか生き残り、少なからぬ数の維新の敗者たちが明治の知識人や経済人になっていきました。しかし、もちろん一生を貧困と孤独のなかで終えた敗者たちも数多くいたのです。

さらにその外には、文字通りの資本の原始的蓄積過程に他ならなかった明治の産業化で都市の貧民層となった膨大な人々や、農村から女工として都市に組み込まれていった人々がいました。彼ら、彼女らは、必ずしも戊辰戦争の敗者ではありませんが、明治大正の近代化の中で搾取され続けたという意味で「敗者」の運命を担わされた人々です。その彼らにとって、東京とは何であったのかについても本書で論じてきました。

その際、最も重要だったのは、誰が、どこから、誰を語るのかという問題です。磐城平藩士の家に生まれ、戊辰戦争で両親と妹を失い、生涯を敗者として生きた天田愚庵は、まさにそのような境遇であるが故に清水次郎長の一代記を書き残しました。そしてその敗者による一代記は、近代日本を代表する博徒の偶像へと次郎長を押し上げたのです。明治の貧民窟探訪ジャーナリズムの嚆矢となる『貧天地餓寒窟探検記』を書いた桜田文吾は、仙台藩士の家に生まれ、幼くして父を失い、二人の兄も戊辰戦争と五稜郭の戦いで失いました。つまり境遇が天田愚庵に酷似しています。彼のデビューは、やはり津軽藩士の子であった陸羯南《くがかつなん》の『日本』紙上のことで、山口昌男が浮上させた明治の佐幕派の知的ネットワークが確実に背景にあったように思われます。

つまり、明治日本で「博徒」や「貧民窟」といった社会の暗部についての語りを先導したのは戊辰戦争の敗者たちで、そうした語る主体と語られる対象の結びつきが、明治国家を周縁から照らし出す言説的な場を形成していたのです。

そして第三の、一九四五年からの米軍による東京占領を生きたのは、私たち自身や私たちの父母の世代です。私はこれまで、この現代の東京占領とそこに作動した文化政治を、『親米と反米』（岩波新書）、『夢の原子力』（ちくま新書）、『東京復興ならず』（中公新書）、『五輪と戦後』（河出書房新社）などの諸著作で扱ってきました。つまり、私のこれまでの著作はこの第三の東京占領の問題に集中してきたわけで、そこで取り上げた素材に再び本書で言及するのは、著者からすれば容易なことでした。しかし、それではあまりに読者を退屈させることになると思いましたので、ここはむしろ語り方の問題の方に関心を集中させ、私自身のファミリーヒストリーについて、つまり私の母や祖母、いとこ叔父、曾祖父について語っていくことにしました。

米軍の東京占領は、大日本帝国の劇的な崩壊と表裏の関係にあり、まさにその日本帝国の急膨張と崩壊、崩壊後に冷戦体制とアメリカの軍事的・外交的・文化的ヘゲモニーの下で敗戦以前の秩序や意識が維持されたこと、つまり戦後日本が本当の意味での「敗者」になり切らなかったことが、この第三の占領を考える最大の要点です。とはいえ、一つのファミリーヒストリーだけからそうした理論的洞察まで達するのは不可能で、私のだけでなく数多くの人々のファミリーヒストリーの記述が必要なことは言うまでもありません。

今日、歴史は多層的で多面的な厚みのあるネットワーク状のアーカイブスへとその姿を変容させています。近代化の大きな物語が疑われていなかった時代には支配的だった、西欧中心であれ、日本中心であれ、単線的な歴史の語りはもう成り立ちません。つまり、近代主義であれマルクス主義であれ、あるいはナショナリズムであれ、歴史が段階論的な発展として語られる時代はとっくに終わっているのです。むしろ歴史は、無数の矛盾する過去が、現在という地平のなかに折り重なり、多層的に構造化されている布置状況です。それは、単線的に上昇していく階段よりも、膨大な知が積層しているアーカイブス＝集蔵庫に近いイメージとなります。

当然ながら、そうしたなかで生じてきたいくつかの重大な出来事、たとえば戦争や革命、大恐慌や大災害、征服や占領は、ある歴史層と別の層との境界面をなしており、歴史全体の編成にとってなお決定的に重要です。とりわけそこで、つまりこの出来事としての断層を勝者からではなく、敗者から眺めることが本質的に重要なことを、私は本書で強調してきました。歴史の転換は、山の頂からではなく、深い谷間から眺望されなければならないのです。

当然、このことは東京の歴史にも当てはまります。というか、東京の歴史ほど、変化をどこから眺めるかが重要な意味を持つ対象も少ないのです。それにもかかわらず、東京の歴史が語られる場合、いまだに江戸から東京へ、産業化と大都会モダニズム、関東大震災から帝都復興へ、東京大空襲と戦後復興、そして東京オリンピックへといったお決まりの単線的な成長主義にこの都市の複数形の歴史が回収されてしまうことが少なくありません。たしかに単線的な都市発展史は便利なフレイムですが、ポスト成長期の東京のゆくえを考えると、それでは見失われてしまうものがあまりに多いように思われます。

私の考えでは、成長主義的な東京の語りの対極をなすのが、「敗者としての東京」の語りです。つまり東京には、無数の歴史の断層が走っています。その歴史の断層の裏側に、視点を少しずつずらすこと、地上からその断層の表面をなぞるのではなく、様々な資料や語り、そして歴史的、社会学的、人類学的、考古学的研究を利用しながら、その断層の裏面へと視点をずらしていくことで、都市は単線的ではなく複数的な歴史の語りの場へと変容するはずです。

鶴見俊輔や山口昌男、加藤典洋と同じように、そして長谷正人が論じた山田太一に共感しつつ、私は本書を通じ、「敗者」をネガティブなもの、否定的で失われていくだけのものとは考えていません。私の意図はまるで逆で、〈敗者から眺める〉ことこそが、東京の〈未来〉につながるのだと考えています。ですから、本書のタイトルである「敗者としての東京」は、東京の未来を可能にする視点の在処です。

その視点の在処は、かつて江戸一円に技術をもたらした朝鮮半島からの渡来人の視点かもしれませんし、平将門をはじめ京の朝廷権力と戦い、敗れた怨霊たちの視点かもしれません。また幕府が薩長に敗れていくなかで維新の敗者となった数多くの幕臣たち、そして近代化のなかで膨張し続けた貧困層の視点かもしれません。何よりもそうした敗者は、戦後復興と東京五輪、それに高度成長期の東京で、様々な仕方で増殖し続けたのです。しかも、そうした敗者からの眼差しは、日本の経済的繁栄が限界に達し、坂道を転げ落ちるように社会全体が衰亡と劣化を重ねている今、多くの人々がもはや勝者からの眼差しに同一化できなくなってきている分だけ、見えやすくなっているように思えます。「敗者としての東京」とは、そうした長い歴史を貫いて伏在してきたもう一つの視点から、東京という都市を見返してみることなのです。

註

序章

1――国土交通省国土政策局「各国の主要都市への集中の現状」二〇一九年、国土交通省
2――日本銀行調査統計局「都道府県別預金・現金・貸出金（国内銀行）」二〇二〇年三月
3――吉見俊哉『東京復興ならず』中公新書、二〇二一年、八五－一〇五頁
4――同書、二二二－二二四頁
5――橋本健二『東京23区×格差と階級』中公新書ラクレ、二〇二一年、口絵4
6――岡田豊「地域別人口動向の特徴――90年代後半以降、出産適齢期の女性が東京圏に集中」『みずほ総研論集』二〇〇七年Ⅱ号、みずほ総研、二〇〇七年、九－一七頁

第1章

1――鈴木理生『江戸の川　東京の川』井上書院、一九八九年、三七－三八頁
2――吉村武彦「ヤマト王権と半島・大陸との往来」、吉村他編『渡来系移住民』岩波書店、二〇二〇年、四四頁
3――金達寿『古代朝鮮と日本文化』講談社学術文庫、一九八六年、二六－五四頁
4――岡谷公二『神社の起源と古代朝鮮』平凡社新書、二〇一三年、二〇二－二〇三頁
5――同書、六二－六三頁
6――鈴木理生『江戸はこうして造られた』ちくま学芸文庫、二〇〇〇年、二四－二五頁
7――同書、一六－一七頁
8――塩見鮮一郎『賤民の場所　江戸の城と川』河出文庫、二〇一〇年、四〇－四一頁

9――同書、一八‐一九頁
10――鈴木『江戸の川　東京の川』四六‐四七頁
11――鈴木『江戸はこうして造られた』三三頁
12――鈴木『江戸はこうした造られた』三五‐三六頁
13――鈴木『江戸の川　東京の川』六九‐七〇頁
14――塩見、前掲書、五二‐五四頁

第2章

1――鈴木理生『江戸の町は骨だらけ』ちくま学芸文庫、二〇〇四年、八四‐八五頁
2――同書、六八頁
3――同書、七五‐七七頁
4――網野善彦『日本社会再考』ちくま学芸文庫、二〇一七年、二九頁
5――塩見鮮一郎『資料　浅草弾左衛門』批評社、一九八八年、一〇七‐一〇八頁

第3章

1――野口良平『幕末的思考』みすず書房、二〇一七年、九七頁
2――同書、一三三頁
3――森まゆみ『彰義隊遺聞』集英社文庫、二〇一八年、一六頁
4――同書、一六‐一七頁
5――円満字二郎『漢文石碑を読み歩く』「上野戦争碑記」http://bonemma.my.coocan.jp/sekihi/ueno_sensou.html
6――田中悟『会津という神話』ミネルヴァ書房、二〇一〇年、一〇七‐一〇八頁
7――Wert, Michael, *Meiji Restoration Losers*, Harvard University Asia Center, 2013 = マイケル・ワート『明治維新の敗者た

ち』野口良平訳、みすず書房、二〇一九年、一頁
8――同書、六三頁
9――同書、六三頁
10――同書、七六－七七頁
11――同書、八八－九〇頁
12――同書、一五六頁
13――同書、七頁
14――同書、一〇六頁

第4章

1――高橋敏『清水次郎長』岩波新書、二〇一〇年、一七一－一七三頁
2――林英夫「さまよえる棄民」林編『近代民衆の記録4　流民』新人物往来社、一九七一年、一六－一八頁
3――高橋、前掲書、一七二－一七三頁
4――林、前掲書、一六頁
5――高橋、前掲書、一八九頁
6――同書、三五－三六頁
7――同書、五〇－五一頁
8――林、前掲書、一〇頁
9――大崎辰五郎述、林茂淳速記「大崎辰五郎自伝」林編『近代民衆の記録4　流民』新人物往来社、一九七一年、一二六－一二八頁
10――同書、一三〇－一三一頁
11――横山百合子『江戸東京の明治維新』岩波新書、二〇一八年、一〇九－一一一頁

第5章

1――同書、八三‐八四頁
2――同書、五一頁
3――中川清『日本の都市下層』勁草書房、一九八五年、二六‐二八頁
4――同書、二九頁
5――同書、二九頁、三一頁
6――紀田順一郎『東京の下層社会』ちくま学芸文庫、二〇〇〇年、五七‐五八頁
7――同書、四二頁
8――同書、五八頁
9――桜田文吾『貧天地飢寒窟探検記』日本新聞社、一八九三年、二頁
10――同書、九頁
11――同書、一〇‐一二頁
12――同書、一七頁
13――同書、二六頁
14――松原岩五郎『最暗黒の東京』現代思潮社、一九八〇（一八九三）年、六頁
15――同書、三九‐四〇頁
16――同書、四一頁
17――同書、四六頁
18――横山源之助『日本の下層社会』岩波文庫、一九四九（一八九九）年、二三頁
19――同書、二四‐二五頁
20――スピヴァク、ガヤトリ・C『サバルタンは語ることができるか』上村忠男訳、みすず書房、一九九八年、四七‐四九頁
21――同書、五四‐五五頁

第6章

1――同書、八二頁
2――同書、八二頁
3――横山、前掲書、一一九頁
4――同書、一一四－一一五頁
5――同書、一二一頁
6――同書、一二二頁
7――同書、一二二－一二三頁
8――千本暁子「明治期紡績業における通勤女工から寄宿女工への転換」『阪南論集　社会科学編』一九九八年九月、一六－一七頁
9――同論文、一六－一七頁
10――千本暁子「20世紀初頭における紡績業の寄宿女工と社宅制度の導入」『阪南論集　社会科学編』一九九九年一月、五七頁
11――農商務省商工局『職工事情』第一巻、、土屋喬雄校閲、新紀元社、一九七六（一九〇三）年、五一頁
12――同書、第一巻、一五一頁
13――同書、第一巻、一五三頁
14――同書、第三巻、一八四頁
15――寺尾紗穂「女工哀史とキリスト教」（BLOOMING EAST リサーチレポート第2回）、http://www.toppingeast.com/topics/1671/
16――細井和喜蔵『女工哀史』岩波文庫、一九五四（一九二五）年、三五二－三七二頁（一九八〇年改版、三四九－三五一頁）
17――同書、二六四－二六五頁
18――シャール、サンドラ『『女工哀史』を再考する――失われた女性の声を求めて』京都大学学術出版会、二〇二

〇年、三頁
19——同書、一五–一七頁
20——同書、一九頁
21——同書、二〇頁
22——Tsurumi, E. Patricia, *Factory Girls: Women in the Tread Mills of Meiji Japan*, Princeton University Press, 1990. Tamanoi Asano Mariko, *Under the Shadow of Nationalism: Politics and Poetics of Rural Japanese Women*, University of Hawaii Press, 1998
23——シルババーグ、ミリアム「日本の女給はブルースを歌った」脇田晴子、S・B・ハンレー編『ジェンダーの日本史』下巻、東京大学出版会、一九九五年、五八五–六〇七頁。Silverberg, Miriam, *Erotic Grotesque Nonsense: The Mass Culture of Japanese Modern Times*, University of California Press, 2007
24——シャール、前掲書、六二頁
25——ミシェル・ド・セルトー『日常的実践のポイエティーク』山田登世子訳、国文社、一九八七年、二六–二七頁
26——シャール、前掲書、八六–九一頁

第7章

1——大江健三郎『同時代ゲーム』新潮文庫、一九八四年、一一頁
2——森崎和江『慶州は母の呼び声』ちくま文庫、一九九一年、六四–六五、七九–八三頁
3——青井哲人『植民地神社と帝国日本』吉川弘文館、二〇〇五年、二八–四二頁、及び二三四–二五一頁
4——永井荷風『つゆのあとさき』岩波文庫、一九八七年、一八–一九頁

第8章

1——石原慎太郎『あるヤクザの生涯——安藤昇伝』幻冬舎、二〇二一年、一四九頁
2——同書、一五一頁

3――吉見俊哉『親米と反米』岩波新書、二〇〇七年、一四八－一四九頁
4――サイード、エドワード『文化と帝国主義』第1巻、大橋洋一訳、みすず書房、一九九八年、三〇九－三三五頁
5――安藤昇『自伝　安藤昇』ぶんか社、二〇〇一年、六頁
6――同書、一三頁
7――同書、一三頁
8――同書、一三－一四頁
9――同書、二九頁
10――同書、二七頁
11――同書、一三頁
12――同書、四八頁
13――同書、五二頁
14――同書、六八頁
15――安藤昇『昭和風雲録』KKベストブック、二〇一二年、一六頁
16――同書、四三頁
17――同書、四三－四四頁
18――同書、五二頁
19――同書、七一頁
20――同書、七一－七二頁
21――同書、五八－五九頁
22――同書、七五頁
23――宮崎学『ヤクザと日本――近代の無頼』ちくま新書、二〇〇八年、七－一〇頁
24――丸山眞男『現代政治の思想と行動』未來社、一九五七年、五一〇－五一一頁（一部省略）
25――『定本丸山眞男回顧談』（岩波現代文庫）上巻、二〇一六年、三三四－三三六頁
26――エイコ・マルコ・シナワ『悪党・ヤクザ・ナショナリスト』藤田美菜子訳、朝日新聞出版、二〇二〇年

27――本田靖春『疵』一九八七年、文春文庫、九五‐九六頁
28――佐野眞一＋吉見俊哉「「戦後」を繋ぎ止めるために」『文藝別冊　総特集本田靖春』二〇一〇年、河出書房新社、六頁
29――本田、前掲書、二二三頁
30――同書、一八一頁
31――同書、一九七頁
32――猪野健治『やくざと日本人』ちくま文庫、一九九九年、一五四頁

第9章

1――山田興松『実用造花術指南』博文館、一九〇四年、例言、一頁
2――同書、例言、一頁
3――同書、本編一‐二頁
4――同書、本編一二‐一三頁
5――山田興松『摘み細工指南』博文館、一九〇九年、「はしがき」一頁
6――同書、本編三頁
7――同書、本編九頁
8――同書、「はしがき」三‐四頁
9――山崎明子『近代日本の「手芸」とジェンダー』世織書房、二〇〇五年、二〇八‐二一六頁
10――池田忍『手仕事の帝国日本』岩波書店、二〇一九年、五六頁
11――安藤『自伝』、九頁

第10章

1――吉見俊哉『都市のドラマトゥルギー』弘文堂、一九八七年、三五一頁
2――同書、三五二‐三五三頁
3――上山和雄編著『歴史のなかの渋谷』雄山閣、二〇一一年、二四四頁
4――同書、二四四頁
5――稲葉佳子『オオクボ　都市の力』学芸出版社、二〇〇八年、一五一‐一五三頁
6――砂川秀樹『新宿二丁目の文化人類学』太郎次郎社エディタス、二〇一五年、二一〇頁
7――同書、二〇七頁

終　章

1――山口昌男『敗者学のすすめ』平凡社、二〇〇〇年、はじめに（頁なし）
2――同書、三三頁
3――同書、六九頁
4――山口昌男『「敗者」の精神史』岩波書店、一九九五年、一七三‐一七四頁
5――同書、一九〇‐一九四頁
6――同書、五〇七頁
7――吉見俊哉『アメリカの越え方』弘文堂、二〇一二年、七‐九頁
8――栗原彬、見田宗介、吉見俊哉「〈座談会〉追悼　鶴見俊輔」『思想』二〇一五年第一二号（第一一〇〇号）
9――鶴見俊輔『敗北力』増補版、編集グループＳＵＲＥ、二〇一八年、二八七‐三〇三頁
10――鶴見俊輔『限界芸術論』ちくま学芸文庫、一九九九年、一五頁
11――同書、一三‐一四頁
12――同書、一八頁

13――同書、四〇頁
14――同書、六九頁
15――鶴見俊輔『太夫才蔵伝』平凡社選書、一九七九年、二〇頁
16――同書、一二一―一三頁
17――同書、二〇頁
18――同書、一八四頁
19――加藤典洋『敗者の想像力』集英社新書、二〇一七年、一四六頁
20――同書、二三頁
21――同書、一五八―一五九頁
22――同書、一五七―一五八頁
23――同書、七八頁
24――同書、二七頁
25――同書、一五九頁
26――同書、五頁
27――中村秀之『敗者の身ぶり』岩波書店、二〇一四年、四六―四八頁
28――同書、五頁
29――同書、五―六頁
30――同書　一一二頁
31――同書、一一八頁
32――長谷正人『敗者たちの想像力　脚本家山田太一』岩波書店、二〇一二年、二四―二五頁
33――同書、三〇―三一頁
34――同書、三四―三五頁
35――同書、三五―三六頁
36――同書、四四頁

37——シヴェルブシュ、ヴォルフガング『敗北の文化』法政大学出版局、二〇〇七年、一一頁
38——同書、一二頁
39——同書、一九頁
40——同書 四頁、シヴェルブシュによるラインハルト・コゼレックからの引用
41——同書、二九-三〇頁
42——ワシュテル、ナタン『敗者の想像力』小池佑二訳、岩波書店、一九八四年、三五頁
43——同書、三五-三六頁
44——同書、三九頁
45——同書、二一六頁
46——同書、二三四頁
47——同書、二三九頁
48——同書、二三四頁
49——同書、二三六頁
50——同書、二三五頁
51——同書、二五九頁
52——同書、二六三頁
53——吉見俊哉『リアリティ・トランジット』紀伊国屋書店、一九九六年、一七九-二二二頁
54——ワシュテル、前掲書、三二三頁
55——Pratt, Mary Louise, *Imperial Eyes: Travel Writing and Transculturation*, Routledge, 2007, pp. 38-68
56——Pratt, Mary Louise, "Arts of the Contact Zone" in *Profession* (Modern Language Association), 1991, pp. 33-40

あとがき

本書は、筑摩書房のPR誌『ちくま』に「敗者としての東京――巨大都市の『隠れた地層』を読む」というタイトルで二〇二一年六月から二二年七月まで、計一四回にわたり連載した拙稿の単行本化です。一冊にまとめるに際し、それぞれのトピックを繋いでいる全体の理論的軸線を明示するため、新たに終章の敗者論を書き加えました。また、連載の第6回と第7回を本書では第5章に、第8回と第9回を第6章に、第11回と第12回を第8章に統合しています。

第10章で詳しく述べたように、本書はそもそも、私が三五年前に書いた『都市のドラマトゥルギー――東京・盛り場の社会史』（弘文堂、一九八七年）を歴史の裏側から眺め返すことを目指した作業でした。それが、江戸＝東京という都市を、その歴史の裏側から眺め返す作業にもなることとは最初から見込んでいました。しかし、こうした作業を自分がやがてすることになると、三五年前から考えていたわけではもちろんありません。

一九八〇年代に都市の盛り場についての社会学に取り組んでいた私は、九〇年代以降、メディア論、アメリカニゼーション論、カルチュラル・スタディーズ、さらには大学論と、どちらかというと横にウィングを広げてきたと一般には思われているでしょう。私自身の認識は必ずしもそうではなく、私は九〇年代以降、都市のなかのメディア、都市のなかのアメリカ、カルチュラル・スタディーズとしての都市論、都市としての大学を論じてきたのだと考えています。

そして、人生の残り時間が少なくなるなかで、ここ数年は再び「東京」を正面に据えた仕事を重ねています。『五輪と戦後』（河出書房新社、二〇二〇年）と『東京復興ならず』（中公新書、二〇二一年）では、一九六〇年代に大変貌を遂げる東京が、どのようなシナリオに基づき、どうスペクタクルとして上演されていったのかを問いました。私は、性懲りもなくオリンピックや万博を開催し続け、都心部の超高層化や大容量の情報通信網による高速化により未来が拓けると思っている都市には、到底、そんな未来は拓けるはずがないと確信しています。

他方、ではどうすればいいのだという問いが、当然、生じてくるはずです。この問いへの答えを東京都心のまち歩きを通じて探ったのが『東京裏返し』（集英社新書、二〇二〇年）だったのですが、本書はそれを、まち歩きではなく非常に大きく長い歴史（地球史）ととても小さく相対的に短い歴史（家族史）を結びつける仕方で「都市＝敗者」論として展開したものです。

同時代の文化政治についてのクリティカルな分析から、もう少し長い歴史の射程で未来を見通す作業に移行するために必要だったのは、「歴史」の概念そのものの空間化でした。本書で何度も繰り返しているように、過去は失われることなく空間のなかに堆積し続けます。それらは、長い歴史のなかで異なる単位の歴史の複数的な層となり、幾重にも地層をなしていきます。

この「層」は、決して観念的なものではなく、具体的に都市のなかで目に見える痕跡として実在し、人々の語りやメディアの表象のなかに再来します。ですから歴史は、直線軸上に配列される出来事の因果連鎖なのではなく、様々な次元で輻輳しながら堆積し、時には隆起してくる歴史層の空間的な広がり、つまりは複数的な声の可能性を宿したアーカイブスなのです。

私はここに、未来への「希望」があると思います。なぜならば、歴史が複数的、空間的なものである以上、その異なる過去の可能性は、今も決して失われてはいないからです。そして、本書の終章で、鶴見俊輔や山口昌男、加藤典洋から山田太一までの敗者観に学びながら論じたように、「敗者」にはそうした「異なる可能性」が充溢しています。ですから、本書はここ数年で私が書いてきた東京論のなかで、おそらく最も希望に満ちた本の一冊であるはずなのです。

最後に、本書は、筑摩書房編集部の石島裕之さんの忍耐強い協力がなければとても実現不可能だったことを正直に告白しておきたいと思います。連載では毎月、オンラインで私の数時間に及ぶ話を聞き取っていただき、その文字起こしに手を入れながら原稿にしました。毎回、私の話にじっと耳を傾けてくださる石島さんへの感謝の思いで、一四回の連載が続きました。

また、連載を読まれた多くの知人の方々から、私が気づいていなかった様々な情報を教えていただき、発見を重ねながら本書はまとまりました。皆様、誠にありがとうございました。

二〇二三年一月一日　六五歳、東大退職を間近にひかえて

吉見俊哉

吉見俊哉（よしみしゅんや）
一九五七年、東京都生まれ。八七年、東京大学大学院社会学研究科博士課程単位取得退学。現在、東京大学大学院情報学環教授。社会学、都市論、メディア論を専攻。著書に『都市のドラマトゥルギー』（弘文堂、のち河出文庫）、『カルチュラル・スタディーズ』『視覚都市の地政学』『空爆論』（以上、岩波書店）、『ポスト戦後社会』『親米と反米』『大学とは何か』『平成時代』『大学は何処へ』（以上、岩波新書）、『万博幻想』『夢の原子力』（以上、ちくま新書）、『知的創造の条件』（筑摩選書）、『博覧会の政治学』『東京復興ならず』（以上、中公新書）、『五輪と戦後』（河出書房新社）、『「文系学部廃止」の衝撃』『大予言』『戦後と災後の間』『東京裏返し』（以上、集英社新書）、『アフター・カルチュラル・スタディーズ』（青土社）、『大学という理念』（東京大学出版会）ほか多数。

筑摩選書 0248

敗者《はいしゃ》としての東京《とうきょう》 巨大都市《きょだいとし》の隠《かく》れた地層《ちそう》を読《よ》む

二〇二三年二月一五日 初版第一刷発行

著者 吉見《よしみ》俊哉《しゅんや》
発行者 喜入冬子
発行所 株式会社筑摩書房
東京都台東区蔵前二-五-三 郵便番号 一一一-八七五五
電話番号 〇三-五六八七-二六〇一（代表）
装幀者 神田昇和
印刷 製本 中央精版印刷株式会社

 ISBN978-4-480-01768-0 C0325

筑摩選書
0190

知的創造の条件
AI的思考を超えるヒント

吉見俊哉

個人が知的創造を実現するための方法論はもとより、大学や図書館など知的コモンズの未来像を示し、AI的思考の限界を突破するための条件を論じた、画期的な書！

筑摩選書
0186

皇国日本とアメリカ大権
日本人の精神を何が縛っているのか？

橋爪大三郎

昭和の総動員体制になぜ人々は巻き込まれたのか。戦後のアメリカ大権を国民が直視しないのはなぜか。戦前の聖典『国体の本義』解読から、日本人の無意識を問う。

筑摩選書
0133

憲法9条とわれらが日本
未来世代へ手渡す

大澤真幸 編

憲法九条を徹底して考え、戦後日本を鋭く問う。社会学者の編著者が、強靭な思索者たる井上達夫、加藤典洋、中島岳志の諸氏とともに、「これから」を提言する！

筑摩選書
0161

終わらない「失われた20年」
嗤う日本の「ナショナリズム」・その後

北田暁大

ネトウヨ的世界観・政治が猛威をふるう現代日本。アイロニーに嵌り込む左派知識人。隘路を突破するには何が必要か？　リベラル再起動のための視角を提示する！

筑摩選書
0170

美と破壊の女優　京マチ子

北村匡平

日本映画の黄金期に国民的な人気を集めた京マチ子。強烈な肉体で旧弊な道徳を破壊したかと思えば古典的で淑やかな女性を演じてみせた。魅力の全てを語り尽くす！

筑摩選書
0199

社会問題とは何か
なぜ、どのように生じ、なくなるのか？

ジョエル・ベスト

みんなが知る「社会問題」は、いつ、どのように社会問題となるのか？　その仕組みを、六つの段階に分けて平易に解説。社会学の泰斗による決定的入門書！

筑摩選書
0070

社会心理学講義
〈閉ざされた社会〉と〈開かれた社会〉

小坂井敏晶

社会心理学とはどのような学問なのか。本書では、社会を支える「同一性と変化」の原理を軸にこの学の発想と意義を伝える。人間理解への示唆に満ちた渾身の講義。

筑摩選書
0076

民主主義のつくり方

宇野重規

民主主義への不信が募る現代日本。より身近で使い勝手のよいものへと転換するには何が必要なのか。〈プラグマティズム〉型民主主義に可能性を見出す希望の書！

筑摩選書
0078

紅白歌合戦と日本人

太田省一

誰もが認める国民的番組、紅白歌合戦。今なお40％台の視聴率を誇るこの番組の変遷を、興味深い逸話を交えつつ論じ、日本人とは何かを浮き彫りにする渾身作！

筑摩選書
0087

自由か、さもなくば幸福か？
二一世紀の〈あり得べき社会〉を問う

大屋雄裕

二〇世紀の苦闘と幻滅を経て、私たちの社会はどこへ向かおうとしているのか？　一九世紀以降の「統制のモード」の変容を追い、可能な未来像を描出した衝撃作！

筑摩選書
0108

希望の思想　プラグマティズム入門

大賀祐樹

暫定的で可謬的な「正しさ」を肯定し、誰もが共生できる社会構想を切り拓くプラグマティズム。デューイ、ローティらの軌跡を辿り直し、現代的意義を明らかにする。

筑摩選書
0115

マリリン・モンローと原節子

田村千穂

セクシーなモンロー、永遠の処女のような原節子……。一般イメージとは異なり、いかに二人が多面的な魅力に満ちていたかを重要作品に即して、生き生きと描く。

筑摩選書
0127

分断社会を終わらせる
「だれもが受益者」という財政戦略

井手英策　古市将人
宮崎雅人

所得・世代・性別・地域間の対立が激化し、分断化が進む現代日本。なぜか？　どうすればいいのか？「救済」から「必要」へと政治理念の変革を訴える希望の書。

筑摩選書
0130

これからのマルクス経済学入門

松尾　匡
橋本貴彦

マルクスは資本主義経済をどう捉えていたのか？　マルクス経済学の基礎的概念を検討し、「投下労働価値」がその可能性の中心にあることを明確にした画期的な書！

筑摩選書
0139

宣教師ザビエルと被差別民

沖浦和光

ザビエルの日本およびアジア各地での布教活動の跡をたどりながら、キリシタン渡来が被差別民にもたらしたものが何だったのかを解明する。

筑摩選書
0141

「働く青年」と教養の戦後史
「人生雑誌」と読者のゆくえ

福間良明

経済的な理由で進学を断念し、仕事に就いた若者たち。知的世界への憧れと反発。孤独な彼ら彼女らを支え、結びつけた昭和の「人生雑誌」。その盛衰を描き出す！

筑摩選書
0142

徹底検証　日本の右傾化

塚田穂高 編著

日本会議、ヘイトスピーチ、改憲、草の根保守、「慰安婦報道」……。現代日本の「右傾化」を、ジャーナリストから研究者まで第一級の著者が多角的に検証！

筑摩選書
0150

憲法と世論
戦後日本人は憲法とどう向き合ってきたのか

境家史郎

憲法に対し日本人は、いかなる態度を取ってきただろうか。世論調査を徹底分析することで通説を覆し、憲法観の変遷を鮮明に浮かび上がらせた、比類なき労作！

筑摩選書
0153

貧困の戦後史
貧困の「かたち」はどう変わったのか

岩田正美

敗戦直後の戦災孤児や浮浪者、経済成長下のスラムや寄せ場、消費社会の中のホームレスやシングルマザーなど、貧困の「かたち」の変容を浮かび上がらせた労作！

筑摩選書
0154

1968〔1〕文化

四方田犬彦 編著

1968～72年の5年間、映画、演劇、音楽、写真、舞踏、流行、図像、雑誌の領域で生じていた現象を前景化し、歴史的記憶として差し出す。写真資料満載。

筑摩選書
0155

1968〔2〕文学

四方田犬彦／福間健二 編

三島由紀夫、鈴木いづみ、土方巽、澁澤龍彥……。文化の〈異端者〉たちが遺した詩、小説、評論などを収録。反時代的な思想と美学を深く味わうアンソロジー。

筑摩選書
0156

1968〔3〕漫画

四方田犬彦／中条省平 編

実験的であること、前衛的であること、アンダーグラウンドであること。それが漫画の基準だった――。第3巻では、時代の〈異端者〉たちが遺した漫画群を収録。

筑摩選書
0157

童謡の百年
なぜ「心のふるさと」になったのか

井手口彰典

心にしみる曲と歌詞。兎を追った山、小川の岸のすみれやれんげ。まぶたに浮かぶ日本の原風景。童謡誕生百年。そのイメージはどう変化し、受容されてきたのか。

筑摩選書
0158

雇用は契約
雰囲気に負けない働き方

玄田有史

会社任せでOKという時代は終わった。自分の身を守るには、「雇用は契約」という原点を踏まえる必要がある。悔いなき職業人生を送る上でもヒントに満ちた一冊！

筑摩選書
0160

教養主義のリハビリテーション

大澤 聡

知の下方修正と歴史感覚の希薄化が進む今、教養のバージョンアップには何が必要か。気鋭の批評家が鷲田清一、竹内洋、吉見俊哉の諸氏と、来るべき教養を探る！

筑摩選書 0165

教養派知識人の運命
阿部次郎とその時代

竹内 洋

大正教養派を代表する阿部次郎。『三太郎の日記』で栄光を手にした後、波乱が彼を襲う。同時代の知識人との関係や教育制度からその生涯に迫った社会史的評伝。

筑摩選書 0167

「もしもあの時」の社会学
歴史にｉｆがあったなら

赤上裕幸

過去の人々の、実現しなかった願望、頓挫した計画など「ありえたかもしれない未来」の把握を可能にし、「未来」への視角を開く「歴史のｉｆ」。その可能性を説く！

筑摩選書 0169

フーコーの言説
〈自分自身〉であり続けないために

慎改康之

知・権力・自己との関係の三つを軸に多彩な研究を行ったフーコー。その言説群はいかなる一貫性を持つのか。精確な読解によって明るみに出される思考の全貌。

筑摩選書 0180

哲学は対話する
プラトン、フッサールの〈共通了解をつくる方法〉

西 研

プラトン、フッサールの哲学は、互いの考えを確かめ、共通了解をつくりだす「対話」の哲学であった。そのことを丁寧に確認し、現在の対話に活かす方法を考える。

筑摩選書 0182

〈現実〉とは何か
数学・哲学から始まる世界像の転換

西郷甲矢人
田口 茂

数学（圏論）と哲学（現象学）の対話から〈現実〉の核心が明らかにされる！　実体的な現実観を脱し、自由そのものである思考へ。学問の変革を促す画期的試論。

筑摩選書 0191

3・11後の社会運動

8万人のデータから分かったこと

樋口直人
松谷満　編著

反原発・反安保法制運動には多数の人が参加した。なぜ、どのような人が参加したのか、膨大なデータから多角的に分析。今後のあり方を考える上で示唆に富む労作！

筑摩選書 0197

生まれてこないほうが良かったのか？

生命の哲学へ！

森岡正博

人類2500年の歴史を持つ「誕生否定」の思想。古今東西の文学、哲学思想を往還し、この思想を徹底考察。反出生主義の全体像を示し、超克を図った本邦初の書！

筑摩選書 0198

記憶のデザイン

山本貴光

フェイクニュースが飛び交い、かつてない速度で記憶が書き換えられていく現代社会にあって、自分の記憶をどう世話すればいいのか。創見に満ちた知的愉楽の書！

筑摩選書 0205

日本の包茎

男の体の200年史

澁谷知美

多数派なのに思い悩み、医学的には不要な手術を選ぶ男たち。仮性包茎はなぜ恥ずかしいのか。幕末から現代までの文献を解読し、深層を浮かび上がらせた快作！

筑摩選書 0212

「ポスト・アメリカニズム」の世紀

転換期のキリスト教文明

藤本龍児

20世紀を主導したアメリカ文明も近年、動揺を見せつつある。アメリカニズムの根底には何があり、どう変わろうとしているのかを宗教的観点からも探究した渾身作！

筑摩選書
0213
消費ミニマリズムの倫理と脱資本主義の精神
橋本 努
行き詰まりを見せる資本主義社会。その変革には「脱資本主義の精神」が必要であり、ミニマリズムにはそこへ通じる回路がある。その原理と展望を示した待望の書！

筑摩選書
0214
中国共産党、その百年
石川禎浩
創立百周年を迎える中国共産党。いかにして超巨大政権党となったのか、この組織の中核的属性はどのように形作られたのか、多角的に浮き彫りにした最良の通史！

筑摩選書
0220
星新一の思想
予見・冷笑・賢慮のひと
浅羽通明
千篇を超える膨大な数のショートショートからエッセイまで全作品を読み抜き、本人ですら自覚し得なかった「思想」を浮かび上がらせた本邦初の本格的作品論！

筑摩選書
0225
資本主義・デモクラシー・エコロジー
危機の時代の「突破口」を求めて
千葉 眞
多くの国で自由民主主義の制度が機能不全に陥っていると指摘されている。新自由主義が席巻し、気候危機が深刻化する中で突破口を求めて思索を深めた渾身作！

筑摩選書
0241
基地はなぜ沖縄でなければいけないのか
川名晋史
沖縄に米軍基地が集中し、その状態が続くのはなぜか？この問題の解決策とは？ 基地問題の「解決」をめぐり論争が続く今、基地研究の成果を世に問う渾身の書！

筑摩選書
0243

人類精神史
宗教・資本主義・Google

山田仁史

Gott（神）、Geld（お金）、Google（情報）＝3つの「カミ」と、対応する3つのリアリティから人類の精神史を考える。博覧強記の宗教民族学者、最後の書。

筑摩選書
0237

入門講義　ウィトゲンシュタイン『論理哲学論考』

大谷　弘

哲学は学説ではなく、活動である！　二〇世紀最大の哲学書『論理哲学論考』を、後期の書『哲学探究』に至る思考の足取りも視野にわかりやすく読み解く入門講義。

筑摩選書
0235

すべては量子でできている
宇宙を動かす10の根本原理

フランク・ウィルチェック　吉田三知世訳

宇宙はいかにして誕生し、世界はなぜこのように存在するのか？　現代物理学を牽引し続けるノーベル賞物理学者が、10の根本原理を武器にこの永遠の謎に迫る。

筑摩選書
0222

デジタル化時代の「人間の条件」
ディストピアをいかに回避するか？

加藤　晋　伊藤亜聖
石田賢示　飯田　高

巨大プラットフォーム企業からSNSまでデジタル化が社会を大きく変えようとしている。デジタル化時代の「人間の条件」を多角的・原理的に探究した画期的な書！

筑摩選書
0209

乱歩とモダン東京
通俗長編の戦略と方法

藤井淑禎

一九三〇年代の華やかなモダン東京を見事に描いて、読者の憧れをかきたてた江戸川乱歩。都市の魅力を盛り込み大衆の心をつかむ、その知られざる戦略を解明する。